# PESQUISA PARTICIPANTE

A partilha do saber

CARLOS RODRIGUES BRANDÃO
DANILO R. STRECK
(Organizadores)

PESQUISA PARTICIPANTE

A partilha do saber

DIREÇÃO EDITORIAL
Carlos Silva
Marcelo Araújo

CONSELHO EDITORIAL
Avelino Grassi
Roberto Girola

PREPARAÇÃO E REVISÃO
Hanna Késia dos Santos Lima
Thalita de Paula

DIAGRAMAÇÃO
Airton Felix Silva Souza

CAPA
Márcio Mathidios

Todos os direitos em língua portuguesa, para o Brasil, reservados à Editora Ideias & Letras, 2021.

5ª impressão

Avenida São Gabriel, 495
Conjunto 42 - 4º andar
Jardim Paulista – São Paulo/SP
Cep: 01435-001
Editorial: (11) 3862-4831
Televendas: 0800 777 6004
vendas@ideiaseletras.com.br
www.ideiaseletras.com.br

---

Dados Internacionais de Catalogação na Publicação (CIP)
(Câmara Brasileira do Livro, SP Brasil)

Pesquisa participante: a partilha do saber / Carlos Rodrigues Brandão,
Danilo R. Streck (organizadores)
Aparecida-SP : Ideias & Letras, 2006.
Vários autores

Bibliografia.
ISBN: 978-85-98239-69-0

1. Observação participante 2. Pesquisa Educacional
I. Brandão, Carlos Rodrigues. II. Streck, Danilo R.

06-4087             CDD: 370-78

---

Índices para catálogo sistemático:
1. Pesquisa participante: Educação 370.78

# SUMÁRIO

Introdução: tantos anos depois    7
*Carlos Rodrigues Brandão e Danilo Romeu Streck*

1. A pesquisa participante e a participação da pesquisa:    13
um olhar entre tempos e espaços a partir da América Latina
*Carlos Rodrigues Brandão*

2. A semente tem sua própria dinâmica: sobre as origens    49
e os rumos da *Investigación-Acción Participante* (IAP):
entrevista com Orlando Fals Borda
*Lola Cendales, Fernando Torres e Alfonso Torres*

3. O que é a pesquisa participante?    89
*Luis R. Gabarrón, Libertad Hernández Landa*

4. Reconstruindo um processo participativo na produção    121
do conhecimento: uma concepção e uma prática
*Maria Ozanira da Silva e Silva*

5. A inserção da pesquisa-ação no contexto da    151
extensão universitária
*Michel Thiollent*

6. A pesquisa como mediação político-pedagógica: 167
reflexões a partir do orçamento participativo
*Emil Sobottka, Edla Eggert e Danilo R. Streck*

7. Uma consulta cidadã participativa: 191
o caso do estado de Michoacán, México
*Carlos Núñes Hurtado*

8. Sistematização das experiências: algumas apreciações 229
*Oscar Jara Holliday*

9. Pesquisar, participar: sensibilidades pós-modernas 247
*Elisa Pereira Gonsalves*

10. Pesquisar é pronunciar o mundo: notas sobre 263
método e metodologia
*Danilo R. Streck*

Bibliografia sobre pesquisa participante 283

# INTRODUÇÃO

## Tantos anos depois

*Carlos Rodrigues Brandão*
*Danilo Romeu Streck*
(Organizadores)

Na cidade de Cartagena das Índias, defronte ao Mar do Caribe, na Colômbia, foi realizada uma grande "Conferência Internacional". Seu tema central: a pesquisa participante. Pessoas vindas de quase todas as nações da América Latina e de países da América do Norte, da Europa e da Ásia ali se congregaram para pensar o que acontecera entre anos anteriores e o ano de 1997.

A cerimônia de abertura foi um evento triste. Iniciamos a manhã do primeiro dia rememorando Paulo Freire, que há pouco havia nos deixado. Ele deveria ser um dos participantes da Conferência, e dias antes comunicara aos seus organizadores que não poderia estar presente devido a problemas de saúde. A grande Conferência foi aberta pelo sociólogo colombiano Orlando Fals Borda, coautor de um dos capítulos de *Pesquisa Participante: A partilha do saber*.

Uma vez mais em Cartagena das Índias, no mês de junho de 2017 iniciamos, vinte anos depois, uma nova grande Conferência Internacional ao redor da pesquisa participante, e abrimos o evento recordando duas pessoas presentes em 1997 e que também partiram: Orlando Fals Borda e Eduardo Galeano.

Em algumas pessoas os rostos eram os mesmos de 1997, agora, quase em todas e todos, os cabelos eram brancos e grisalhos.

Mas eram também – e, uma vez mais, vindas de países dos cinco continentes – muitas as pessoas jovens que chegavam à Colômbia com as mesmas perguntas que tínhamos em 1997. E, assim como nós, com novas perguntas oriundas de antigos e novos dilemas e desafios.

*Pesquisa Participante: A partilha do saber* foi publicado em 2006, mais ou menos, no meio das duas grandes conferências internacionais. Nosso livro foi originado de um desafio lançado aos organizadores pelo editor do *International Journal of Action Research*, Werner Fricke, de compartilhar com o público internacional um pouco da rica experiência latino-americana.[1]

Uma breve passagem do editor na apresentação deste número especial indica a motivação para o convite: "Na América Latina a pesquisa-ação está profundamente imbricada na sociedade. Por isso seu impacto em movimentos sociais e na transformação social é bem maior do que na Europa". Após referir-se a algumas experiências internacionais, ele destaca que "se faz necessário reconhecer que pesquisadores (de pesquisa-ação e pesquisa participante) da América Latina contribuíram de modo fundamental para fortalecer o sentido social e político da pesquisa ação". Se nos animamos agora a lançar uma nova edição isto se deve a pelo menos três motivos.

O primeiro: a evidente presença e a atualidade da pesquisa participante nos dias de agora. Tanto "naqueles tempos" como hoje, dentro e fora da academia, entre encontros, congressos e simpósios envolvendo questões de conhecimento científico da sociedade, de educação e de outras práticas sociais, aquilo a que

---

[1] Os artigos foram originalmente publicados, em inglês, no *International Journal of Action Research*, vol. 1, *Issue* 1, 2005.

damos o nome de pesquisa participante – e que na América Espanhola tem sido chamado de *investigación-acción-participativa* – não apenas segue vigorosamente presente e ativa, como ressurge a cada momento. E reaparece com um vigor impressionante, em meio às mais diferentes situações e entre as mais diversas mãos e mentes, acompanhada de novos termos, de novas propostas, de novas descobertas.

E a relevância desta aberta e dialógica modalidade de partilha solidária na construção do conhecimento tende a tornar-se a alternativa preferencial, quando se trata de investigações junto ou em nome e a favor dos movimentos sociais. Tantos anos depois é impossível pensar a atividade da pesquisa social em suas mais diversas modalidades sem que a pesquisa participante não seja convocada ao diálogo.

A segunda: muito embora, entre 2006 e agora, muita coisa nova tenha surgido no campo e no horizonte da pesquisa participante, uma leitura cuidadosa deste livro haverá de atestar que o que aqui foi escrito há mais de dez anos permanece plenamente atual. E a razão é muito simples. Para além de novidades, sobretudo desde o ponto de vista de metodologias concretas, os fundamentos e as principais questões que envolvem a pesquisa participante permanecem presentes nos escritos e povoam todas as páginas deste livro.

Um terceiro motivo é o fortalecimento de uma visão integrada para inserção internacional das experiências latino-americanas de pesquisa participante. Tendo sua origem no desafio de compartilhar experiências latino-americanas para um público internacional, o livro se coloca na tradição de nomes como Orlando Fals Borda e Paulo Freire, que hoje integram o rol de referências básicas de metodologias participativas de pesquisa. Uma tradição que queremos continuar para, junto com outros, construir este mundo melhor que sonhamos.

Que esta apresentação a uma nova edição de nosso livro seja concluída com a lembrança das três pessoas de quem falamos aqui. Cada uma delas, a seu tempo e em seu lugar devido, disse ou escreveu as palavras que transcrevemos abaixo.

Que elas sejam ao mesmo tempo uma memória e um convite a estarmos sempre em busca de investigar realidades, de construir conhecimentos emancipatórios, de partilhar os saberes essenciais e de nos unirmos, agora e sempre, em nome do horizonte da construção de "um outro mundo possível".

Palavras de Paulo Freire:

> Considero importante, nessa altura de nossa conversa, insistir mais uma vez no caráter político da atividade científica. A quem sirvo com a minha ciência? Esta deve ser uma pergunta constante a ser feita por todos nós. E devemos ser coerentes com a nossa opção, exprimindo a nossa coerência na nossa prática.[2]

Palavras de Orlando Fals Borda:

> Yo hubiera preferido citar a nuestros propios pensadores americanos, contemporáneos de Aristóteles, pero los conquistadores españoles y portugueses desgraciadamente los

---

[2] Está na página 36 do livro *Pesquisa Participante*, publicado em 1981, pela editora Brasiliense, de São Paulo. O artigo de Paulo Freire tem o título "Criando métodos de pesquisa alternativa" e foi resultado de um encontro com educadores da Tanzânia, na África.

aniquilaron y de aquéllos solo quedan unos cuantos códigos. Esta es precisamente una de las tareas que tenemos: recuperar nuestra historia y volver a reconocer toda la sabiduría que nos viene de aquellos tiempos y de aquellas culturas indígenas que pueden ser tanto o más respetables que la aristotélica.[3]

[...]

El segundo es el reto que significa el reconocimiento de la ciencia popular como algo válido, e igualmente válido que las ciencias académicas. Este segundo punto tiene grande interés y, en mi opinión, justificaría todos los esfuerzos que hagamos em prol de la Investigación-Acción-Participativa, porque tiene implicaciones universales humanísticas.[4]

Palavras de Eduardo Galeano:

Nossa autêntica identidade coletiva nasce do passado e se nutre dele – pegadas sobre as quais caminham nossos pés, passos que representem nossas andanças de agora – mas não cristaliza na nostalgia. Somos o que fazemos, e, sobretudo o que fazemos para mudar o que somos: nossa identidade reside na ação e na luta. Por isso a revelação do que somos implica na denúncia do que nos impede de ser o que podemos ser.[5]

---

[3] Está na página 17 do livro *Investigación participativa*, coordenado por Ricardo Cetrulo e publicado por Instituto del Hombre e Ediciones de la Banda Oriental, de Montevidéu. O livro é composto de entrevistas com Orlando Fals Borda e com Carlos Rodrigues Brandão, em Buenos Aires, no ano de 1985.
[4] Está na página 19 do livro citado na nota 3.
[5] Trata-se de um texto de 1976, chamado "Em defesa da palavra", o primeiro do pequeno livro *A descoberta da América (que ainda não houve)*.

# 1. A PESQUISA PARTICIPANTE E A PARTICIPAÇÃO DA PESQUISA

## Um olhar entre tempos e espaços a partir da América Latina

*Carlos Rodrigues Brandão*[*]

Reconhecemos que a *pesquisa participante* existiu no passado e existe hoje em dia dentro de diferentes *tradições*. Reconhecemos a gestação de uma *tradição latino-americana* a partir das experiências pioneiras de Orlando Fals Borda e de Paulo Freire. Esta tradição da *pesquisa participante* somente pode ser compreendida em suas origens e em sua atualidade, quando referenciada aos contextos sociais e políticos dos tempos de sua instauração na América Latina, entre os anos 1970 e 1980. Ela aproveitou bastante das tradições europeia e norte-americana, mas possui características peculiares, a começar pela sua vinculação histórica com os movimentos sociais populares e com os seus projetos de transformação social emancipatória. Alguns princípios de convergência entre estilos diferentes são apresentados e discutidos.

---

[*] Brasileiro, antropólogo, participante de movimentos sociais populares desde 1961, um dos introdutores da pesquisa participante no Brasil, tendo coordenado duas coletâneas de livros pela editora Brasiliense, de São Paulo: *Pesquisa Participante* e *Repensando a Pesquisa Participante*. Professor do Doutorado em Ambiente e Sociedade da Universidade Estadual de Campinas. Participante do processo de criação da Pedra Branca – Comunidade Solidária do Saber.

## 1. Os cenários sociais de origem da tradição latino-americana da pesquisa participante

Tal como vemos acontecer nos dias de hoje com o surgimento de propostas de paradigmas emergentes a respeito da construção de conhecimentos através de práticas científicas, acreditamos que a experiência múltipla e diferenciada a que de modo geral damos o nome de *pesquisa participante* surge mais ou menos ao mesmo tempo em diferentes lugares, origina-se de diversas práticas sociais, articula diferentes fundamentos teóricos e alternativas metodológicas e destina-se a finalidades desiguais.

Alguns estudiosos do tema costumam rastrear uma das origens da *pesquisa participante* nos estudos de Kurt Lewin e de outros cientistas sociais nos Estados Unidos da América ou na Europa. Via de regra, tais estudos e pesquisas dirigiam-se a uma compreensão mais dinâmica, integrada e operativa do campo social às suas aplicações no aprimoramento das relações de atores culturais envolvidos em experiências de ação agenciada em favor de algum tipo de mudança ou desenvolvimento social, com vistas à melhoria de um ou vários indicadores de qualidade de vida.

Outras pessoas preferem associar a *pesquisa participante* aos trabalhos realizados ao redor da enquete operária de Karl Marx, reconhecendo em seu procedimento uma estratégia para o acesso de pessoas e grupos das classes populares a instrumentos confiáveis de conhecimento científico a respeito da realidade social. Se colocarmos de um lado palavras como: "atores sociais", "conformidade", "participação", "mudança", "desenvolvimento social"; e, de outro, palavras como: "classes sociais", "conflito", "mobilização", "transformação", "revolução social"; talvez tenhamos as áreas de fronteira dos limites entre uma tendência de origem e a outra.

Assim, em um ensaio de Anthon de Schutter e Boris Yopo, encontramos, em duas passagens próximas, estas referências:

> Budd Hall (1981) em sua análise das origens das experiências pioneiras, que contribuem a fundamentar a Investigação Participativa, menciona a entrevista estruturada "*L'enquete Ouvriere*", com trabalhadores industriais franceses, de Marx.
>
> [...]
>
> Outros sociólogos importantes para a fundamentação teórica da Investigação Participativa, desde o ponto de vista sociológico são: Bourdieu, Touraine, Lefebvre, Wright Mills. Contribuições relevantes na psicologia são: a obra de Adorno sobre o fascismo; de Fromm sobre o autoritarismo e democracia; e deve-se destacar os aportes de Carl Rogers, em relação à educação e a participação de George Mead sobre a socialização; de Lewin sobre a teoria de campo.[1]

Muito embora os nomes de Marx e de Lewin sejam os mais citados à esquerda e à direita, quando se trata de traçar fontes pioneiras da *pesquisa participante* não é raro que todo um conjunto de cientistas sociais, de educadores e de psicólogos criadores ou integrantes de alternativas de pesquisa e/ou de trabalhos pedagógicos e/ou sociais, com foco sobre uma participação mais ativa e algo mais crítico e criativo dos atores

---

[1] SHUTTER, A.; YOPO, B. "Desarrollo y perspectiva de la investigación participativa", em capítulo de *La investigación participativa en América Latina*, 1983, p. 59-60.

envolvidos, sejam lembrados como cocriadores dos fundamentos. Ainda que se reconheça que em boa medida as diferentes experiências da *pesquisa participante* surgem ao Norte e, sobretudo, ao Sul do Equador, à margem das universidades e como uma reação aos tipos de abordagens científicas da questão social nelas praticadas, na maior parte dos casos são cenários e sujeitos do mundo acadêmico os lembrados como seus criadores próximos ou remotos. Na América Latina, os praticantes mais conhecidos da *pesquisa participante* desde o seu começo se reconhecerão herdeiros bem mais de Karl Marx do que de Kurt Lewin e mais de Antônio Gramsci do que de Carl Rogers. Depois de apontarem as duas vertentes pioneiras na primeira origem da *pesquisa participante,* Libertad Hernández Landa e Luis Gabarrón trazem o testemunho de um cientista social europeu, no exato momento em que ele inverte o sentido tradicionalmente dado à vocação acadêmica da ciência. Serge Moscovici, lembrado por Gabarrón e Landa, afirma que: "quando a Psicologia Social começar a ser perigosa, começará então a ser uma ciência".[2]

Conhecendo ou não essa afirmativa, Paulo Freire, Orlando Fals Borda e outros educadores e cientistas sociais na América Latina irão lembrá-la em muitas ocasiões. Irão repeti-la e reinventá-la, para defender um dos princípios mais consensuais da *pesquisa participante* na tradição latino-americana: a ideia de que a ciência nunca é neutra e nem objetiva, sobretudo quando pretende erigir-se como uma prática objetiva e neutra. A consequência deste ponto de partida da *pesquisa participante* é que a confiabilidade de uma ciência não está tanto no rigor

---

[2] MOSCOVICI, S. *Society and Theory in Social Psychology,* 1972, p. 66 *apud* GABARRÓN; LANDA. *Investigación Participativa,* 1994, p. 79.

positivo de seu pensamento, mas na contribuição de sua prática na procura coletiva de conhecimentos que tornem o ser humano não apenas mais instruído e mais sábio, mas igualmente mais justo, livre, crítico, criativo, participativo, corresponsável e solidário. Toda a ciência social de um modo ou de outro deveria servir à política emancipatória e deveria participar da criação de éticas fundadoras de princípios de justiça social e de fraternidade humana.

Quando se recorda o surgimento das investigações sociais de estilo participativo, algumas vezes a narrativa dos "primeiros tempos" aparece isolada de seus contextos sociais de origem, quando eles não são descritos de uma forma vaga e alheia a alguns acontecimentos tão essenciais quanto esquecidos. Devemos lembrar que as primeiras experiências sociais de vocação participativa surgem em um tempo histórico em que se renovam e multiplicam sistemas teóricos de crítica do presente, associados a uma não rara e esperançosa proposta de construção social do futuro.

Algo visível na América Latina será por certo verdadeiro também no caso dos outros continentes. As diferentes vertentes da *pesquisa participante* constituem alternativas tardias de experiências antecedentes de ação social. Elas surgem na esteira de uma proliferação anterior de experiências cujos fundamentos e metodologias não estão situados apenas entre os dilemas epistemológicos das ciências sociais. Eles estão, antes, em novas compreensões de antigos dilemas e na emergência de novos modelos de interação pedagógica e de ação social. A *pesquisa participante* não cria, mas responde a desafios e incorpora-se em programas que colocam em prática novas alternativas de métodos ativos em educação e, de maneira especial, de educação de jovens e adultos; de dinâmicas de grupos e de reorganização da atividade comunitária em seus processos de organização e desenvolvimento; de formação, participação e mobilização de grupos humanos e classes sociais antes postas à margem de projetos de desenvolvimento socioeconômico, ou recolonizadas ao longo de seus processos.

No âmbito da América Latina e de outras regiões do Terceiro Mundo, a expansão de *movimentos sociais populares* dará às diferentes alternativas de ação social transformadora uma nova e, às vezes, radical conotação. Uma múltipla releitura de teorias e de procedimentos de ação social popular desenhará o rosto da identidade dos *estilos participativos de investigação social*. Entre acontecimentos que vão do âmbito de uma pequena escola rural a processos de mobilização social em escala nacional, na aurora dos anos 1960 ocorre por toda a parte um florescimento notável de experiências interativas e sociais. Surgem novas propostas, nas quais ideias e projetos contidos em conceitos como "ação" e "participação" são entretecidos com outras palavras, tais como "crítica", "criatividade", "mudança", "desenvolvimento", "transformação" e "revolução".

Em uma esfera crescentemente mundial, a ONU e suas agências especializadas, como a UNESCO, patrocinam e incentivam alternativas de novas alianças e enlaces para a criação de formas renovadoras de ação social, cuja fronteira mais limitada é a de um programa de melhoria setorial de condições comunitárias de saúde, e cuja fronteira mais aberta deveria estar situada nos projetos de um desenvolvimento socioeconômico multissetorial em uma escala regional ou mesmo nacional.

Para realizar projetos de "organização social", de "mobilização popular" e de "mudança" ou "transformação" são necessárias novas modalidades de produção sistemática de conhecimentos sobre a "realidade local". As décadas de 1950 e 1960 assistem à chegada e à rápida difusão de novos modelos de investigação social. Antigos modelos de ciência social aplicada são recriados e novos modelos são também elaborados e postos em prática. Sobretudo no chamado Terceiro Mundo, pesquisadores e promotores sociais de diversas orientações teóricas, ideológicas, metodológicas e técnicas participam de diferentes projetos de investigação da "realidade local" com foco na mensuração de indicadores de "qualidade de vida".

Um traço das inúmeras iniciativas de associação entre pesquisa e ação social, comum à direita e à esquerda, situa-se em uma motivação de tornar as investigações em comunidades populares em algo mais do que um instrumento de coleta de dados, em tornar o trabalho científico de pesquisa de dados uma atividade também pedagógica e, de certo modo, também assumidamente político. Sendo mais ativa e mais participativa, a investigação social deveria fazer-se mais sensível a ouvir as vozes dos destinatários pessoais ou coletivos dos programas de ação social. Deveria fazer-se capaz, também, de "dar a voz" e deixar que de fato "falem" com as suas vozes as mulheres e os homens que em repetidas investigações anteriores acabavam reduzidos à norma dos números e ao anonimato do silêncio das tabelas.

Um olhar preso demais ao mundo universitário e menos sensível ao que estava se passando em suas margens ou fronteiras, em amplas áreas da Ásia e da Oceania, da África e da América Latina, costuma relativizar demais alguns fatos sociais que foram e seguem sendo, na verdade, os mais importantes e até mesmo decisivos na criação de momentos e de contextos que tornaram inevitável o surgimento da *pesquisa participante*, na mesma medida em que, pelo menos em termos da América Latina, deram a ela os traços mais essenciais de sua identidade.

Este é o momento de lembrarmos que em pouco mais de meio século o Terceiro Mundo vem gerando e expandindo propostas e práticas de mobilização popular que irão configurar os contextos dos diferentes modelos de conhecimento e de ação social, para os quais as diversas modalidades da *pesquisa participante* serão uma resposta em meio a tantas outras. E mesmo que nos afastemos por um momento no tempo e no espaço, parece-nos ser justo começarmos por recordar que entre os anos 1920 e 1940, Gandhi e os seus seguidores inovam e recriam preceitos e práticas de uma forma de resistência à colonização a qual darão o nome de *ação não violenta*. O potencial de mobilização ativa e participativa dessa estratégia de descolonização da África do Sul e, depois, da Índia inaugura um procedimento social de resistência política cujo poder de transformação de pessoas, grupos humanos e nações merece, a nosso ver, uma lembrança bem maior do que as inocentes e formais propostas de Kurt Lewin e outras de teor semelhante.

Em uma outra direção, entre os anos 1960 e 1970, diversos grupos étnicos e populares de libertação política recriam diferentes estratégias de guerra de guerrilhas como uma outra resposta à colonização europeia. Experiências de ação política descolonizadora desse tipo, em uma certa medida, realizam o oposto dos sonhos de Gandhi. Mas elas resultam em libertação política, e não devemos esquecer que, em seu bojo, pela primeira vez a África elabora e exporta à Europa uma *sociologia da descolonização*, cuja influência no pensamento social da Europa não será pequena.

Ao longo desse mesmo tempo e um pouco mais tarde, também a América Latina cria, consolida e difunde, por todo o continente e, depois, em direção ao Norte e ao Leste, as primeiras ideias e propostas de ações sociais de vocação emancipatória que fundamentam e instrumentalizam a *educação popular*, a *teologia da libertação*, os *movimentos sociais populares* e, mais adiante, a *pesquisa participante*.

Ao nos perguntarmos sobre os reais contextos de origem da *pesquisa participante* no Terceiro Mundo e, de maneira especial, na América Latina, poderíamos deixar em segundo plano por um momento as questões epistemológicas de cientistas da Europa e dos Estados Unidos da América. E deveríamos evocar, então, a realidade social concreta de experiências como: a *ação não violenta*, a *resistência étnica e popular à colonização*, *os movimentos populares*, *a educação popular* e a *teologia da libertação*. Pois é na esteira do pensamento e da ação de pessoas como Mahatma Gandhi, Frantz Fanon, Paulo Freire, Camilo Torres, Gustavo Gutiérrez, João Bosco Pinto, Leonardo Boff e Orlando Fals Borda que em pelo menos três continentes o Terceiro Mundo difunde algumas práticas de *participação popular* como formas originais e contestatórias, diante das diferentes propostas de desenvolvimento social agenciadas desde a Europa e os Estados Unidos da América, vistas, no mais das vezes, como novas versões de antigas práticas sociais de vocação neocolonizadora.

Alguns estudiosos da história cultural da América Latina lembram mesmo que entre os anos 1960 e 1980, pela primeira vez, pensadores e ativistas sociais situados entre a Argentina e o México exportam para o outro lado do Rio Grande e do Atlântico teorias e metodologias de ações fundadoras dos *movimentos populares*, da *educação popular*, da *teologia da libertação* e da tradição latino-americana da *pesquisa participante*.

A *pesquisa participante* surge no bojo desses acontecimentos e quase sempre à margem das universidades e de seu universo científico, embora parte de seus principais teóricos e praticantes provenha delas e nelas trabalhem. Apenas alguns anos mais tarde, e com resistências, algumas teorias e práticas da *pesquisa participante* ingressam no mundo universitário latino-americano e, de modo geral, mais pelo trabalho de estudantes e raros professores também ativistas de causas sociais, do que pelo de docentes e pesquisadores de carreira.

Na maioria dos casos, as diferentes experiências latino-americanas de *pesquisa participante* surgem dentro dos *movimentos sociais populares,* ou emergem com uma proposta de se colocarem a serviço de seus projetos emancipatórios. Em vários momentos, dos anos 1970 até agora, a *pesquisa participante* se difunde no âmbito e como um instrumento de ação nos trabalhos de *educação popular*. Seus autores dos primeiros tempos foram, e muitos deles seguem sendo, o que até hoje denominamos de militantes da *educação popular*. De algum modo nunca houve na América Latina um "movimento de pesquisa participante", pois entre Orlando Fals Borda e Paulo Freire os seus instauradores e seguidores se reconheciam como agentes assessores ou participantes diretos – entre educadores e cientistas sociais – de *movimentos populares*. Eles se reconhecem atuando por meio de uma prática disseminada entre os anos 1960 e 1970 por toda a América Latina e que tomou, mais tarde, de modo mais geral, o nome *educação popular*.

Ontem, como agora, vários deles foram e seguem sendo ativistas sociais de orientação marxista, ou militantes cristãos inseridos em *comunidades eclesiais de base* e difusores da *teologia da libertação*. No caso brasileiro, a *pesquisa participante* está associada de forma indireta aos processos de ação política e pedagógica que deram origem ao Partido dos Trabalhadores (PT) e ao Movimento dos Trabalhadores Rurais Sem Terra (MST), cuja proximidade constante com a *educação popular* e com as *comunidades eclesiais de base* originadas da *teologia da libertação* é bastante reconhecida.

A pesquisa de origens epistemológicas ou metodológicas da *pesquisa participante* na América Latina logra um olhar mais abrangente e completo quando leva em conta a emergência das inúmeras unidades sociais e *movimentos populares* de vocação transformadora e emancipatória, quando eles instauram algumas novas alternativas de investigação empírica, consequentemente, de outra compreensão científica e ideológica da vida e da realidade social, assim como dos fundamentos e do papel da própria ciência na sociedade.

Assim, a *pesquisa participante* apresenta-se como uma alternativa de "ação participante" em pelo menos duas dimensões. A primeira: agentes sociais populares são considerados mais do que apenas beneficiários passivos dos efeitos diretos e indiretos da pesquisa e da promoção social dela decorrente ou a ela associada. Homens e mulheres de comunidades populares são vistos como sujeitos cuja presença ativa e crítica atribui sentido à *pesquisa participante*. Ou seja, uma pesquisa é "participante" não porque atores sociais populares participam como coadjuvantes dela, mas porque ela se projeta e realiza desdobramentos através da participação ativa e crescente de tais atores.

Segunda: em outra direção, a própria investigação social deve estar integrada em trajetórias de organização popular e, assim, ela deve participar de amplos processos de ação social de uma crescente e irreversível vocação popular. Uma articulação de ações de que a *pesquisa participante* é um entre outros instrumentos. Um instrumento científico, político e pedagógico de produção partilhada, de conhecimento social e, também, um múltiplo e importante momento da própria ação popular. Esta alternativa de investigação social é "participante" porque ela própria se inscreve no fluxo das ações sociais populares. Estamos em uma estrada de mão dupla: de um lado a *participação* popular no processo da investigação. De outro, a *participação* da pesquisa no decorrer das ações populares.

Ainda, trata-se de uma participação tomada em um duplo sentido, pois sempre se entendeu que, como um meio de realização da *educação popular*, a pesquisa participa da ação social também como uma prática pessoal e coletiva de valor pedagógico, na medida em que sempre algo novo e essencial se aprende através de experiências práticas de diálogo e de reciprocidade na construção do conhecimento. E, como uma forma de educação com um valor também político, na medida em que entre a esfera de um pequeno grupo até a de uma comunidade, uma esfera corporada de trabalho popular ou mesmo toda uma nação, espera-se que sempre alguma coisa se transforme em termos de humanização das estruturas e dos processos de gestão da vida social.

Assim, a pesquisa é "participante" não apenas porque uma proporção crescente de sujeitos populares participa de seu processo. A pesquisa é "participante" porque, como uma alternativa solidária de criação de conhecimento social, ela se inscreve e participa de processos relevantes de uma ação social transformadora de vocação popular e emancipatória.

Esse será o caminho pelo qual deveremos levar em conta que, de uma maneira possivelmente mais motivada do que na Europa e nos EUA, a *pesquisa participante* não costumava ser pensada como uma experiência de ação social com um valor em si mesma, ou como uma atuação agenciada com um teor apenas instrumental e dirigido a resolver algum "problema comunitário". Em seus tempos de origem na tradição latino-americana, a *pesquisa participante* raramente era compreendida como algo limitado a realizar alguma melhoria setorial das condições locais ou regionais de comunidades populares. Em quase todas as suas formas mais difundidas, ela foi e, em boa medida, segue sendo pensada como um instrumento de trabalho a serviço de práticas populares de valor político e de uma múltipla e variada vocação transformadora. Não se pretende melhorar ou desenvolver alguns aspectos precários da vida social. Pretende-se criar alternativas populares de transformação das estruturas sociais que tornam tal "vida" exigente de ser sempre "melhorada". Este fundamento teórico e político nem sempre se realizava na prática, pois, em repetidas ocasiões, experiências práticas acabavam reduzindo-se a uma só vez, incidiam sobre aspectos parcelares da vida social popular e não logravam participar de um complexo de ações sociais. E, na verdade, nem sempre é possível falarmos de princípios fundadores e de propostas de ação *pesquisa participante* na sua tradição latino-americana, tomando-a como se houvesse nela uma unidade de ideias, propostas e métodos que de fato não existiu antes e hoje menos ainda.

## 2. A variação dos nomes e algumas diferenças de práticas

Até hoje na América Latina convivem teorias, propostas metodológicas e experiências práticas de *pesquisa participante* herdeiras de uma das várias tendências de plena ou parcial origem latino-americana, ao lado das que nos chegaram vindas com programas de educação, de promoção social e/ou de desenvolvimento de comunidades, trazidos no bojo das tradições de investigação e ação social norte-americanas ou europeias. Essa convergência de abordagens, diversas em seus nomes e também nos seus fundamentos e nas suas destinações, é o que torna difícil e, ao mesmo tempo, fascinante a tarefa de buscar um consenso para estabelecer o que venha a ser entre nós a *pesquisa participante*. Sobre esta questão, Marcela Gajardo, uma educadora chilena, escreveu o seguinte em um livro bastante divulgado no Brasil dos anos 1980:

> Contrariamente ao que acontece em outros continentes, na América Latina não existe uma definição única de experiências representativas de um estilo participante de pesquisa. Existem, isso sim, tradições de pensamento e práticas diversas que conferem alcance e significados diferentes a esse tipo de atividade.[3]

De lá para cá, quase 20 anos depois essa diversidade original tendeu a aumentar mais ainda, embora os termos utilizados para

---

[3] GAJARDO, Marcela. *Pesquisa participante na América Latina*, p. 10.

qualificar os diferentes estilos participativos de pesquisa sejam os mesmos dos anos 1960 a 1980. Desde os tempos próximos ao surgimento de experiências de novos estilos participativos de investigação social nas três Américas, na Europa e em algumas regiões da África, da Ásia e da Oceania, estivemos e seguimos estando às voltas com uma pequena pluralidade de títulos e de enfoques. Esse fato teria uma importância pequena, se eles fossem somente escolhas diferentes para uma mesma ideia e para uma mesma modalidade de trabalho científico de cunho aplicado.

No entanto, onde a tradição europeia uniformizou os seus termos, a tradição latino-americana multiplicou nomes. Assim, palavras como *levantamento vocabular*, *pesquisa temática*, *pesquisa ativa*, *autodiagnóstico*, *pesquisa na ação*, *pesquisa-ação*, *pesquisa participante*, *investigação ação participativa*, *pesquisa popular* e *pesquisa militante* traduziam no passado e traduzem ainda hoje opções ora diferentes e convergentes, ora desiguais ou mesmo divergentes. Essa pluralidade de nomes revela uma polissemia de novos ou renovados fundamentos ou fragmentos (não raros, pois há mais fragmentos do que fundamentos) de uma epistemologia crítica diante do modelo que, de uma maneira bem geral, é cunhada como "neopositivista".

Às voltas com uma sequência diferentes de nomes, Maria Ozanira da Silva e Silva esclarece da seguinte maneira os seus leitores, na introdução de seu livro *Refletindo a pesquisa participante:*

> Utilizo, neste trabalho, o termo pesquisa participante como denominação genérica de estilos participativos de pesquisa considerando a existência de tendências e denominações diversificadas referentes às propostas e alternativas emergentes, como: pesquisa participante, pesquisa participativa, investigação-ação, pesquisa

ação, investigação participativa, observação participante, investigação militante, auto-senso, estudo-ação, pesquisa confronto.[4]

Marcela Gajardo reconhece três enfoques originais de estilos de pesquisa associadas a uma "concepção conscientizadora da educação". Eles seriam as abordagens que reconhecem a *pesquisa participante* como uma alternativa confiável de abertura da investigação científica à participação popular, "na criação e no desenvolvimento de programas de ação social e educacional". Os três enfoques são: a *pesquisa ativa*, a *pesquisa na ação* e a *pesquisa participante*.[5] A seguir, Marcela Gajardo as desdobra. Uma *pesquisa temática* originária dos trabalhos de alfabetização e de educação concentrados nos *movimentos de cultura popular* no Brasil dos anos 1960 as antecede, e ela inaugura a *vertente pedagógica* sobre a qual falava a autora algumas linhas atrás. No entanto, nas três modalidades apontadas e nas que delas se desdobram, está sempre presente uma dimensão educacional. E esta vocação pedagógica chegaria ao seu termo na *pesquisa militante*, onde um compromisso político partidário se estabelece entre os agentes populares e os agentes assessores.

Recordemos que com Orlando Fals Borda a proposta da *pesquisa participante* deveria desaguar na progressiva construção de uma *ciência popular*. Uma nova ciência capaz de pensar-se, de pensar o mundo social e de pensar as transformações sociais de uma maneira dialética realizada a partir da presença, da posição e dos interesses das classes populares.[6]

---
[4] SILVA, Maria Ozanira da Silva e. *Op. cit.*, 1991, p. 13
[5] GAJARDO, Marcela. *Pesquisa participante na América Latina*, p. 18.
[6] Uma das melhores exposições típicas dos anos 1980 a esse respeito pode ser encontrada em um artigo escrito a várias mãos: "Causa popular, ciência popular –

Entre as autoras e os autores que em algum momento se ocuparam de tentar classificar estilos de *pesquisa participante*, há diferenças que deixam clara a quase impossibilidade de se estabelecer uma listagem confiável das diversas abordagens e alternativas. Escrevendo sobre o assunto alguns anos após Marcela Gajardo, Maria Ozanira da Silva e Silva reconhece as seguintes abordagens: a) a *pesquisa-ação* originada das propostas de Michel Thiollent no Brasil, "cuja característica fundamental é sua vinculação com a resolução de problemas coletivos através da participação conjunta dos pesquisadores com os grupos interessados"; b) a *investigação-ação*, que vai além da proposta anterior por seu propósito de se constituir como um instrumento de partilha popular na produção do conhecimento social, e por seu vínculo com processos mais amplos de transformação social;[7] c) a *pesquisa participante*, como a forma mais tardia, já nos anos 1980, e que surge em um contexto continental de governos autoritários, como uma forma de reação ao controle político da vida social e à neocolonização militar e neocapitalista dos espaços da vida social, mormente no caso das classes populares; d) a *pesquisa militante*, em que, como vimos, a própria participação de agentes assessores se inverte, pois nela deixa de haver uma atividade dirigida ainda

---

uma metodologia do conhecimento científico através da ação", de Victor D. Bonilla, Gonzalo Castillo, Orlando Fals Borda e Augusto Libreros. Está em *Repensando a Pesquisa Participante*, organizado por Carlos Rodrigues Brandão em 1981.

[7] No entanto, em Luis Gabarrón e Libertad Landa essa modalidade aparece como uma inovação dos anos 80, em nada diversa da pesquisa participante do item seguinte, na classificação de Silva e Silva. Vejamos: "No início da década dos oitenta a tendência emergente, de rápida generalização, é a modalidade Investigación Participante (IP); ou ainda Participatory Research em Toronto (Canadá) e pesquisa participante no Brasil". Investigación participativa (*op. cit.*, p. 18).

e em boa medida pelas unidades agenciadas de ação social, e passa a haver um forte apelo a uma transferência da gestão dos processos de investigação e intervenção social para as mãos de setores organizados de grupos e de comunidades populares.[8]

Procedendo como a maior parte dos investigadores do assunto, Anthon de Shutter e Boris Yopo consideram todas as denominações aparecidas na América Latina entre os anos 1960, desde a *pesquisa temática* (investigação do universo temático) em Paulo Freire, até as propostas de *pesquisa militante*, como estilos de um único modelo emergente: a *pesquisa participante*. Assim, lembrando alguns autores mais conhecidos em cada alternativa, eles as relacionam da seguinte maneira:

> Não deve causar surpresa que a pesquisa participante tenda mais a uma diversificação de procedimentos e técnicas, do que a um só modelo doutrinário. Poderíamos mencionar algumas alternativas: a investigação-ação (Fals Borda, Moser, Huizer);[9] a investigação militante (Acosta, Briseño, Lenz,

---

[8] SILVA, Maria Ozanira da Silva e. *Refletindo a pesquisa participante, op. cit.*, p. 131-134. Maria Ozanira cita ainda uma quinta modalidade, a *observação participante* que, no entanto, não aparece em outros autores, a não ser em Nicanor Palhares Sá, de quem ela toma emprestada a expressão, mais corriqueira na Antropologia Social e difundida, anos mais tarde, através da difusão acelerada das abordagens qualitativas nas universidades da América Latina, p. 134.

[9] No entanto, em um artigo publicado no México em 1983, o estudo deixa de fora Michel Thiollent, reconhecido por muitos, sobretudo no Brasil, como criador de um estilo próprio e bastante conhecido de *pesquisa-ação*. Seu livro *Metodologia da pesquisa-ação*, publicado também nos anos 1980, conheceu em 2002 a sua 11ª edição no Brasil. Na introdução da edição original, Michel Thiollent antecipa a discussão em torno do significado dos nomes e do valor das alternativas, desta maneira: "um dos aspectos sobre os quais não há unanimidade é o da própria denominação da proposta metodológica. As expressões 'pesquisa participante' e 'pesquisa-ação' são frequentemente dadas como sinônimas. A nosso ver, não o são, porque a pesquisa-ação, além da participação, supõe uma forma de ação planejada de caráter

Molano); o autodiagnóstico (Sotelo); a enquete-participante (Le Boterf); a enquete conscientizante (De Oliveira); o Seminário Operacional (De Clerck); o laboratório experimental (Santos de Morais); o taller experimental (Yopo, Bosco Pinto).[10]

Em estudos mais abrangentes sobre as origens da *pesquisa participante* entre nós, o que vemos é um apagamento de uma antiga teia de iniciativas de *trabalho popular*, como experiências que geraram na América Latina os diferentes estilos de *pesquisa participante*. Diferentes e plurais sem dúvida, mas de algum modo convergentes ao se proporem como um instrumento de conhecimento e de compreensão crítica de eixos e esferas da realidade social da vida cotidiana. Entre aqueles que escreveram a respeito dessas várias tendências, há sempre o reconhecimento de que, de um modo geral, a *pesquisa participante* deve ser encarada como um instrumento de trabalho não menos confiável e rigoroso do que a pesquisa acadêmica, pelo fato de se propor como uma atividade mais coletiva, mais participativa e mesmo mais popular. E um instrumento de conhecimento sistemático da vida social é menos científico por pretender realizar no interior das experiências prática das "causas populares" algumas novas integrações e interações

---

social, educacional, técnico ou outro, que nem sempre se encontra em propostas de pesquisa participante. Seja como for, consideramos que pesquisa-ação e pesquisa participante procedem de uma mesma busca de alternativas ao padrão da pesquisa convencional" (Cf. *Metodologia da pesquisa-ação*, 2002, p. 7).

[10] De Schutter e Yopo. *Op. cit.*, p. 67-68. Devemos chamar a atenção para um pequeno aspecto aparentemente semântico, mas importante, no caso. Entre as duas línguas, usa-se em português a palavra "pesquisa" onde em Espanhol se dá preferência ao termo "investigação". Até hoje esta tem sido a fonte de algumas indesejadas confusões.

entre esferas de competência científica, pedagógica, ética e política. E é a própria maneira como um desses vetores da ação social vem a ser mais ou menos enfatizado, em cada caso concreto, aquilo que estabelece diferenças importantes entre os vários estilos participativos de investigação social.

## 3. Princípios, propostas e práticas da pesquisa participante

Recordemos alguns fatos. Qualquer que seja o nome originalmente dado às diversas propostas de alternativas participativas na investigação social há, como vimos brevemente antes, alguns sinais convergentes na América Latina:

a. As diferentes propostas e experiências surgem mais ou menos ao mesmo tempo, entre as décadas dos anos 1960 e 1980 em poucos lugares do continente, mas em pouco tempo elas se difundem por toda a parte;

b. Elas se originam dentro de diferentes unidades de ação social que atuam preferencialmente junto a grupos ou comunidades populares;

c. Em sua maioria, elas serão postas em prática dentro de *movimentos sociais populares* emergentes, ou se reconhecem estando a serviço de tais *movimentos*;

d. Elas herdam e reelaboram diferentes fundamentos teóricos e diversos estilos de construção de modelos de conhecimento social através da pesquisa científica. Não existe na realidade um modelo único ou uma metodologia científica própria a todas as abordagens da *pesquisa participante*;

e. Reconhecendo-se como alternativas de projetos de enlace e mútuo compromisso de ações sociais de vocação popular, envolvendo sempre pessoas e agências sociais "eruditas" (como um sociólogo, um educador de carreira ou uma ONG de direitos humanos) e "populares" (como um indígena tarasco, um operário sindicalizado argentino, um camponês semialfabetizado do Centro-Oeste do Brasil, ou o Movimento dos Trabalhadores Rurais Sem Terra), elas partem de diferentes possibilidades de relacionamentos entre os dois polos de atores sociais envolvidos, interativos e participantes;

f. As *pesquisas participantes* atribuem aos agentes populares diferentes posições na gestão de esferas de poder ao longo do processo da pesquisa, assim como na gestão dos processos de ação social dentro da qual a *pesquisa participante* tende a ser concebida como um instrumento, um método de ação científica, ou um momento de um trabalho popular de dimensão pedagógica e política quase sempre mais amplo e de maior continuidade do que a própria pesquisa;

g. Via de regra, as diferentes alternativas da *pesquisa participante* surgem em intervalos entre a contribuição teórica e metodológica vinda da Europa e dos Estados Unidos da América, e a criação ou recriação original de sistemas africanos, asiáticos e latino-americanos de pensamentos e de práticas sociais. Não é raro que uma abordagem que se autoidentifica como "dialética" empregue na prática procedimentos formais e quantitativos próprios a abordagens metodológicas de cunho neopositivista.

Após essa listagem, seria proveitoso fazermos aqui uma síntese de princípios operativos que foram mais ou menos comuns e que fundamentaram, como variações, as experiências originais da *pesquisa participante* em praticamente toda a América Latina. Mesmo que eles possam parecer hoje algo radical e, por isso mesmo, ultrapassados, devemos levar em conta a sua relativa atualidade, sobretudo nas experiências que preservam vínculos entre a *pesquisa participante* e os *movimentos sociais*. Nos permitimos seguir os passos do livro de Luis Gabarrón e Libertad Landa,[11] já mencionado aqui. Lembramos que essa listagem de princípios fundadores vale com maior fidelidade para as ideias e as propostas de *pesquisa participante* que defendiam ou seguem defendendo uma aliança direta de serviço para com as classes e os movimentos populares. É mais do que evidente que esses princípios da ação social através da investigação social não correspondem a todas as alternativas dos tempos de origem e, com mais razões, às suas herdeiras atuais. Ampliamos a forma como no original cada um dos princípios é apresentado, buscando tornar mais atuais as palavras do texto em que estamos nos baseando. A seguir, comentamos alguns deles, em conjunto:

> O ponto de origem da pesquisa participante deve estar situado em uma perspectiva da realidade social, tomada como uma totalidade em sua estrutura e em sua dinâmica.
> Deve-se partir da realidade concreta da vida cotidiana dos próprios participantes individuais e coletivos do processo, em suas diferentes dimensões e interações.

---

[11] Sigo, alterando em alguns casos a ordem original, as ideias de Luis Gabarrón e Libertad Hérnandez Landa, em *Investigación participativa* (1994). Raras vezes encontrei uma síntese tão oportuna como esta; e em sua íntegra e com os comentários dos autores, ela pode ser encontrada entre as páginas 28 e 44.

Os processos e as estruturas, as organizações e os diferentes sujeitos sociais devem ser contextualizados em sua dimensão histórica, pois é o fluxo e a integração orgânica dos acontecimentos de tal dimensão, aquilo que em boa medida explica uma realidade social.

A relação tradicional de sujeito-objeto entre investigador-educador e os grupos populares deve ser progressivamente convertida em uma relação do tipo sujeito-sujeito, a partir do suposto de que todas as pessoas e todas as culturas são fontes originais de saber e que é da interação entre os diferentes conhecimentos que uma forma partilhável de compreensão da realidade social pode ser construída através do exercício da pesquisa. O conhecimento científico e o popular articulam-se criticamente em um terceiro conhecimento novo e transformador.

Deve-se partir sempre da busca de unidade entre a teoria e a prática, e construir e reconstruir a teoria a partir de uma *sequência de práticas refletidas criticamente*. A pesquisa participante deve ser pensada como um momento dinâmico de um processo de ação social popular. Ela se insere no fluxo desta ação e deve ser exercida como algo integrado e, também, dinâmico. As questões e os desafios surgidos ao longo de ações sociais definem a necessidade e o estilo de procedimentos de pesquisa participante. O processo e os resultados de uma pesquisa interferem nas práticas sociais e, de novo, o seu curso levanta a necessidade e o momento da realização de novas investigações participativas.

A participação popular deve se dar, preferencialmente, através de todo o processo de investigação-educação-ação. De uma maneira crescente, de uma para outras experiências, as equipes responsáveis pela realização de pesquisas participativas devem incorporar e integrar agentes assessores e agentes populares. O ideal será que em momentos posteriores exista uma participação culturalmente diferenciada, mas social e politicamente equivalente e igualada, mesmo que entre pessoas e grupos provenientes de tradições diferentes, quanto aos conteúdos e aos processos de criação social de conhecimentos.

O compromisso político e ideológico do(a) investigador(a) é com os setores populares e com as suas causas sociais. Mesmo em uma investigação ligada a um trabalho setorial e provisório, o propósito de uma ação social de vocação popular é a autonomia de seus sujeitos na gestão do conhecimento e das ações sociais dele derivadas. É, também, a progressiva integração de dimensões de conhecimento parcelar da vida social, em planos mais dialeticamente interligados e interdependentes.

Deve-se reconhecer o caráter político e ideológico da atividade científica e pedagógica. A pesquisa participante deve ser praticada como um ato político claro e assumido. Não existe neutralidade científica em pesquisa alguma e, menos ainda, em investigações vinculadas a projetos de ação social. No entanto, realizar um trabalho de partilha na produção social de conhecimentos não corresponde, em princípio, a pré-ideologizar partidariamente os pressupostos da investigação e a aplicação de seus resultados. Na maior parte dos casos, a pesquisa participante é um momento de trabalhos de educação popular realizados junto com e a serviço de comunidades, grupos e movimentos populares. É do constante diálogo não doutrinário de parte a parte que um consenso sempre dinâmico e modificável deve ir sendo também construído.

A investigação, a educação e a ação social convertem-se em momentos metodológicos de um único processo dirigido à transformação social. Mesmo quando a pesquisa sirva a uma ação social local e limitada a uma questão específica da vida social, é o seu todo o que está em questão. E é a possibilidade de transformação de saberes, de sensibilidades e de motivações populares em nome da transformação da sociedade desigual, excludente e regida por princípios e valores do mercado de bens e de capitais, em nome da humanização da vida social, que os conhecimentos de uma pesquisa participante devem ser produzidos, lidos e integrados como uma forma alternativa emancipatória de saber popular.

No que as aproxima, as alternativas de *pesquisa participante* da tradição latino-americana sonharam inovar, no todo ou em parte, as abordagens conhecidas e há muito praticadas como ações sociais com base em conhecimentos científicos, através do aporte de novas alternativas de trabalho junto a grupos e a comunidades populares. Seus ganhos teóricos e ideológicos possivelmente foram e seguem sendo maiores do que as suas realizações práticas. Essas novas abordagens motivavam-se a ser algo mais do que outras metodologias de acumulação e de aplicação de conhecimentos oriundos de investigações sociais voltadas a processos de promoção e/ou desenvolvimento social.

Elas pretendiam recriar os termos da crítica política às conexões costumeiras entre o conhecimento produzido por meio de pesquisas científicas e das ações sociais delas derivadas. Elas aspiravam a novidade da transformação de ações sociais de vocação popular a partir de uma elaboração sistemática de conhecimentos pela via de pesquisas sociais motivadamente postas a serviço de experiências coparticipadas de criação solidária de saberes, a partir do enlace entre profissionais e/ou militantes agenciados e as pessoas, grupos e comunidades populares.

Esse é também o duplo sentido da ideia de totalidade nas propostas originais latino-americanas. Ela é algo anterior e pouco tem a ver com as totalizações complexas e holísticas dos paradigmas emergentes entre Edgar Morin e Boaventura de Souza Santos. Sua fonte é marxista e, em vários documentos, ela aparece como uma "abordagem dialética".[12]

A ideia de uma compreensão totalizante da realidade social tem a ver com a integração de todos os conhecimentos parcelares em estruturas dinâmicas e integradas de fatores e de processos sociais, de tal modo que qualquer que seja o "foco do conhecimento" no ponto de origem (uma pesquisa relativa a condições locais de saúde, por exemplo), a pesquisa deverá envolver, sempre que possível, as interações entre os diferentes planos e domínios de estruturas e processos interdeterminantes da sociedade. Assim, uma atenção especial deve ser sempre dada à dinâmica das relações e dos processos envolvidos na investigação, pois uma dimensão histórica está sempre e inevitavelmente presente.

E se uma dinâmica da história é importante na reconstrução do passado próximo, ela o é, mais ainda, no olhar entre o presente e o futuro. Pois, aqui, não se trata de conhecer para

---

[12] Um dos autores mais originais nessa direção é Oscar Jara. Um de seus últimos trabalhos aborda a sistematização de experiências participativas na educação popular. A leitura de trabalhos sobre a *sistematização* de ações sociais populares resulta muito oportuna porque ela representa, a seu modo, uma atualização para os anos 1980, 1990 e seguintes, das propostas originais de estilos participativo na América Latina. Entre os livros anteriores, ver: *Conocer la realidad para transformarla* (1991); *Investigación participativa: Una dimensión integrante de la educación popular* (1990). Em português pode ser lido o seu livro *Para sistematizar experiências* (1996).

"promover" ou para "desenvolver" algo, mas para transformar o todo em que este "algo" existe como está e, assim, deve ser transformado junto com o todo social de que é parte. Na *pesquisa participante* sempre importa conhecer para formar pessoas populares motivadas a transformar os cenários sociais de suas próprias vidas e destinos, e não apenas para resolverem alguns problemas locais restritos e isolados, ainda que o propósito mais imediato da ação social associada à *pesquisa participante* seja local e específico. A ideia de que somente se conhece o que se transforma é inúmeras vezes evocada até hoje.

A este princípio de totalização associa-se a ideia de que, como integrantes de momentos da *educação popular* e de toda a desejada dinâmica dos *movimentos populares*, a *pesquisa participante* integra quatro propósitos já nossos conhecidos, os quais valem ser citados aqui:

a. Ela responde de maneira direta à finalidade prática a que se destina, como um meio de conhecimento de questões sociais a serem participativamente trabalhadas;
b. É um instrumento dialógico de aprendizado partilhado e, portanto, como já vimos, possui organicamente uma vocação educativa e, como tal, politicamente formadora;
c. Participa de processos mais amplos e contínuos de construção progressiva de um saber popular e, no limite, poderia ser um meio a mais na criação de uma ciência popular;
d. Partilha, com a *educação popular*, de toda uma ampla e complexa trajetória de empoderamento dos *movimentos populares* e de seus integrantes.

Em suas modalidades mais abrangentes e integradas, a *pesquisa participante* contempla pelo menos esses quatro objetivos e, entre aproximações e diferenças, eles se distribuem pelos princípios antes enunciados. Restringir-se ao primeiro objetivo equivale a dar à ideia de "participação" um caráter ainda colonizado, correspondente às alternativas em que sujeitos das comunidades são convidados a participar de frações da pesquisa, sem acesso algum ao todo do processo, e sem qualquer papel significativo na gestão dos encaminhamentos efetivos de uma ação social junto a grupos e classes populares.

Restringir-se aos dois primeiros objetivos equivale a um ganho importante, pois o trabalho de produção de conhecimento deixa de ser apenas funcional e utilitário, passando a ser também educativo. Ele se torna formador de pessoas aptas a uma integração mais consequente e corresponsável na vida social. Mas significa ainda apenas meio caminho, pois não se compromete com o essencial: o propósito de uma progressiva descolonização e um contínuo empoderamento popular. O propósito de uma crescente partilha popular na gestão de suas vidas e seus destinos, ao lado da possibilidade de uma transformação social emancipatória a partir das escolhas e dos horizontes populares.

É provável que entre a Europa e os Estados Unidos da América, na maior parte das vezes, a *pesquisa participante* surgisse como um instrumento oportuno à criação de novas formas de conhecimento científico da vida social. Um meio oportuno de requalificação dos relacionamentos entre os diferentes tipos de atores interativos em projetos de ação social, levados a efeito em nome da melhoria de indicadores da qualidade de vida, ou de desenvolvimentos comunitários ou regionais.

Na América Latina as propostas originais de *pesquisa participante* sonhavam ir até um pouco além. Sonhavam chegar pelo menos até as fronteiras de uma possível construção social de outras alternativas ideológicas e políticas da gestão do saber; da criação uma nova "ciência popular" ou, quem sabe, da reeducação das próprias ciências e de seus cientistas, a partir da escolha de uma vocação democraticamente estendida às classes populares na partilha do saber, na participação, também, dos processos de transformação das sociedades regidas pelos princípios do capitalismo, em direção a sociedades voltadas à realização de alguma das variantes de novas expressões sociais do socialismo. Esse horizonte transformador e emancipatório esteve sempre presente entre nós, pelo menos nas modalidades mais difundidas e persistentes entre as que se reconhecem herdeiras de Paulo Freire ou de Orlando Fals Borda.

Hoje em dia há uma variedade de horizontes e de experiências bastante ampliada. A *pesquisa participante* invadiu e ocupou em vários cenários latino-americanos contextos de teoria e prática que lhes eram, antes, interditos ou abertos com restrições. Não é raro que programas governamentais se apresentem sob o consenso da "participação popular" e em vários casos isso envolva também atividades de pesquisa de âmbito comunitário ou ampliado. Assim também um número crescente de estudos acadêmicos realizados em programas universitários de graduação e de pós-graduação apresentam como os seus "procedimentos metodológicos" algumas das variantes reconhecidas da *pesquisa participante*. Autores evitados nos cursos oficiais de métodos e técnicas de pesquisa nas Ciências Sociais, na Pedagogia e em programas delas derivados surgem agora em um número sempre crescente de trabalhos acadêmicos em qualquer um de seus níveis. Programas, por exemplo, de educação e de gestão ambiental raramente deixam de reivindicar uma abordagem participativa, e investigações "com participação da comunidade" são bem mais a norma do que a exceção.

Não existe uma tendência dominante em qualquer campo e em qualquer esfera de prática da *pesquisa participante*. Mesmo nas experiências realizadas junto e a serviço dos *movimentos populares*, o que se vê são diferentes alternativas de fundamentação teórica, de procedimentos metodológicos, de leituras de dados e de textos de pesquisa e, finalmente, de aplicações práticas de seus resultados.

Dentro e fora do âmbito universitário, do âmbito do poder governamental e, principalmente, do âmbito de organizações não governamentais e de movimentos populares, os encontros e simpósios para o intercâmbio de ideias e a troca de experiência tendem a ser regidos mais pelo diálogo entre diferenças do que por qualquer interesse na criação de formas unitárias ou dominantes.

## 4. O esquecimento do outro

Mesmo publicando o seu *Pesquisa participante na América latina* em 1986, Marcela Gajardo é uma das autoras mais "sem fronteiras". Dentre os 39 títulos citados na bibliografia, dois estão em francês (Suíça e Canadá) e dois em inglês, sendo um deles escrito por Paulo Freire. Outros autores de origem europeia ou norte-americana citados pertencem, na verdade, à tradição latino-americana, ou estão em constante contato com ela, como o canadense Budd Hall.

Há um número bastante maior de citações bibliográficas em *Refletindo a Pesquisa participante*, da brasileira Maria Ozanira da Silva e Silva, publicado em 1991. Dentre as suas 107 citações, apenas duas delas são em outro idioma, sendo uma em inglês e outra em francês. Outros autores da Índia, da Europa ou da América do Norte comparecem com textos em espanhol ou em português, apresentados em simpósios e congressos latino-americanos. Vários outros pertencem, como Anthon de Schutter, Michel Thiollent, Tom de Wit, Vera Gianotten ou Nelly Stromquist, à tradição latino-americana, sendo que alguns deles vivem em algum país da América Latina, ou trabalharam em algum deles por vários ou longos anos.

Entre as quase cem citações bibliográficas contidas em *Investigación Participativa*, de Luis R. Gabarrón e Libertad Hernández Landa, publicado no México em 1994, existem apenas cinco textos de autores europeus, todos eles em espanhol. Nenhum livro ou artigo do que se poderia considerar como uma referência às tradições europeia ou norte-americana aparece. E o mesmo acontece em *Para sistematizar experiências*, de Oscar Jara, publicado no Brasil em 1996.

Do outro lado do oceano Atlântico, a bibliografia dos doze artigos de *Participatory Research and Evaluation: Experiences in research as a process of liberation*, coordenado por Walter Fernandes e Rajesh Tandon, e publicado em Nova Delhi, em 1981, é reunida ao final do livro e consta de 51 títulos. Todos eles estão em inglês, inclusive os de Paulo Freire e Orlando Fals Borda. Embora seja a publicação também de um país de Terceiro Mundo, e o seu subtítulo junto com a abordagem da maioria dos autores sugira a convergência com um ponto de vista bastante familiar à tradição latino-americana, um diálogo entre ela e a Índia parece realizado ainda apenas em uma pequena parte. À exceção de Orlando Fals Borda e Paulo Freire, somente Francisco Vio Grossi aparece representando a tradição latino-americana entre todos os artigos do livro.

Um livro de René Barbier, *A pesquisa-ação*, foi traduzido para o português e publicado no Brasil no ano de 2002. Sabemos que Michel Thiollent, um dos principais teóricos e praticantes da *pesquisa ação* na América Latina é um franco-falante. No entanto, em momento algum o seu nome é citado, mesmo quando René Barbier reconstrói, no primeiro capítulo do livro, a *história da pesquisa-ação*.

Ele divide essa história em dois momentos: um período de emergência e consolidação, entre os anos que precedem a Segunda Grande Guerra e os anos 1960, com um franco predomínio norte-americano. Um segundo período "de radicalização política e existencial" com uma dominância canadense e europeia, vindo do final dos anos 1960 aos nossos dias. Ao mencionar os países em que essa alternativa de investigação social se dissemina, o autor lembra a Alemanha, o Japão e a França. Mas "é no Canadá, na Inglaterra e na França, a partir dos anos 70, que se acentua a tendência mais radical".[13]

Na página 35 há uma referência de passagem à tradição latino-americana:

---

[13] BARBIER, René. *A pesquisa-ação*, p. 31.

Na América Latina, a sociologia radical uniu-se ao militantismo revolucionário com Camilo Torres, Luis Costa Pinto, Florestan Fernandes, Orlando Fals Borda, e, do mesmo modo, com a 'pedagogia dos oprimidos' de Paulo Freire, em Educação Popular (BARBIER, 1977, p. 51-58).

A contribuição da tradição latino-americana estará praticamente esquecida desta página em diante. Dos 67 livros e artigos relacionados na bibliografia, não há referências sequer aos autores latino-americanos citados na página 35, e apenas Nelly Stromquist, com um artigo em francês, recorda a presença da tradição latino-americana.

De um lado e do outro do Oceano Atlântico e do Rio Grande simplesmente nos ignoramos, ou nos esquecemos uns dos outros. E esse é um procedimento "de confraria" na verdade estranho a teóricos e praticantes da *pesquisa participante*. Pois eis que praticamos uma alternativa de criação de conhecimentos humanos e sociais na qual o diálogo e o reconhecimento do outro, através daquilo em que ele nos é diferente, ocupam sempre um lugar de destaque em nossas agendas de princípios.

A *pesquisa participante* pretende ser um corajoso salto além da *observação participante*. Nessa e em boa parte das abordagens qualitativas na pesquisa social, eu descubro que sou confiável. Posso proceder assim porque posso confiar em mim mesmo, e não apenas nos instrumentos que coloco entre eu e os meus "objetos de pesquisa". Posso confiar em minha memória, em minhas palavras e nas de outros, meus interlocutores. Posso confiar neles "para mim". Para efeitos dos processos e produtos de um trabalho científico que eu controlo, interpreto e uso em meu favor. Na *pesquisa participante* parto de um duplo reconhecimento de confiança no meu "outro", naquele que procuro transformar de "objeto de minha pesquisa" em "cossujeito de nossa investigação". Devo confiar nele, tal como na *observação participante*, na qualidade de meu interlocutor, aquele que no dizer de si-mesmo desenha para mim os cenários de vida e destino que pretendo conhecer e interpretar. Mas devo ir além, pois devo criar com ele e em seu nome (bem mais do que no meu próprio) um contexto de trabalho a ser partilhado em pleno sentido, como processo de construção do saber e como produto de saber conhecido e posto em prática através de ações sociais de que ele é (ou deveria ser) o protagonista e, eu sou (ou deveria ser) o ator coadjuvante.

O reconhecimento da contribuição do outro, do diferente, e a partilha de seus saberes e experiências deveriam ser um ponto de partida da prática da *pesquisa participante*. Mas, da mesma forma como vemos acontecer em outros campos da pesquisa acadêmica, não o são. Também aqui citamos a nós e aos "nossos" repetidas vezes. Também aqui não apenas criamos tendências e tradições, o que é bastante salutar. Mas acabamos por nos encerrar nelas ou em suas vizinhanças, como atores de confrarias. O que é, convenhamos, a negação do que propomos em teoria e em outros planos da prática.

Seria viável lembrar que o abismo das línguas ainda é uma barreira poderosa, mesmo entre nós, supostos inovadores de ideias, militantes de direitos e de diálogos e transgressores das fronteiras das tradições conservadoras existentes nas ciências e nas ações sociais. Nós mesmos teremos caído nessa armadilha aqui neste artigo.

Não há de ser essa a razão ou, pelo menos, ela não serve para ser a única e mais importante razão de nossos reiterados esquecimentos do outro. E uma pergunta, então, paira entre e sobre nós: se nos desconhecemos e fazemos do esquecimento de outros que não nos são próximos, o próprio fundamento da construção de nossas ideias e ideais, de nossos diálogos, de nossas teorias, como esperar que sejamos capazes de criar algo que quebre barreiras dentro e fora do mundo das ciências? Algo que ultrapasse de fato as fronteiras que nós mesmos criamos e que recrie, entre os outros de nossos povos e de todos os povos da Terra, alguma coisa que aponte de verdade para um Homem Novo; o criador e o habitante do "outro mundo possível", como nos acostumamos a bradar pelas ruas de Porto Alegre, da Índia e de outros recantos do Planeta durante os nossos fóruns sociais mundiais.

## REFERÊNCIAS BIBLIOGRÁFICAS

BARBIER, René. *A pesquisa-ação*. Brasília: Plano, 2002.

BONILLA, Victor; CASTILLO, Gonzalo; FALS BORDA, Orlando; LIBREROS, Augusto. "Causa popular, ciência popular: uma metodologia do conhecimento científico através da ação". *In*: BRANDÃO, Carlos Rodrigues. *Repensando a pesquisa participante*. São Paulo: Brasiliense, 1999.

DE SHUTTER, Anton; YOPO, Boris. "Desarrollo y perspectivas de la investigación participativa". *In*: VERAJANO, Gilberto M. (Org.). *La Investigación Participativa en América Latina*. Pátzcuaro: CREFAL, 1983.

FERNANDEZ, Walter; TANDON, Rajesh (Eds.). *Participatory Research and Evaluation*. Nova Delhi: Indian Social Institute, 1981.

GAJARDO, Marcela. *Pesquisa Participante na América Latina*. São Paulo: Brasiliense, 1986.

GABARRÓN, Luis Rodrigues; LANDA, Libertad Hernández. *Investigación Participativa*. Madri: Centro de Investigaciones Sociológicas, 1994 (Cadernos Metodológicos, 10).

JARA, Oscar. *Para sistematizar experiências*. João Pessoa: Editora da Universidade Federal da Paraíba, 1996.

_____. *Conocer la Realidad para Transformarla*. San José: ALFORJA, 1991.

_____. *Investigación Participativa: Una Dimensión Integrante de la Educación Popular*. San José: ALFORJA, 1990.

MOSCOVICI, Serge. "Society and theory in social psychology". *In*: ISRAEL, J.; TAJFEL, H. (Comps.). *The Context of Social Psychology: A Critical Assessment*. Nova Iorque: Academic Press, 1972.

SILVA, Maria Ozanira da Silva e. *Refletindo a pesquisa participante*. São Paulo: Cortez, 1991.

THIOLLENT, Michel. *Metodologia da pesquisa-ação*. São Paulo: Cortez, 2002.

# 2. A SEMENTE TEM SUA PRÓPRIA DINÂMICA: SOBRE AS ORIGENS E OS RUMOS DA *INVESTIGACIÓN-ACCIÓN PARTICIPANTE* (IAP)[1]

### Entrevista com Orlando Fals Borda

*Lola Cendales, Fernando Torres e Alfonso Torres**

*Orlando, queremos uma conversa com você sobre a investigação participativa em sua história de vida, e uma primeira questão que queremos lhe colocar a respeito da experiência pessoal prévia à formalização da IAP é quais foram as primeiras intuições ou raízes...*

Fals Borda: Creio que tive algumas raízes familiares. Em minha casa, minha mãe era uma pessoa muito inteligente,

---

[1] Manteve-se neste texto a expressão Investigación-Acción Participante consagrada, nos países de fala hispânica, com a IAP.

* Tradução de José Fernando Kieling.

Orlando Fals Borda: sociólogo, investigador e historiador colombiano. Um dos criadores da Investigação-ação Participativa como paradigma alternativo das Ciências Sociais na América Latina. Fundador da Faculdade de Sociologia na Universidade Nacional da Colômbia junto com Camilo Torres Restrepo. Foi o segundo presidente do Conselho de Educação de Adultos na América Latina (CEAAL), depois de Paulo Freire. Entre suas principais obras estão: *Compesinos de los Andes* (1955); *Revolução inconclusa na América Latina* (1970); *Ciência própria e colonialismo intelectual* (1970); *Conhecimento e poder popular* (1985); *Historia Doble de la Costa* (1979-1986); *A práxis: Como investigar a realidade para transformá-la*.

Lola Cendales: educadora-investigadora da equipe de trabalho de Dimensão Educativa (Bogotá, Colômbia). Fernando Torres: educador-investigador da equipe de trabalho de Dimensão Educativa (Bogotá, Colômbia). Alfonso Torres: educador-investigador da Universidade Pedagógica Nacional (Bogotá, Colômbia).

uma literata realmente, autora de dramas e cantatas e coisas assim; ela tinha muita sensibilidade social: como dirigente da Igreja Presbiteriana esteve muito envolvida em trabalhos com as mulheres, por exemplo; foi presidente da Sociedade de Senhoras da Igreja Presbiteriana e havia organizado, pela rádio, uma campanha nacional contra o câncer. Ela foi uma das primeiras mulheres em Barranquilla que teve uma hora de rádio na emissora Atlântico nos anos 1930!

Meu pai, outro intelectual, foi um mestre de escola muito querido em Barranquill; ele já havia escrito alguns folhetos, artigos como jornalista em *A Prensa* de Barranquilla, e sempre esteve muito atento ao meu desenvolvimento intelectual, porque me recordo que me levava livros de leitura; começou com a coleção *Sopena*, contos de Perrault... E depois começou a subir o nível e, entre os livros que me levava, recordo muito de *Los Bedas*. Em seguida falou com o diretor do colégio que me encaminhou para o grego. É claro que eu gostava desses idiomas... O latim, sim, me encantava, tanto que escrevi um ensaio em latim quando estava no sexto ano do bacharelado; escrevi-o em latim!

*Logo passa do bacharelado à universidade nos Estados Unidos...*

*Fals Borda:* Sim, mas primeiro pela Escola Militar de Cadetes. Me salvou minha mãe, porque eu já estava bem decidido a seguir. Em meados do segundo ano, mandou-me uma carta dizendo que havia possibilidades de eu continuar na Escola ou ir para os Estados Unidos com tudo pago. Então pedi baixa.

*Foi estudar sociologia?*

*Fals Borda:* Não, não sabia nada de sociologia, nem de sua existência, nem nada parecido; isso foi por acaso nos Estados

Unidos. Eu escolhera, como minhas matérias principais, Literatura Inglesa e Música, nada social. Ali me iniciei, me engajei na música e na literatura, e ponto. Mas no penúltimo semestre vi que um professor velhinho, que era sociólogo, estava oferecendo um curso de sociologia com base em um texto dele. Frequentei, então, esse curso de sociologia, mas foi tudo. Quando regressei a Barranquilla me esperavam com a direção dos corais do Colégio Americano e da Igreja. Chego em meados de 1948 ou antes. Estando em Barranquilla, ocorreu, logo em seguida, a morte de Gaitán e houve uma rebelião bastante forte. Inspirei-me e escrevi uma cantata pequena que se intitula "Mensagem à Colômbia", com um ar patriótico, pedindo uma paz que, unindo os colombianos, reconstruísse o país. Veio-me essa preocupação pela situação, mas em forma de música, de cantata.

*Então os estudos em Iowa, inicialmente, foram de Literatura e Música, retornou a Barranquilla para o coral...*

*Fals Borda:* Mas não somente a música. Também fui diretor de um Centro Juvenil Presbiteriano (CJP). Isso foi interessante. O pastor da igreja era Richard Shaull, que, mais tarde, seria um dos iniciadores da teologia da libertação... Ele tem uma concepção muito distinta de pastor, e deu essa dimensão social, juvenil, ao CJP. Muitas pessoas, por isso, lembram de Barranquilla, porque foi uma espécie de motor inicial a transformar a forma de pensar e de agir nas igrejas. Esse Centro Presbiteriano tinha atividades culturais e desportivas. Eram encenadas obras do teatro clássico espanhol, [promovia-se] exposições de pintura com a ajuda de Alejandro Obregón, atividades literárias com Álvaro Cepeda Samudio... Todos desse grupo costenho que atuavam em torno do CJP fomos e temos sido amigos. Fui companheiro de colégio de Álvaro Cepeda, graduamo-nos nos Estados Unidos; uma amizade até sua morte.

*Determine melhor o que representava esse espaço e o seu significado, certo?*

*Fals Borda:* Sim, porque foi formativo para um montão de gente, de jovens...

*O CJP foi iniciativa de Richard Shaull?*

*Fals Borda:* Não, minha. Tomei a iniciativa porque tinha sido presidente da sociedade de jovens antes de ir aos Estados Unidos. Então já tinha meus amigos aí, e também no coral. Estava muito vinculado à Igreja, tão vinculado que um desses missionários que vinham me convidou a ser pastor; mas minhas atividades eram muito mais que religiosas, iam além da religião. O que me atraía na igreja não eram nem os dogmas, nem os versículos da Bíblia, era a música que ali se cantava. Através do CJP consegui que a Igreja Presbiteriana tivesse projeção na sociedade de Barranquilla e da Costa. É ali que se encaixam todas essas atividades não religiosas – é, por isso, uma espécie de igreja laica muito aberta, muito tolerante e ecumênica – e algumas religiosas. Com Shaull permaneceu uma amizade muito grande, quando o transferiram como pastor à Igreja Presbiteriana de Bogotá. Deu a causalidade de que também vim para cá. Deixei Barranquilla e vim para cá e tive a ousadia de me apresentar, aqui em Bogotá, como sociólogo.

*Isso foi no ano de 1951-1952?*

*Fals Borda:* Isso foi em 1949, depois da morte de Gaitán e depois da mensagem que lhe havia composto. Shaull, aqui, nomeou-me diretor do coral da igreja da rua 24. Ah! Isso foi uma experiência extraordinária, porque não havia muitos corais em Bogotá, coros de quatro vozes. Shaull, apoiando todas essas coisas, firma-se — como ele pensava — não somente na Bíblia, mas na cultura, em outras atividades, na sociedade, no bem-estar, na felicidade dos jovens; todos os que estavam com ele eram jovens, não tinham mais que 25-26 anos.

Voltei e encontrar Shaull, já como teólogo da libertação, na Europa, depois que tinha deixado a Universidade e estava, então, nas Nações Unidas, em Genebra. Convidaram-me a dar uma conferência sobre problemas latino-americanos, numa série da qual Shaull já havia participado. Eu tinha uns textos dele e escolhi um tema que foi premonitório: "Subversão e desenvolvimento na América Latina". Constituía-se numa tentativa de focar o conceito de subversão de um ponto de vista positivo, e não negativo, como aparece nos dicionários.

*Como é que chega a Bogotá e se apresenta como sociólogo?*

*Fals Borda:* Tinha vindo com a escusa de ensinar inglês no Colégio Americano. Isso logo me aborreceu e então recordei algumas das coisinhas que me havia ensinado aquele sociólogo. Decidi, então, me apresentar ao Ministro da Educação, Fabio Lozano. Disse-lhe: sou sociólogo, acabo de vir dos Estados Unidos. Coincidiu que estava desenvolvendo um projeto, sob auspício das Nações Unidas, creio que se chamava "O Município Piloto", para assuntos administrativos, e como o projeto estava no município de Vianí, Cundinamarca, eu disse que sim, que me interessava muito. O Ministro disse: vamos nomeá-lo encarregado dos arquivos, porque há muito papel desordenado no escritório de Vianí, você tem que ir e viver lá.

O problema foi quando me disse: vá, organize o arquivo, mas por nenhuma razão estabeleça contato com a gente do povo. Empregou-me como um técnico, não como sociólogo. Claro, eu cheguei ao lugarejo e a primeira coisa que fiz foi me fazer amigo do pároco e me oferecer para ser seu organista na missa. O trabalho no arquivo, de fato, foi organizado em dez dias. Uns oito dias depois chegou Ospina, meu chefe. Viu o arquivo organizado. Mas o que primeiro lhe disseram era que eu andara muito metido com o pároco e o presidente da câmara municipal e que ia aos botecos tomar cerveja. Você [disse o chefe] não tem obedecido às regras. Portanto, vou destituí-lo. Apresente sua renúncia se não quer que eu o demita. Exoneraram-me do primeiro posto de sociólogo aos vinte dias porque tinha estabelecido contato com as pessoas: foi o começo realmente de minha carreira sociológica!

Ali, não sei como, descobri um livrinho publicado por dois advogados do Ministério de Economia que tinham trabalhado com um norte-americano que, esse sim, era sociólogo. Era um estudo de Tabio, Cundinamarca, feito no ano de 1948, que resultou ser o primeiro estudo sociológico moderno feito nesse país. Não tinha nem ideia de quem era Lynn Smith, professor em Minnesota, de Sociologia. Esse foi o primeiro livro de Sociologia rural que se escreveu nesse país. E o professor Smith teve a boa ideia de incluir, como apêndice desse estudo de Tabio, os formulários da pesquisa de onde tirou a informação que logo qualificou para a análise de Tabio. Aí aprendi como era uma ferramenta de investigação sociológica, a mais simples, o questionário. Interessou-me muito esse folheto. Tenho, para mim, que esse foi o estudo que me iluminou em relação ao trabalho que iria seguir em toda a minha vida.

Desempregado, disse, vou ver como utilizo o pouco que sei. Uma das coisas que sei é o inglês. Saiu, então, um aviso de uma companhia americana, Winston Brothers Company, que estava construindo represas por conta do governo nacional, uma em Sisga e a outra em Neusa. Precisavam de um secretário bilíngue, espanhol-inglês. Eu fui e me apresentei. Nomearam-me secretário pessoal do diretor da represa. Coube-me ir ao acampamento de Sisga. Isso era em pleno campo, e estavam empregando, chamando operários da região para o trabalho de construção da represa, camponeses puros. Pouco a pouco, fui dando-me a conhecer e cheguei a ser chefe do acampamento. Mas como estavam empregando operários, conheci alguns de uma vereda entre Sisga e Chocontá. Os caminhões da empresa iam todos os dias, recolhiam esses operários, os levavam ao acampamento e ao trabalho pela manhã e, pela tarde, os levavam de volta a suas casas. Todos arraigados em sua casa de campo; eram camponeses, camponeses.

Fiz-me amigo deles, de dois ou três. Convidaram-me a suas casas. Adquiri o costume de ir com eles para suas casas cada fim de semana, até que uma família me adotou como filho e passei a viver ali, numa casa muito humilde, sobre a terra, teto de palha, praticamente sem portas; uma família típica, o pai e a mãe, e ambos já mais ou menos velhos; dois irmãos, o operário que estava em Sisga e um neto e eu. Essa chegou a ser minha família. Aprendi tudo o que é a vida: ensinaram-me desde como tirar o leite até como guiar os bois, o uso da foice... Tornei-me um camponês com *ruana* e com *sombrero*, igualzinho a um camponês dali. Comecei a falar como eles e a dançar: aprendi a dançar *torbellino* e *bambuco*, a tocar *tiple* e a cantar com eles.

Ali comecei a acumular dados. A vereda chama-se Saucío. Muitos anos depois os camponeses me contaram que havia uns debates nas tendas e nas casas conjeturando quem era eu, se era um comunista que tinha chegado para coletar dados, pois eram tantas perguntas: quantos filhos tinha, quantas mulheres... Eles recordaram uma coisa que eu fizera: ignorante dos costumes e crenças das pessoas, e como havia lido isso na antropologia física – as medidas do corpo humano, etc. –, apresentei-me um dia com uma balança para pesá-los. Depois me disseram das resistências para pisar nessa balança, porque se se pesavam era para pesar seus pecados e não iam entrar no céu, que se os pesavam nesta vida, na outra não iriam pesá-los. Que tal, eu os convidando a se pesar e cair no inferno! Isso era antropologia física: a medida, como se supunha que as ciências sociais deviam ser, como a física, exatas, medíveis.

Bem, mas, enfim, teve alguns valentes que se deixaram pesar e, como nada lhes ocorreu, estavam felizes. Consegui alguns dados antropológicos muito interessantes. Na realidade, eu não sei como os consegui, porque com minha origem citadina, litorânea e trabalhando em uma represa sem nenhum vínculo com alguma coisa dali, fui a setenta famílias dessa vereda, e sim, teve perigo de que me fechassem as portas como comunista, porque corria muito esse boato: esse é um comunista que vem quem sabe a que, de repente vão aumentar nossos impostos... Decidi agarrar o touro pelos chifres, fui falar com o pároco e lhe expliquei o que estava fazendo. Achei o padre sumamente simpático, aberto. Creio que ele falou com alguém da empresa, com meu chefe seguramente. Os informes que ele teve parece que foram positivos, porque no domingo seguinte do púlpito me deu a bênção. A partir desse momento se foi Satanás! A partir de então tive uma grande amizade com esse padre e com sua família, porque aconteceu que a irmã do padre tinha se casado com o filho do principal fazendeiro de Saucío. Tinha permanecido somente com os camponeses, nunca tinha me metido com os fazendeiros até que o padre me apresentou. Entrei na fazenda para conhecer. Completei o equilíbrio, digamos, geopolítico da região, mas dessa vez com a bênção do padre, e os donos da fazenda foram apoios ao ponto de abrirem seus arquivos e me mostrarem todas as suas escrituras, as origens da fazenda; tinha sido formada com a reserva indígena chibcha original.

*Quanto tempo esteve, nessa empresa, vinculado à região?*
*Fals Borda*: Em 1951 segui como chefe de acampamento. Por esse tempo se publicava uma revista em inglês da empresa Winston Brothers. Pediram-me, um dia, que escrevesse umas reflexões sobre a região, uma introdução à Colômbia, ou algo do gênero; e o mandei à companhia, ao escritório principal que era em Mineápolis, Minnesota, onde estava a gerência geral. Esse artigo agradou muito. Quando veio o gerente geral de Mineápolis para revisar os trabalhos na represa de Sisga, perguntou-me: você não quer ir a Minnesota? Necessitamos lá também de alguém que fale espanhol, e como você já conhece tudo por aqui, pensamos que você poderia ser o coordenador dos trabalhos da Colômbia". Eu disse ao gerente: "Estou agradecido, vou considerar, mas ponho uma condição: que me deem permissão para apresentar meus estudos de Sociologia na Universidade de Minnesota e fazer meu mestrado". E o velho aceitou, pagou-me a viagem e pagou-me tudo, mas eu tinha que cumprir

minhas obrigações no escritório. Esse foi o período mais duro de minha vida pelo peso do trabalho, porque tinha que fazer todo o trabalho e mais um tempo completo de estudante; dois tempos completos. Por sorte o soldo era muito bom, tanto que tive para comprar carro e tinha casa. Muito bom soldo! E meus antigos chefes eram agora meus subordinados.

Lá tive o problema de como apresentar os textos – já havia completado meus estudos, com base no questionário do professor Smith. Eu me apresentei onde estava o professor Nelson, assim ele se chamava, e entrei, pois, no programa de mestrado. Ele havia feito um livro sobre Cuba, de Sociologia rural. Disse-me: "Apresenta-me os materiais que tem recolhido em Saucío". Tinha retratos, mapas, análise das entrevistas, toda a informação. Sabe o que fez o professor? Chamou por telefone o professor Smith, que estava ensinando na Flórida – pois viu que era resultado do estudo de Tabio, que estava conectado com ele – e lhe disse: "Tenho aqui um estudante teu!".

*Essa preocupação metodológica, ético-política, de vincular ao outro a produção de conhecimento ainda não pesava muito...*

*Fals Borda:* Isso não havia nascido, mas ocorreu depois, quando comecei a escrever minha tese sobre o caminho de Saucío, desdobrada logo em meu livro *Campesinos de los Andes*. Em um ano cumpri todos os requisitos do mestrado, mas fiquei moído. Eu estava na Winston Brothers todo o tempo. Isso me favoreceu, pois recebi o grau de mestre e então o professor Smith, o da Flórida, começou a se mexer para que eu fosse com ele trabalhar o doutorado em Sociologia, até que conseguiu, graças à Fundação Guggenheim, de Nova Iorque, de onde era assessor, que me outorgou duas bolsas para financiar o doutorado. Na Flórida fiz o doutorado com a tese sobre *El hombre y la tierra em Boyacá*. Essa é minha tese de doutorado, que saiu publicada em um livro antes dos *Campesinos de los Andes*.

*Durante o tempo do doutorado vinha à Colômbia?*

*Fals Borda:* Eu vim para cá durante quatro meses para trabalhar a tese de doutorado em Boyacá, pelo problema do minifúndio, da pobreza de Boyacá que nos chamou a atenção, tanto ao professor Smith como a mim. Ele logo escreveu um livro sobre a Colômbia com o Ministério de Economia, uma monografia sobre Tabio. Foi o nascimento da Sociologia rural na Colômbia. Esse livro serviu-me de bíblia nos primeiros anos.

Tinha de destacar a pobreza e o problema do campo como elementos essenciais para explicar a situação de atraso da Colômbia e da violência atual. A violência na Colômbia como fenômeno político iniciou-se no campo, foi um enfrentamento entre camponeses induzido de cima, impulsionado pelos políticos, pelo próprio presidente Ospina Pérez, ou o ministro de governo José Antonio Montalvo, depois o presidente Laureano Gómez, horríveis figuras da história colombiana, porque a eles se deve muito do ocorrido depois, porque a palavra de ordem que semeou Montalvo, a partir do Congresso, era combater "a sangue e fogo", essa foi a ordem que ele deu aos conservadores para combater os liberais.

Menciono o de Boyacá no sentido de que o livro, que depois elaborei com minha tese, tinha como subtítulo "Bases para uma reforma agrária", e que – ainda está pendente este problema – vai ao fundo da questão nacional. O subtítulo me levou ao Ministério de Agricultura, uma vez que o livro saiu com propostas sobre como fazer uma reforma agrária na Colômbia. Era a primeira vez que se colocava o problema agrário dessa forma, ainda que antes houvesse as tentativas dos socialistas como Gerardo Molina, Antonio García, Jorge Eliécer Gaitán, mas eram políticos. Realmente o livro de Boyacá, para alguns, é o melhor que eu escrevi. Ao sair o livro, inesperadamente, chama-me Augusto Espinosa Valderrama, Ministro de Agricultura do governo de Alberto Lleras, e me diz: "*Buenas*, li seu livro, gostei muito. Venha para cá pô-lo em prática".

A práxis! Eu de bobo caí pela práxis (isso foi em 1958--1959). Aí está uma de minhas debilidades, a inserção na prática. Que não somente a teoria acadêmica, mas também, por certo, que o que alguém aprende e descobre, que tenha certa ressonância ou reconhecimento com o fim de transformar o que se encontra defeituoso na sociedade, que é muito; mas essa foi a função, digamos, formal, histórica, tradicional da Sociologia desde que foi fundada por Comte.

*Nesse contexto é quando conhece Camilo Torres?*

*Fals Borda:* Já conhecia Camilo antes de regressar à Flórida. Nós nos conhecemos aqui em Bogotá. Ele veio a Bogotá por um curto espaço de tempo desde Lovaina, e, parece-me, se mal não recordo, que ia de Lovaina a Minnesota. Ele estava fazendo uns cursos precisamente sobre sociologia econômica, os descobrimos mutuamente e vimos que nossos interesses eram muito similares, e isso abriu depois outras portas.

*Aí surgiu o ideal da Faculdade de Sociologia?*

*Fals Borda:* Sim e não. Vejam as coisas. Chama-me Augusto Espinosa Valderrama, o Ministro de Agricultura, em meados de 1958, quando vim trabalhar em Boyacá. Nesse período, o reitor da Universidade Nacional era Mario Laserna, que tinha com seu Decano da Faculdade de Economia o melhor cientista social que eu já conheci, um economista, mas um economista com coração, humano, não como os inumanos que hoje estão no Planejamento Nacional; era o Dr. Luis Ospina Vásquez, grande historiador, metia-se de cabeça nos arquivos e não tinha medo, como hoje os economistas que, se não têm um computador na frente, não estudam. Este se metia nos arquivos e escreveu esse famoso livro *Industria y protección en Colombia*. Ele e eu nos fizemos muito bons amigos. E ele chegou à Faculdade de Economia e fez campanha para que se abrisse um Departamento de Sociologia na Faculdade de Economia, e convenceu a Laserna, que era o reitor. Resulta, então, que, em fins do ano de 1958, ficou aprovado o Departamento de Sociologia, mas eu não tinha nem ideia de tudo isso.

Chamou-me Augusto Espinosa e me convenceu. Eu disse-lhe: pode me nomear. Aos cinco dias, me chamou Laserna para me contar que havia sido aprovado o Departamento de Sociologia e que eu devia ser o primeiro diretor. Que faço eu? Havia passado por essa experiência de dois cargos em Minnesota, mas sentia que havia de pensá-lo muito bem e quase me neguei a assumir as coisas, porque eu ia entrar no Ministério como vice-ministro, como encarregado pela continuidade técnica. Decidi aceitar as duas coisas e foi genial. Aceitei as duas coisas, pois não era ilegal, mas sim muito pesado. Foi positivo porque, na realidade, consegui com essa decisão dois apoios, o governamental e o acadêmico; consegui combiná-los. Por exemplo, quando na Universidade começamos a pensar em publicar coisas e iniciar a série de monografia sociológica, que chegou a ter trinta ou quarenta títulos, e a Universidade Nacional não tinha dinheiro para publicar, nem tampouco para investigar, o único que estava insistindo nessas coisas era o Departamento de Sociologia. Como não havia dinheiro na Universidade, fazia imprimir no Ministério de Agricultura e saía o nome do Departamento de Sociologia – Universidade Nacional – e ninguém sabia de onde saía. Eu não sei se era peculato ou o que era, mas tudo no altar da ciência. A primeira monografia foi de François Houtart. Aproveitei sua visita a Bogotá para dar uma conferência sobre problemas da mentalidade religiosa nas cidades e pedi o texto, traduzi-o ao espanhol e foi o número um da série de monografias. Isso serviu para várias frentes de relações públicas e de defesa do novo Departamento de Sociologia.

*Como foi a constituição de um grupo de investigações?*

*Fals Borda:* Decidida a aprovação do Departamento, aparece Camilo Torres. Visita-me no Ministério de Agricultura e com ele vimos como iniciar este ano de estudos. Estava próximo o começo do semestre, dia 15 ou 20 de janeiro, e os estudantes estavam inscritos em outros cursos. O problema era como iniciar esse Departamento nesse mesmo semestre para aproveitar o entusiasmo das autoridades universitárias. Então, ambos fizemos um folheto explicando o que era sociologia e o que tinha que fazer, o que se esperava com isso. Como as filas estavam longas, inscrevendo-se em todas as faculdades, Camilo e eu distribuímos o folheto pessoalmente nessas filas. Dali saíram os primeiros 21 estudantes.

*Você e Camilo eram as únicas pessoas com formação acadêmica em sociologia?*

Fals Borda: Éramos os únicos. A outra pessoa que chegou mais tarde (joga-me na cara cada vez que pode), mas que teve que ir à Universidad Javeriana, porque na Nacional não havia maneira, foi Maria Cristina Salazar. Ela havia estudado na Universidade Católica de Washington, tinha seu PhD, chegou um ano depois. Os dois primeiros fomos Camilo e eu. Camilo toma conta de todas as metodologias e eu tomo as teorias e iniciamos aí mesmo.

Consegui alguns professores que não eram sociólogos nem profissionais, mas que me pareciam bem orientados e leais. Um, um professor de Ciências Sociais de um colégio em Corozal, Sucre; o escolhi lá e lhe disse: quer ir ensinar sociologia em Bogotá? Aceitou e veio com toda a família. É Carlos Escalante. Era professor de colégio, não era universitário. Trouxe-o e seguiu sendo professor de sociologia até hoje. E a outra aquisição foi o Secretário do Departamento, outro costenho. Foram dois, três costenhos. Carlos era costenho, esse secretário foi costenho, de Magdalena, e eu.

Um ano e meio depois de ter sido conformado o Departamento, saiu o Dr. Luis Ospina Vásquez da Decanatura; entrou um outro que começou a interferir no crescimento do Departamento de Sociologia, que nesse momento dependia da Economia. Zelosos de que crescesse esse Departamento, nós funcionávamos apenas em um salão que nos deram na Faculdade – creio que era de enfermaria –, ali nos meteram com um escritoriozinho e uma estante vazia. E um dia que nos molestaram muito os economistas, descobrimos que na entrada da Universidade pela rua 26 havia uma estrutura de uma casa que havia sido incendiada – por descuido, suponho, era onde viviam famílias dos professores –, abandonada totalmente. Então, ao secretário dissemos: vamo-nos deste escritório, aqui não há nada, vamos ocupar essa casa, por mais incendiada que esteja. Então, ao entardecer, com 21 estudantes, carregamos os dois móveis, todos nós fizemos caravana por três quadras que nos separavam do edifício e tomamos posse da casa. Instalamo-nos ali. Mas, depois de dez dias os da Economia se deram conta e disseram não, que tínhamos de sair daí, que iam meter-nos a polícia, que éramos invasores. Mostramos que já havíamos ajeitado a casa, a limpáramos, a pintáramos. Com base nessa estrutura, consegui, no Ministério de Agricultura, uma verba suficiente para convertê-la no edifício que hoje é a Faculdade de Sociologia.

*E as vantagens de estar no Ministério...*

*Fals Borda:* As vantagens vieram depois. Permaneci dois anos nessa aventura, dois anos dirigindo o Ministério e dois anos dirigindo o Departamento.

*A oficina do INCORA tinha relação com o Departamento?*

*Fals Borda:* Claro, o primeiro contrato que fez INCORA (Instituto Colombiano para a Reforma Agrária) para investigar o problema agrário foi com a Faculdade de Sociologia da Universidade Nacional. Além disso, eu era o presidente do Comitê Técnico do INCORA, com Camilo, quem estava na Junta Diretora do INCORA, e eu estava presidindo o Comitê Técnico.

*Por que Maria Cristina foi para a Universidade Javeriana?*

*Fals Borda:* A Universidade Javeriana abriu a Faculdade de Sociologia com Maria Cristina, mas quando se deram conta que era nossa amiga, dos da Nacional, a destituíram, a expulsaram e fecharam ali mesmo a Faculdade. Foi algo muito triste, muito abusivo da parte do reitor da Javeriana. Ela tinha iniciado o ensino da Sociologia moderna, na mesma vertente que nós dois anos antes. Ela chegou ao momento de decidir como melhorar a docência e a investigação em seu Departamento de Sociologia na Javeriana. Como era amiga de Camilo Torres, fez um Comitê de Consulta com ele, Andrew Pearse (professor da UNESCO) e eu. Quando os jesuítas souberam das reuniões que estava tendo Maria Cristina com esse grupo "subversivo", despediram-na.

*Como se chega à investigação sobre a violência? Estava no Ministério ou se encontrava fora dele?*

*Fals Borda:* Em dois anos eles me nomearam decano. Era o ano 1961, quando se criou a Faculdade. O trabalho se fez mais duro e pedi renúncia ao Ministério. Já pude me dedicar em tempo completo à Universidade. Abriram-se algumas coisas novas na realidade com a presença da Sociologia na Universidade. Foi como um vento novo: para começar a investigação, porque é incrível que a Universidade Nacional não investigasse nada, exceto o Instituto de Ciências Naturais. Em Ciências Sociais não havia nada; é que não havia Ciências Sociais. Em teoria sociológica existia um curso que ensinava Bernal Jiménez na Faculdade de Direito. Direito era quem tinha Sociologia. O ensino da sociologia estava nas mãos dos advogados. Com a Faculdade de Sociologia começamos a nos mover. Como eu tinha contatos governamentais, converteram-se em internacionais. Foi quando comecei a trazer os melhores sociólogos da América Latina, e se criou o que se chamou o Programa

Latino-americano de Estudos do Desenvolvimento – PLEDES. Veio também o melhor da Sociologia dos Estados Unidos e da Espanha. A Faculdade adquire prestígio. Quando já não cabíamos nesse pequeno edifício que tínhamos reconstruído com nossas próprias mãos, e com a ajuda do Ministério, o governo pediu crédito internacional da AID dos Estados Unidos para construir um edifício novo, bem completo, lindo, onde está hoje. Esse edifício foi estreado no ano 61 com um Congresso Latino-americano de Sociologia.

*O que você foi fazendo e trabalhando que pôde ter dado curso à IAP?*

**Fals Borda:** Sim, a semente está aí com a presença de Camilo. Seu aporte é o compromisso, compromisso com as lutas populares, com a necessidade da transformação social. Mas como se descobre isso na Faculdade? Descobre-se por uma autocrítica dos marcos de referência que nos tinham ensinado na Europa e nos Estados Unidos, tanto a Camilo como a mim. Porque esse marco de referência tinha de ser a última palavra na profissionalização das Ciências Sociais, que era condicionada pela escola positivista e funcionalista, quer dizer, cartesiana. Era obrigatório que se tinha que ser exato, muito objetivo, muito neutro, imitando os físicos que, para nós, se apresentavam como o ideal científico. Era o marco de referência que eu tinha. Falava-se do fato social, do problema social, fatos. Já quando se fala de fatos é pouco confiável, limitado. Um fato pode ser positivo, negativo, como seja. Um fato analisa-se e mede-se, trata-se de entender e pronto.

Mas chegou o momento em que a aplicação deste marco que provém de uma análise funcionalista de uma sociedade mais ou menos estável, como a norte-americana, um modelo de equilíbrio social, de ordem na sociedade, não de desordem; o conflito fica por fora, como algo prejudicial, algo marginal, inconveniente ou disfuncional; como se dizia então, não era funcional para a sociedade. Se se aplica a essa sociedade conflitiva, em plena violência, um modelo que se desenhou para entender o equilíbrio social – não a mudança social e menos ainda o conflito –, então havia ali uma clara falha, um desajuste na explicação e na análise. Claro, Camilo já o havia sentido e tinha começado então a falar do novo tipo de sociologia latino-americana; aí foi quando ele apresentou esse ponto de vista em Buenos Aires, acredito que em 1961. Junto com Camilo, descobrimos a existência do fundo de documentação da Comissão Oficial de Estudo das causas da violência, que havia nomeado o presidente Alberto Lleras. O secretário dessa comissão era Monsenhor Germán Guzmán Campos, que teve a boa disposição de conservar essa documentação. Camilo convenceu-me para que fôssemos visitar o Monsenhor Germán Guzmán, que era então pároco do Líbano, Tolima, e fizemos a expedição, ele e eu. Também nos acompanhou Roberto Pineda Giraldo, o marido de Virginia Gutiérrez, ambos antropólogos que tinham estado órfãos quando Laureano Gómez fechou a Escola Normal Superior. Encontraram uma mãe no Departamento de Sociologia e todos vieram em massa, todos se juntaram. Uma grande coisa! Nós três fizemos essa expedição ao Líbano para convencer o Mons. Germán. Lá vimos o arquivo e o convencemos que viesse trabalhar na Faculdade de Sociologia. Ele fez os trâmites para sair da paróquia e chegou com todas as coisas, e trabalhamos juntos escrevendo o primeiro tomo sobre a violência. Fizemo-lo em segredo, ninguém sabia o que estávamos fazendo, porque era muito delicado. Tínhamos decidido dizer as coisas com nome próprio, fatos e lugares. Tínhamos toda a documentação necessária à mão. Ao analisar esse trabalho, sua intensidade, a natureza do conflito – pois rompeu em minha cabeça todo o esquema que tinha carregado do funcionalismo – não se pode explicar com o marco de referência aprendido nas aulas de meus professores. Escrevi como conclusão desse tomo minha primeira expressão de distanciamento desse modelo funcionalista. Nós tínhamos que assumir uma posição muito mais clara, comprometida com as soluções, e por isso o livro sobre a violência termina com 27 ou 30 recomendações ao governo, à sociedade colombiana, à igreja e à universidade, a todo mundo, de como resolver o problema da violência. São recomendações que, se lidas hoje, eram muito lógicas, óbvias, muito possíveis, mas nunca foram atendidas. Foram inspiradas precisamente na sensação que tínhamos de nos comprometer com algo que servisse à sociedade. Uma sociologia comprometida com a transformação social.

*Há uma leitura do marxismo para chegar a essa Sociologia comprometida?*

*Fals Borda:* Durante um certo tempo saíram várias monografias da coleção da Faculdade, todas elas tendo sido, de fato, terminadas com recomendações. Era Sociologia aplicada, se inspirou muito no que fazer, na práxis. Para surpresa de vocês, a mim nunca deram aulas de marxismo nos Estados Unidos, em nenhuma universidade. Não havia lido Marx nem sequer quando escrevi esse capítulo final do segundo tomo sobre a violência. Nesse capítulo, não chego senão à etapa da teoria do conflito social. Mas nossa atitude e intenção como sociólogos, encaminhando esse fenômeno, demonstraram que havia necessidade de uma transformação interna, de sentimento, da atitude, a isso chamamos compromisso. E Camilo o assume e o transmite para sua própria interpretação e, logo, sua vida, sua entrega. A ideia de compromisso com os problemas da sociedade para resolvê-los – primeiro entendê-los e logo resolvê-los – é uma das raízes da investigação participativa.

*Nessa busca para resolver os problemas sociais aparece a mediação política?*

*Fals Borda:* Sim, porque então era óbvio, como se diz no livro sobre a violência, esta se inicia pelos conflitos políticos que existem, aos quais se juntam logo os problemas econômicos e mais tarde os problemas religiosos, os problemas culturais e de toda índole, até chegar ao narcotráfico. Quer dizer, foi crescendo a violência num fenômeno de muitas cabeças, em uma hidra que já não se podia cortar senão um pouco abaixo [das cabeças], desde o pescoço, e é o que nunca quis fazer nenhum governo. As recomendações iam diretamente a esse pescoço da hidra. Cortá-lo totalmente. Esse era o compromisso, de fazer as coisas a fundo e bem. Sem embargo, essa foi uma das raízes da IAP. E isso o devemos a Camilo Torres Restrepo.

*Em boa medida, a categoria de compromisso tem um enraizamento ético. Na tradição anterior de ciências sociais não havia ninguém que a houvesse utilizado...*

*Fals Borda:* Sem dúvida, vejam que Sartre o usou depois. Eu creio que Marx sim falava algo de compromissos com a classe trabalhadora. Acredito que havia mais consciência da necessidade da mudança no século XIX que no XX. Precisamente pelo afã tecnicista ou cientificista de parte dos cientistas sociais, de meus mestres, que tinha que ser científico segundo o modelo das ciências naturais, esqueceram-se de que os físicos, que tanto adoravam, já estavam dando esse salto ao qual chamamos depois de princípio andrópico e, em seguida, o princípio dos físicos quânticos, o princípio da indeterminação. Então, se os físicos começam a falar de indeterminação, onde fica essa objetividade, onde fica essa exatidão e medição dos fenômenos que observam? Em zero. Eles foram muito mais sinceros, muito mais claros, cientificamente falando, que os sociólogos que deviam reconhecer esse fato óbvio, que o observável não é absoluto e que tem interpretação e reinterpretação. Agora, até os matemáticos estão buscando interpretação.

*As primeiras experiências de investigação com os camponeses são posteriores à saída da Universidade Nacional?*

*Fals Borda:* Não, foi anterior. Por exemplo, a Ação Comunal nasce com a escola de Saucío. Isso foi filho da investigação que eu tinha feito sobre os *Campesinos de los Andes.*

*Como surge a Ação Comunal?*

*Fals Borda:* Em parte, de notícias que algo assim estava se fazendo nas Filipinas através do Centro Interamericano de Vivienda – CINVA –, do qual eu era consultor. Ali se intuiu que a ação da comunidade organizada podia resolver muitos problemas empregando o que se chamou então de mão de obra local. No CINVA, havia sido feita o invento de uma máquina para fazer tijolos, que era um prensado de barro e palha melhorado e que baixava o custo das construções. Realmente uma invenção para fazer a habitação social de que tanto se fala. Todos aprendemos a fazer tijolos. Com o CINVA fizeram-se dois ensaios, um em Tabio e outro em Saucío. O de Tabio não teve resultado, o de Saucío, sim. Por quê? Eu creio que foi pela relação de amor que teve com as pessoas. Pelo vínculo. Há duas obras que escrevi com amor: uma, *Campesinos de los Andes*, e a outra, *Historia Doble de la Costa*. A escola em Saucío foi construída num recorde de três meses com essa maquineta que o CINVA tinha trazido das Filipinas e com o engenheiro que também foi colocado pelo CINVA. Era um arquiteto magnífico que fez os planos da escola, que ainda está ali, é monumento nacional. Ali nasceu a Ação Comunal. A primeira Junta de Ação Comunal foi a dessa escola de Saucío, na Colômbia. Que acontece então? Essa experiência parou ali. E quando eu já estava no Ministério levei até lá vários ministros, para que aprendessem: levei o da Agricultura, Augusto Espinosa; os sucessores dele e também o da Educação, Abel Naranjo Villegas. Ele foi o primeiro que deu curso livre para a Ação Comunal. O que foi que ele fez? Abel Naranjo Villegas, Ministro da Educação do governo de Lleras Camargo, descobriu a importância da Ação Comunal e aprendeu da experiência que se estava fazendo ali. E então nos pediu, a Camilo Torres e a mim, que fizéssemos o primeiro rascunho do decreto, no qual se fez a primeira regulamentação oficial da Ação Comunal.

*Como se dá a continuidade da investigação com camponeses a partir da Faculdade de Sociologia?*

*Fals Borda:* Quando entrei na Universidade Nacional, já vinha desde 1950 a experiência camponesa de Saucío e, evidentemente, eu plantei na Faculdade de Sociologia a prática de sair a campo para investigar a realidade social, econômica, política e cultural, no que fomos muito diferentes de todas as Faculdades existentes. Sempre houve grandes resistências da parte dos que eram muito puristas na tradição científica europeia, clássica: discussão de ideias acima de tudo na transmissão rotineira de ideias, do saber. E essa insistência da Sociologia de sair a campo, pois, pouco a pouco foram se rompendo essas resistências, esse eurocentrismo, digamos, cartesiano, até o ponto que já estabelecemos relações muito diretas entre a Universidade Nacional e o governo em relação com políticas de desenvolvimento social, com a Reforma Agrária. Isso foi uma coisa muito importante, porque essa política do INCORA (Instituto Colombiano da Reforma Agrária) teve como primeiro apoio investigativo e institucional a Faculdade de Sociologia da Universidade Nacional. O primeiro contato que se fez foi para investigar o problema da terra em Cunday, Tolima. Lá fomos a cavalo com os estudantes, e foi uma expedição, um contrato formal; viu-se ali uma participação direta da Universidade na busca de soluções a problemas concretos. Foi o começo deste novo conceito, que já tomou muita força agora, que é o da universidade participativa, um movimento mundial que articula a universidade com a sociedade.

*O tema da reforma agrária se afirma, daí em diante, como preocupação em seu campo de investigação...*

*Fals Borda:* Sim, eu nunca deixei de ser sociólogo rural; isso confirmou minha profissão com mais segurança. Depois, ao entrar no conhecimento da realidade com Camilo e com outros professores, começamos a sentir as tensões do que tínhamos aprendido com o que víamos no campo. Há uma tensão que se resolveu a favor de modelos novos, de paradigmas alternativos, e esse paradigma alternativo, que já não era cartesiano, foi o que pouco a pouco se consolidou na IAP – Investigação Ação Participativa. No princípio, eu me opus a que se considerasse como paradigma alternativo, para não assustar ainda mais os intelectuais e acadêmicos rotineiros. Por que... Que tal com outro paradigma, outra forma de entender a realidade? E dizer que Descartes não tinha razão, que Hegel estava equivocado, etc., não... Isso era atrevimento. E eu pensei, por isso, que a IAP era antes de tudo um método de investigação, não era todo um complexo de conhecimentos. Foi método, foi método de trabalho de campo e com resultados muito distintos dos que se tinham tido com a aplicação do positivismo funcional. E essa doutrina ou essa forma levou, então, ao Congresso Mundial de 1977, em Cartagena.

*Vinha gestando-se nessa relação universidade-realidade?*

*Fals Borda:* Em 1968, depois da morte de Camilo e a crise universitária, as greves, etc., retirei-me da Universidade; renunciei totalmente e durante dezoito anos não voltei. Isso foi em 1970, em protesto pela rotina acadêmica e a falta de apoio àquilo que nós pensávamos que devia ser investigado e transformado, porque o interessante aí foi a ênfase na ação; investigar para transformar, esse foi nosso esquema. Investigar para quê? Bem, para transformar. Por quê? Porque há injustiça, há exploração e o mundo tem de ser mais satisfatório, e especialmente a parte colombiana do mundo. E essa foi uma crise na Faculdade. Estive dezoito anos fora, construindo a IAP.

*Foi uma busca fora da academia?*

*Fals Borda:* Sim, totalmente. Essa ideia nem nasceu em Bogotá, foi em Genebra, Suíça, com um grupo de colombianos que encontramos lá em meu escritório quando eu era diretor de investigações do Instituto das Nações Unidas para o Desenvolvimento Social, com sede em Genebra. Já tinha ido desde 1968, um pouquinho depois da morte de Camilo. Esse foi o mesmo ano em que casei com Maria Cristina. Em Genebra, conseguimos, entre os colombianos que eram antropólogos, sociólogos e economistas – éramos cinco –, conformar a *Fundación La Rosca de Investigación y Acción Social*, com a ideia de regressar à Colômbia e pô-la em prática. E assim se fez. Eu completei meus dois anos em Genebra e vim embora.

*Como estava formado o grupo?*

*Fals Borda:* O único sociólogo formal era eu; antropólogo, estava Víctor Daniel Bonilla; estava Jorge Ucrós, estava Gonzalo Castillo, teólogo. Interessante! Dois desses companheiros eram ex-ministros evangélicos presbiterianos e eu também. O mais interessante era que metade desse grupo de seis cientistas sociais era presbiteriano. O outro era Augusto Libreros, economista; foi professor da Universidade do Valle. Era um provocador, intelectual muito forte, que nos obrigou até a estudar o marxismo e a pô-lo em prática; esse foi nosso paradigma alternativo, o marxismo.

*E Freire andava também lá em Genebra?*

*Fals Borda:* Também. Tudo isso convergiu em Genebra, foi um momento ecumênico muito importante. Mas, uma vez que desenvolvemos isso – digamos, a intencionalidade –, então decidimos vir à Colômbia colocá-la em prática. Regressamos, em fins de 1969, com uma expectativa. Formalizou-se *La Rosca de Investigaciones Sociales* aqui em Bogotá. Com essa decisão, começamos, juntos, a colocar em prática na Colômbia; e a metodologia foi desenvolvendo-se por essa decisão de sair outra vez a campo, agora sem os lastros da instituição acadêmica, sem o reduto protetor da academia; éramos totalmente autônomos. Mas como conseguimos isso? Com o apoio da Igreja Presbiteriana dos Estados Unidos e do governo holandês. Foi a primeira vez que um governo europeu apoiou uma ONG diretamente. Os camponeses colombianos e *La Rosca de Investigación Social* responsabilizaram-se eticamente pelo gerenciamento dos recursos. O Ministro do Desenvolvimento Econômico da Holanda seguiu apoiando-nos, ao ponto de financiarmos as passagens aéreas para o Segundo Congresso em Cartagena, em 1977.

Por outro lado, tivemos o apoio das igrejas, pelo contato com os três presbiterianos; isso foi definitivo. Era o momento em que se constituía nos Estados Unidos um comitê muito especial que se chamava Autodesenvolvimento dos Povos da Igreja Presbiteriana, que também rompia sua tradição de apoio aos missionários norte-americanos. E esse foi o grande problema, porque os missionários *gringos* na Colômbia, que antes recebiam dinheiro diretamente da Igreja Presbiteriana, acusaram-nos de comunistas e que, portanto, a Igreja devia deixar de nos pagar. Eram principalmente os que estavam em Córdoba, onde me encontrava trabalhando com os camponeses. Nós havíamos dividido o país: eu, na Costa Atlântica; Augusto, no Pacífico; Gonzalo, em Tolima; Víctor Daniel, no Valle e no sul. Aí começamos e, depois, entramos em outros campos bastante ousados como a *Revista Alternativa*, com Gabriel García Márquez.

*Nesse momento, a academia... Ter rompido com a academia para aventurar-se a construir algo distinto...*

Fals Borda: O extraordinário foi que conseguimos os recursos suficientes, tanto de uma Igreja quanto de um governo... Duas colunas. E logo também da *Revista Alternativa*, com o apoio de García Márquez e de outros intelectuais; [ali] estavam os melhores jornalistas colombianos. Foi uma escola! Uma escola com novo enfoque, nova forma de apresentação e interpretação das notícias... Para mim, como acadêmico, era tudo um desafio... Rebateram-me os primeiros artigos por pesados... Minha coluna chamava-se "História Proibida", a nova história da Colômbia, porque era mais atrevida que a de Jaime Jaramillo Uribe e muitos preferiram esse enfoque mais crítico; mas, certamente, eram convergentes. Foi uma cascata de eventos que foram mudando o sentido da vida de muitos.

*No trabalho com os camponeses da Costa, cuja pretensão maior estava no método, qual a maior descoberta ou a maior confirmação que posteriormente vocês agregaram à proposta investigativa?*

Fals Borda: A insistência em que teoria e prática deviam estar juntas, não separadas – como etapas ou dois momentos separados, distintos –, mas que se fizesse um ritmo interpretativo, de um processo comum, um processo único. Esse ritmo foi o que chamamos ritmo de reflexão e ação. Foi como uma sementeira que depois se desenvolveu na prática e nos efeitos concretos, na aplicação do conhecimento. Foi a diferença radical com a academia. Porque a pergunta básica era: para que o conhecimento e para quem vai o conhecimento? E essas perguntas não eram feitas na academia.

*De onde vem a ideia de organizar o Congresso de 1977?*

*Fals Borda:* Eu creio que foi em virtude das relações internacionais que foram se desenvolvendo a partir do ano 1970 com *La Rosca*. Minhas viagens ao exterior, descobrindo pessoas e instituições que se mostraram muito de acordo com isso. Personalidades como, por exemplo, Mohammad Anisur Rahman, que é coautor do livro de *Acción y Conocimiento*, de Bangladesh; economista, exilado de seu país, era o diretor dos programas de participação da OIT, era participação limitada, participação dirigida, participação manipulada, tutelada. O contato com Rahman foi encaminhando-se para uma participação autêntica. Fomos observando que havia tentativas semelhantes em diversos países. O interessante era que esses países eram todos do sul, do Terceiro Mundo: na Índia, no México, no Egito, no Brasil...

*Foi como um filão...*

*Fals Borda:* Sim, porque estava até Stavenhagen. Foi quando ele escreveu seu grande artigo sobre "descolonizar as ciências sociais" para os antropólogos norte-americanos e ingleses e que foi publicado na revista oficial deles; foi um escândalo! E ali já cita, nesse artigo, a *La Rosca* e meu trabalho e a ênfase na ação e na prática. Ele estava, então, no México, e, no Brasil estava Paulo Freire, ainda que se encontrasse em Genebra...

*Ainda que não tivesse um contato muito permanente com Freire, sem dúvida havia mútua influência de um e outro...*

*Fals Borda:* Sim, claro, e logo a própria prática nos obrigou a nos vermos, quando apoiamos a Revolução Sandinista na Nicarágua, fomos juntos. Depois na África. Também apareceu outra corrente, a finlandesa, com Marja-Liisa Swantz, todas nos mesmos anos, de 1969 em diante. Houve uma espécie de "telepatia internacional", coincidência. Marja tinha partido da Finlândia para a Tanzânia. Ela é socióloga e hoje segue ensinando na Universidade de Helsinki. Na Tanzânia também colocou sementes. É uma das grandes pioneiras da IAP no mundo... Ásia, com Rajesh Tandon, da Índia; México, com Stavenhagen e outros. Havia muitos mais no Brasil, no Chile, na Colômbia...

*Voltemos ao Congresso Mundial de Cartagena em 1977...*

*Fals Borda:* Uma vez descobertos esses cinco grupos de diversos países, convencemos a UNESCO para que nos financiasse o Congresso, com o Banco da República da Colômbia; os dois o financiaram. Eu tinha uma proposta, meu informe sobre a práxis, capítulo que depois passou ao livro *Pela práxis: O problema de como investigar a realidade para transformá-la*, que logo foi traduzido para vários idiomas e, em seguida, o reproduziram na Europa; em Cartagena, participou um suíço que se chama Heinz Moser; ele, depois, criou um grupo de trabalho na Alemanha e Áustria para traduzir ao alemão nossos trabalhos.

*De Cartagena saiu uma discussão sobre investigação militante que chegou à Nicarágua...*

*Fals Borda:* Sim, isso sobre a investigação militante, discutiu-se em Cartagena. Foi por iniciativa dos venezuelanos, de Roberto Briceño que, todavia, está lá na Universidade Central da Venezuela, é diretor de investigações. A militância que ele tinha em mente era, acima de tudo, gramscianismo, mas se interpretou como militância política, de partido comunista, principalmente, o que produziu resistência. Então, se foi baixando o tom até chegar à participação popular, participação cidadã.

*Do Congresso para cá, quais têm sido os momentos-chaves da proposta de investigação, que considera relevantes?*

*Fals Borda:* Depois da experiência de *La Rosca* está a *Revista Alternativa*, estão os livros que se publicaram em Punta de Lanza. Sim, elaboramos bons livros: *La historia de la cuestión agraria en Colombia*; *La subversión en Colombia*. Tiramos novas edições do *Hombre y Tierra en Boyacá* e de *Campesinos de los Andes*. Foi um tempo de escrever, refletir, sistematizar. Depois veio a Revolução da Nicarágua e os vínculos com o CEAAL (Conselho de Educação de Adultos da América Latina) e, ao mesmo tempo, com Freire. Em Cartagena teve muito educador popular. Daí em diante deu-se uma aproximação entre educação popular, investigação e ciências sociais. Isso se expressou na Assembleia Mundial de Educação de Adultos do CEAAL, em Buenos Aires, em 1985. Ali houve uma discussão muito interessante sobre a participação popular e a investigação. Essa discussão com Rodrigues Brandão, do Brasil, foi publicada em um livro do Instituto do Homem, no Uruguai. Que maravilhoso esse folheto! Porque resumiu, sim, o estado da questão até esse momento.

*E o trabalho da Historia Doble?*

*Fals Borda:* Sim, o último volume foi em 1986. Já havia voltado a campo; estava nisso. Foram doze anos de trabalho da Costa. Mudara-me para Mompox, para Sincelejo e para Montería. Foi a época também quando nos prenderam pela perseguição ao M-19. Eu estava em Mompox, trabalhando na história local e Maria Cristina estava aqui, ela seguiu aqui na Universidade, no Departamento de Trabalho Social da Faculdade de Ciências Humanas. Maria Cristina esteve presa por catorze meses e a mim soltaram em duas semanas por pressão internacional sobre o presidente Turbay Ayala. Era uma montanha de telegramas de todas as partes do mundo protestando pela minha prisão. Então Turbay deu a ordem para que me soltassem rápido. Mas foi muito maquiavélico, porque me soltou e manteve Maria Cristina, porque era uma forma de castigo.

A década de 1980, para mim, foi um pouco mais de pesquisa de campo, mas também de reflexão e de sistematização da metodologia, que dá como resultado *La Historia Doble de la Costa*, esta sim foi minha *magnum opus*... Fui trabalhar a campo tudo o que tínhamos conceitual e metodologicamente. Isso consegui pôr no canal b da *Historia Doble*.

Mas ao mesmo tempo nasceu o movimento territorial, o ordenamento territorial. Isso nasceu com Mompox. Em 1986 se fez uma série de encontros regionais, encontros locais. Estando em Mompox, dei-me conta do absurdo das fronteiras internas administrativas colombianas. O mapa político. Mompox estava no porto de um rio pertencente a Bolívar e o outro lado do rio era o Departamento de Magdalena, e os nove lugarejos do outro lado do rio ou do lado de Magdalena não pertenciam a Bolívar e eram ligadas a Mompox. Seus filhos iam estudar nos colégios de Mompox, o mercado era em Mompox, passavam o rio todos os dias, ida e volta, enfim, era um espaço que eu via que pertencia social, econômica, cultural, educativa e religiosamente a Mompox. Eu dizia, este país está muito mal distribuído em suas divisões territoriais, e começamos a propor, com os intelectuais locais – mestres locais e professores de colégio de Mompox – que se constituísse um departamento independente: Departamento do Rio, separando seções de Magdalena, Bolívar e Cesar. Este foi o começo do movimento com os mestres locais. Eles seguiram sendo minha principal fonte de apoio político. Por exemplo, para a votação, para meu nome na lista do M-19 para a Assembleia Constituinte, 90% dos mestres da província de Mompox votaram em mim. 90%! Ali, então, levanta-se uma voz de protesto, a partir da província: "Queremos um departamento novo com províncias autônomas!". Começa-se a fazer uma série de reuniões com os mestres, principalmente em toda a depressão momposina. A primeira foi em Mompox. A segunda, em Magangué. A terceira, em São Marcos e a quarta, em El Banco. E se levanta uma voz poderosíssima dos mestres e dos políticos que começaram a se somar a esse movimento de independência, de autonomia das províncias, e se articula um grande encontro que se fez em El Banco, reunindo representantes de todos esses povos, e daí sai, então, a designação "A Insurgência das Províncias" como título de um livro que eu levei à Universidade, quando reingressei, em 1988. Foi meu primeiro livro no IEPRI (Instituto de Estudos Políticos e Relações Internacionais da Universidade Nacional), e a segunda publicação do IEPRI. Esse livro o marcou porque foi como que a chispa que incendiou a pradaria pedindo novo ordenamento territorial na Colômbia. É a voz da província.

*Isso foi o que o levou à Assembleia Nacional Constituinte, dois anos depois...*

Fals Borda: É que as ideias têm uma dinâmica própria: alguém as semeia, mas aí está o limite. É o que estou vendo nesses momentos com a IAP, porque semeou-se com a ideia de que fosse radical, para mudanças radicais na sociedade, transformação a fundo das coisas. Mas uma vez que se estabelece, se institucionaliza nas universidades, adotando-as quase em todas as partes como parte da cátedra, então como que se castra a ideia e já não se fica tão satisfeito.

*Tornado tema de aula, mata-se o dinamismo que tinha...*

*Fals Borda:* Por isso eu tenho insistido em que a IAP não se deve ensinar em uma sala de aula, mas sair a campo e lhe dar continuidade no tempo, não estar sujeita às regras formais da academia porque isso contradiz toda sua filosofia. Se a universidade compromete-se com os professores para manter a continuidade do trabalho de campo, tudo bem; essa é a primeira regra que eu tenho colocado para o que agora se chama universidade participativa, que é diferente de extensão universitária. Esse é o sentido da discussão que acabo de colocar a Palacios, o reitor da Universidade, em carta que lhe mandei. Ele fala de extensão universitária como coisa, como a universidade que sai a ver o que se passa, mas sem nenhum compromisso. A ideia é de universidade participativa, que implica uma IAP fiel às diretrizes do início.

*Que outros desdobramentos tem tido a IAP?*

*Fals Borda:* Na realidade, tem-se enriquecido a ideia desde muitos ângulos. O ângulo filosófico: a escola inglesa, com Peter Reason e Hilary Bradbury, que falam da visão participante do mundo; eles têm elaborado essa ideia que é bastante compreensiva e que por certo orienta. É uma escola filosófica que vai além da escola fenomenológica de Husserl, da qual partimos. Como filosofia da cosmovisão participante, todavia, nos afirma mais no que queremos fazer filosoficamente.

Por outro lado, por parte da prática, surge a escola da investigação-ação, a escola de Sussex, na Inglaterra, com Robert Chambers. É a aplicação rápida, fácil, facílima, da investigação-ação para resolver problemas concretos, de curto prazo, o que chamam o Diagnóstico Rápido Participativo – DRP. Essas são ações pontuais. Chambers esteve em Cartagena em 1997, explicando que não é divergente, mas convergente, mas dá um aspecto mais prático. Inclusive foi a ponte para que a IAP chegasse ao Banco Mundial, e o Banco Mundial teve que criar um grupo de trabalho interno de participação, para impor suas regras de participação popular nos convênios e contratos que fazia com os governos. Hoje, não há nenhum convênio do Banco Mundial que não tenha a cláusula sobre aplicar a IAP ou o diagnóstico rápido. Começam com o diagnóstico e depois seguem com a IAP, se querem ser consistentes.

E por esse lado, agregou-se a maravilhosa experiência dos educadores australianos com os aborígenes, o que foi também uma coisa extraordinária, porque o problema aborígene na Austrália era pior que o dos índios na Colômbia; estavam acabando com esse povo, com essa cultura, até quando esses educadores, Stephen Kemmis e Robin McTaggart, descobrem a IAP. Como a descobrem? Pelo livro *Por la Práxis*, artigo meu do livro, traduzido ao inglês, traduzem-no para os idiomas aborígenes e, então, leva a ideia da escola viva, com os professores aborígenes, para transformar a situação existente no norte da Austrália.

*É a investigação-ação na escola...*

*Fals Borda:* Para mim, um ramo disso está na Austrália. Além disso, Kemmis tem um contato muito intenso com a Espanha. Convidam-no, cada pouco, a ditar conferências sobre esse tipo de educação participativa e emancipatória.

Outra consequência foi a gestão de processos, que foi a aproximação às empresas e aos economistas; tem sua principal expressão na Noruega. Foi do grupo que chegou a Cartagena desde a Escandinávia, encabeçado por Stephen Toulmin e Bjorn Gustavsen. Eles acabavam de publicar o livro *Além da Teoria* (*Beyond Theory*), precisamente para levá-lo ao Congresso de 1997.

*Os congressos têm sido impulsionadores da ideia, aí se colocam elementos inovadores...*

*Fals Borda:* Assim é. O primeiro dessa série foi no Canadá, em Calgary (1984). Ali foi que eu descobri o que estavam fazendo com a IAP na Austrália. Chegou uma delegação dos aborígenes e surpreende, pois que conhecia tudo nosso. Isso foi uma coisa impressionante. Depois convidaram-me para ir à Austrália. Aí foi quando me receberam os aborígenes e me fizeram filhos do clã, lindo! Fizeram-se a cerimônia. Estive uma semana e me levaram a pescar com eles. Descendemos conjuntamente dos crocodilos, me deram um nome belíssimo, Gamba, que significa encontro de águas, da água do mar com a água doce dos mangues.

*Como todas as coisas geram crítica, algumas positivas, que levam a revisar, outras talvez não...*

*Fals Borda:* Sim. Uma vez que a universidade adotou a IAP – a primeira delas foi Calgary, no Canadá – começaram a cooptar a ideia. Isso ocorreu com muita rapidez na Europa e nos Estados Unidos.

*Essa cooptação da proposta pela academia. O que tem ocorrido?*

**Fals Borda:** Sai ganhando a empresa, sai ganhando a universidade, sai ganhando a instituição e perde força a IAP, mas já é algo que eu não posso evitar. Porque acontece que alguém semeia a sementeira e ela toma sua própria dinâmica, cai em boa terra, cai em terra ruim, cai em terra infértil, cresce ou não cresce segundo essas circunstâncias ou segundo os contextos, e isso vai além das forças de qualquer pessoa. Cada universidade ou cada grupo intelectual tem todo o direito de adaptar essa ideia às circunstâncias de seu próprio trabalho, suas necessidades implícitas, transformadoras... Nesses momentos, eu creio que há sim novos desdobramentos, que estão por esses lados da aplicação. Por exemplo, o Congresso último, em Pretoria, foi muito mais enfático na gestão de processos que na participação popular, diferente do Congresso anterior, na Austrália, que enfatizou a participação popular.

*Cada Congresso enfatiza algo...*

**Fals Borda:** Em Pretoria se enfatiza gestão de processos. É também uma tendência australiana. Em inglês, isso se chama *Process Manager*, manejo de processos ou gestão de processos, que é o administrativo nas instituições, nas empresas, nos governos, como se coloca em prática todas essas ideias no contexto administrativo, prático e institucional, tradicional.

*Quais seriam, neste momento, os eixos de debate, os pontos-chaves nos quais deveria se deter a investigação?*

**Fals Borda:** Bem, eu, na Austrália, insisti em que um dos problemas centrais, neste momento, para os congressos sucessivos, era o da cooptação. Que significa cooptação? Que consequências na teoria e na prática? Esse é um dos focos de debate.

Outro seria o da universidade participante. Porque já é um desafio interno, quer dizer, a própria universidade transformando-se em outra coisa distinta do modelo academicista, alemão, cristão, do século XIX. O impacto da IAP deve levar a eliminar as faculdades e os departamentos nas universidades. A educação deve se fazer não pensando na academia, mas no mundo, na vida, no contexto. É educar nos problemas reais. Obriga a transformar as faculdades e os departamentos e a fazer estruturas com base em problemas sociais e contextos culturais e não com base em problemas formais da instituição.

*Há um nível da investigação que tem a ver com a academia e a partir daí deveria ser exposto...*

*Fals Borda:* Mas transformando a academia, o que vem a ser uma aplicação da IAP, uma autoaplicação interna.

*Que outro tema de debate?*

*Fals Borda:* O terceiro seria estudar realmente se estamos ante um novo paradigma ou não. Eu creio que já é o momento. Em 1977, eu me opus, por razões, digamos, mais que tudo de prudência, de modéstia, para não se fazer competição justa a Hegel, a Kant, a Habermas. Em Cartagena, em 1977, sim, insistiu-se. Teve um suíço, Heinz Moser, que falou abertamente: estamos ante um novo paradigma nas ciências sociais e temos que trabalhar. Disse-o claramente, mas nunca teve repercussão. Agora, sim, creio que é o momento.

*Um paradigma que também tem que ir se revitalizando...*

*Fals Borda:* A ideia de cosmovisão participante, de Reason, é um passo em direção a esse paradigma alternativo. Já estão sendo dados os passos, eu o vejo assim, e isso vai ser uma revolução muito importante na concepção científica de todas as ciências, que já se vê, até na Universidade Nacional. Por exemplo, os matemáticos: alguém diria, bem, as matemáticas, o que têm a ver com a IAP? Pois bastante, até o ponto que têm proposto uma nova disciplina: etnomatemáticas. Qual é o problema deles? Como ensinar para não assustar, e, segundo, como comunicar o que os matemáticos descobrem sem o jargão que os aparta do resto da humanidade. Então receberam indicações de que a IAP tinha respostas a essas preocupações, e é verdade. O problema da comunicação e o problema do ensino vital, do ensino comprometido com a realidade.

*O que Stenhouse chama aprendizagem significativa...*
*Fals Borda:* Claro, é que educar é investigar. Já há seis grupos, no mundo, de etnomatemáticos, entre eles um na Colômbia, na Faculdade de Matemáticas da Universidade Nacional. A professora Myriam Acevedo mandou seus estudantes pensarem sobre o ensino da matemática para os indígenas do Amazonas. Escreveram uma tese magnífica, mais de antropologia do que de matemática. Era para o *Magister*, na Faculdade de Ciências. Isso foi há quatro meses. Nomearam-me jurado da tese com os matemáticos. Que tal isso! Pois aprovaram a tese e a laurearam. Isso abre uma nova perspectiva e vamos entrar por aí. Como insisti na continuidade, já nomearam outro grupo de matemáticos jovens para outra tese no Amazonas.

*A Universidade, se se quer aproximar da realidade, tem de se abrir a outros ritmos e tempos...*
*Fals Borda:* Olhe os sintomas tão positivos na Universidade Nacional, de onde tive de sair porque não havia ambiente, mas

depois de 1988, quando regressei, se faz o PRIAC (Programa de Relação da Universidade Nacional com a Comunidade), que começou principalmente com as trabalhadoras sociais e sociólogos. Juntaram-se a este rol os agrônomos, a medicina, a enfermaria, a odontologia.

*A possibilidade de potenciar a Universidade se deu fazendo trabalhos à margem dela, não dentro, mas a partir e de fora.*

*Fals Borda:* Esse foi o segredo do assunto. Creio que esteve bem assim. Agora, depois de velho, o vejo com calma. O mais satisfatório foi o ano passado, quando o decano da Faculdade de Ciências Humanas me convidou para dar a aula inaugural. Reuniu-se toda a Faculdade de Ciências Humanas, a todas as disciplinas sob um mesmo teto para escutar um professor. Foi quando falei dos novos paradigmas. Aí, então, acertei em cheio. Está publicado, porque fizeram um folheto que esgota a cada vez que fazem uma tiragem, e é um capítulo do livro da *Crise Colombiana*. Isso me satisfez muito. Depois vieram as celebrações dos quarenta anos do Departamento de Sociologia. Então, aí sim, os professores presentes falaram da IAP.

*A proposta está agora em mãos de outras pessoas que a seguirão enriquecendo...*

*Fals Borda:* Ainda que, eu creio que essa evolução nas Ciências Humanas se deveu mais à pressão dos estudantes que à dos professores, mais de baixo para cima. São professores novos, não eram de minha geração, são professores excelentes, muito preocupados com as coisas, como Gabriel Restrepo. Ele tem sido um dos grandes professores da evolução interna na Faculdade de Sociologia.

# 3. O QUE É A PESQUISA PARTICIPANTE?[1]

*Luis R. Gabarrón, Libertad Hernández Landa\**
*Tradução de Telmo Adams*

A pesquisa participante é uma proposta metodológica *emergente* da crise nas Ciências Sociais, que se desenvolve durante a década de 1960 na América Latina e, com aspectos semelhantes, também na Europa.[2] É uma crise que se pode explicar mediante dois fatores analíticos que funcionam como eixos convergentes e cocasuais. O primeiro, que se pode denominar "fator de relevância social", aparece na literatura especializada paralelamente aos acontecimentos que abalaram uma boa parte dos países europeus e latino-americanos durante os anos 1960 e que exigiam a participação da Psicologia

---

[1] GABARRÓN, Luis R.; LANDA, Libertad Hernández. "Investigación Participativa". *Cadernos metodológicos*, 10, Centro de Investigações Sociológicas – CIS –, Espanha: 1994, cap. 1, p. 7-21.

\* Luis R. Gabarrón é educador.
Libertad Hernández Landa é psicóloga e coordenadora do Doutorado em Saúde Mental Comunitário da Universidad Autrone de Vera Cruz em Jalapa, México.

[2] Uma análise mais extensa do debate sobre a crise na Psicologia Social (em especial para Espanha), e com mais detalhes acerca dos fatores que consideramos associados em sua dinâmica, aparece no artigo de Luis Rodríguez Gabarrón e Magí Panyella I. Roses, "La crisis em Psicología Social: Elementos para la discusión epistemológica del concepto de crisis", em *Cadernos de Psicologia* (Revista da Faculdade de Filosofia e Letras, Universidade Autônoma de Barcelona), n. 8, II (1984, p. 89-100). Sobre a pesquisa participante e seu contexto europeu, em especial espanhol, podem-se ver as compilações realizadas por Quintana Cabanas (1986) e por Ferrández y Peiro (1989).

Social. Na década de 1970 já se considera que a frivolidade dos temas, objeto de investigação, sua irrelevância social, é um dos determinantes da crise. Chega-se a considerá-lo o componente essencial da situação precária, pelo escasso potencial explicativo de fenômenos que haviam transbordado a teoria e a metodologia, relacionando-se isso com a minguada capacidade de generalização dos resultados obtidos mediante a pesquisa experimental no laboratório, por sua pouca "validade externa".

Por sua parte, a crítica ideológica minimiza a importância e a adequação social do processo e a produção de conhecimentos psicossociais. Esse processo de produção se encontra fortemente predeterminado pelas instituições que o protegem em seu início, e que são as que marcam as linhas de aprofundamento. "O projeto mesmo se encontra ligado a uma demanda social e a uma ideologia dominante, à qual aporta seu aparato técnico e sua armação teórica", afirma Didier Deleule em *A psicologia: Mito científico* (1972, p. 47). Converte-se, assim, a Psicologia em uma parte do aparato ideológico do Estado, que tem o encargo social de evitar o recurso à violência física dos aparatos repressores. Trata-se, pois, de uma tecnologia de controle social para prevenir problemas na estrutura que sustenta os que detêm o poder, como assinala Néstor A. Braunstein em *Psicologia: Ideologia e ciência* (1979, p. 361).

"Quando a Psicologia Social começa a ser perigosa, começará então a ser uma ciência", afirma Sege Moscovici (1972, p. 66) ao manifestar-se contra os critérios do modelo estadunidense para decidir o que é científico. Manifesta-se, por outra parte, a favor de uma Psicologia Social europeia com personalidade própria que não seja mero reflexo mimético da norte-americana, desviando-se cada vez mais do condutismo, do reducionismo e do mecanicismo positivista, acercando--se abertamente ao estudo de fatores e processos ideológicos, assim como a uma Psicologia Social comprometida com a realidade social e os problemas atuais mais agudos; quer dizer, torna-se *mais relevante*. Aproveita-se a crítica e o conflito como incentivo para o progresso e transformação do conhecimento. Assim o analisa e resenha Tomás Ibáñez Gracia (1985, p. 11-14) ao prefaciar a edição espanhola do livro de Moscovici *Psicologia Social* (1985). Esses critérios seletivos científico-estadunidenses tendem, ademais, a silenciar os temas mais conflitivos e os mais relevantes desde o ponto de vista social (BLANCO, 1980, p. 168).

Inicia-se uma reformulação dos critérios seletivos para determinar – antes de considerá-los objeto de estudo – quais problemas são de caráter científico ou se eles se encontram dentro do campo metodológico. Introduz-se um novo fator de complexidade, uma vez que determinar os problemas científicos a partir de sua relevância social implica tornar a disciplina partícipe dos problemas coletivos mais críticos da atualidade. De imediato surgem perguntas: relevância para quem? Transformação social em que sentido? Essas perguntas obrigam, ao respondê-las, a tomar uma postura ideológica, explícita ou implicitamente. Esse problema em outras palavras é proposto por Castells e De Ipola em seu catecismo crítico, tese nove: "Em toda prática científica figuram sempre elementos ideológicos seja como coadjuvantes, seja como obstáculos epistemológicos" (1975, p. 160).

Nessa linha de explicação e interpretação althusseriana, o "fator relevância social" vinculado à crise pode ser definido como um obstáculo epistemológico: "Todo elemento ou processo extracientífico que, intervindo no interior de uma prática científica, freia, impede ou desnaturaliza a produção de conhecimentos" (CASTELLS; DE IPOLA, 1975, p. 152). Essas crises se dão quando em um dado momento do seu desenvolvimento uma ciência se choca com problemas científicos que são insolúveis pelos meios teóricos existentes (ALTHUSSER, 1975, p. 76). Pode ser que a confrontação entre o problema novo e o instrumental teórico seja o que faça brotar a contradição; no entanto, isso não implica necessariamente o desmoronamento do edifício teórico.

Vinculado com essa falta de transcendência social dos resultados na pesquisa – assim como com o obstáculo epistemológico na produção do conhecimento psicossocial –, encontra-se a carência de potência generativa pela falta de teoria geradora de proposições que questionem e modifiquem eventualmente as diretrizes ou pautas culturais cotidianas, oferecendo novas pautas ou alternativas comportamentais, como tem sido o caso da teoria freudiana e suas extensas repercussões.

Essa acusação coincide com outra que afirma a impotência criativa como característica dessas últimas décadas. Esta seria uma das consequências da fragmentação teorética e das ilhas de poder em conflito, da Psicologia Social e da Sociologia, dos estudos de laboratório e os de campo, também em confronto constante. Isso se encontra ligado à fragmentação das disciplinas, à impossibilidade de harmonizar a comunidade de psicólogos sociais em torno de um paradigma compartilhado, em termos kuhnianos (1983). São limites para as possibilidades de superar a etapa considerada como pré-paradigmática no desenvolvimento dessa disciplina.

Por outro lado, e estreitamente concatenado ao fator relevância social, encontra-se um outro não menos relevante: o "fator paradigmático". É um falso problema apresentar a situação geral da Psicologia Social como uma crise paradigmática, posto que o fato de se encontrar em uma etapa pré-paradigmática significa precisamente que nunca houve um paradigma caracterizado pela aceitação generalizada da comunidade de psicólogos sociais. Não é, pois, possível que atualmente se esteja trocando o paradigma por outro novo.

O que foi divulgado em relação à situação paradigmática pode expressar-se em termos "bibliométricos" e representa o núcleo duro da crise segundo o apresenta o professor Ibáñes Gracia (1982, p. 163-164): "existe uma contradição fundamental entre, de um lado, o marco epistemológico assumido explícita ou implicitamente pela Psicologia Social e, de outro lado, a natureza mesmo do seu objeto. Os pressupostos epistemológicos pertencem à ciência moderna, enquanto que seu objeto é do tipo que tratam as disciplinas pós-modernas, mais concretamente, do tipo termodinâmico". Localiza-se assim a verdadeira causa da crise no paradigma geral da ciência moderna (galileo-newtoniano e, em parte, einsteiniano), que resulta atualmente insuficiente para a explicação da realidade física e inadequado para o objeto das ciências sociais.

Por um momento se poderia pensar que tal incompatibilidade entre método e objeto se assemelha ao que Althusser descreve como uma "contradição" entre o novo problema e o método estabelecido. No entanto, aqui se propõe essa incompatibilidade não como um novo problema a ser resolvido por meio do método anterior, mas como uma nova forma de caracterização ou definição do objeto da Psicologia Social, que requer outro método, de conformidade com o paradigma emergente nas ciências pós-modernas. Por exemplo, a historicidade do comportamento social deve ser levada seriamente em conta como parte da caracterização do objeto psicossocial e como parte dos problemas a resolver pelo método. Se, ao estudar os processos, os fenômenos ou sistemas sociais não for considerada sua dimensão histórica e as operações ideológicas subjacentes, se perderá o caráter essencial, a sua natureza.

Entre as contribuições ao debate paradigmático se encontra a proposta, dialética e sistêmica, do epistemólogo Edgar Morin em sua obra *O Método: A natureza da natureza* (1981). Propõe uma articulação da ciência da natureza com a ciência do ser humano através do paradigma da complexidade. Depois de questionar (de maneira lógica e enciclopédica) o paradigma de simplificação, reducionista e excludente do princípio de complexidade básica à natureza física e humana, critica o determinismo causal que predomina na ciência clássica: linear, rígido, fechado, imperativo, em oposição à causalidade complexa. Manifesta-se também radicalmente contra o princípio da ordem hegemônica que exclui a desordem, o incerto e o acaso.

Considera criticamente a insuficiência (embora esta seja produtiva) do conceito de objetividade ante a dinâmica do átomo. A objetividade como sinal fundamental do desenvolvimento exitoso obtido pela Física, que impele outras ciências para constituir seu objeto isoladamente de todo entorno e de todo observador, leva-as a buscar uma explicação do seu objeto em virtude das leis a que obedece e dos elementos mais simples que o constituem; com "o método da decomposição e à medida que permite experimentar, manipular, transformar o mundo dos objetos: o mundo objetivo!" (MORIN, 1981, p. 118).

Convém transcrever algumas partes do discurso contundente de Morin acerca da relação sujeito-objeto, no qual se mostra convencido de que: "Não há nem haverá jamais um observador puro (está sempre unido a uma práxis transformadora); nem conhecimento absoluto [...]. Mas com a perda do absoluto, ganhamos em comunicação e complexidade [...], pois todo conhecimento, para um observador, é por sua vez subjetivo (autorreferente), ao remetê-lo à sua própria organização interior (cerebral, intelectual, cultural), e objetivo (autorreferente), ao remetê-lo ao mundo exterior. Podemos entrever que jamais se pode buscar o objeto excluindo o sujeito, que não está fora da práxis, mas sim numa metapraxis, que é novamente uma práxis, na qual é preciso buscar o conhecimento" (MORIN, 1981, p. 403). A práxis como conceito dialético permite recontextualizar as contradições de subjetividade--objetividade, de sujeito-objeto, de teoria-prática, avaliando sua complexidade irredutível. "A complexidade se impõe em princípio como impossibilidade de simplificar; surge ali onde o sujeito-observador se surpreende a seu próprio rosto no objeto de sua observação, ali onde as antinomias fazem divagar o curso do argumento [...], todo objeto de observação ou de estudo deve sucessivamente ser concebido em função de sua organização, do seu entorno, do seu observador" (MORIN, 1981, p. 425-427). Todas as proposições anteriores, em sua maioria de autores europeus, não pretendem ser exaustivos. São um contorno de um complexo delineamento que permite perfilar o ambiente acadêmico-intelectual da crise, dividida em certos aspectos com algumas ciências humanas limítrofes à Psicologia Social: Sociologia, Antropologia, Economia, Pedagogia. Na América Latina, contudo, esses dois fatores-eixos da crise (a relevância social e o paradigmático) estão vinculados estreitamente à crise estrutural, social, econômica e política que vive uma grande parte de seus países.

A crítica teórica se dirige contra os modelos positivistas e funcionalistas, predominantes durante décadas; nesses modelos dificilmente cabe a noção de transformação, em especial a transformação de caráter estrutural, já que é considerada fonte de erro na investigação científica. Seu método aparece como critério justificador único do conhecimento e não aceita outros valores se não os da própria ciência. Esses modelos, que manifestam uma incapacidade em seus métodos e técnicas para dar conta de realidades sociais complexas e contraditórias, muito menos podem dar respostas ou soluções a problemas sociais urgentes (GAJARDO, 1986, p. 15; YOPO; GARCÍA, 1987, p. 3-15).

Questiona-se de diversas formas o sonho de chegar a estudar as sociedades da mesma maneira que as ciências naturais estudam a natureza, como se fosse um laboratório, onde se dissecam os fenômenos sociais e psicológicos, separando destes os valores do investigador ao observar e analisar. Pretende-se uma ciência neutra, apolítica e não comprometida. Essa ciência, cujo objetivo é constatar, descrever, predizer, termina sendo utilizada cada vez mais como uma ferramenta de engenharia social para modelar e uniformizar padrões de comportamento definidos pelos donos do poder. Contribui-se, assim, com a implantação gradual de toda uma série de instituições para o controle social (OLIVEIRA,

1986, p. 22-23; SCHUTTER, 1986, p. 174).[3] "É verdade, os problemas estudados não são nunca os problemas vividos e sentidos pela população investigada. É essa população em si mesma percebida e estudada como um problema social desde o ponto de vista dos que estão no poder. As ciências sociais se transformam, assim, em meros instrumentos de controle social" (OLIVEIRA, 1986, p. 19).

Os cientistas sociais que desconhecem a relevância dos movimentos populares (na interpretação de realidades latino-americanas) se agarram a um conhecimento científico estático e a-histórico, dividido em compartimentos estanques de prática atomizada. Como especialistas em desenvolvimento assumem uma lógica tecnocrática-academicista para solucionar problemas de marginalidade e pobreza, excluindo esses grupos populares do próprio processo de investigação e da geração de projetos para melhorar suas condições de vida de maneira participativa, sustentada e autogestionária (YOPO, 1987, p. 3-20).

Analisa-se criticamente em suas bases, em seus motivos e em suas consequências a separação radical entre a teoria e a prática, assim como entre o sujeito e o objeto de investigação. À lógica formal se contrapõe a lógica dialética, e aos modelos

---

[3] Entre essas instituições se encontra a de saúde, segundo afirma Jesús M. de Miguel (1990, cap. IX-XIII) da Universidade de Barcelona. Converte-se a saúde em instrumento de poder para a manutenção da estrutura social e as relações atuais de dominação. A dimensão do poder se encontra, por exemplo, nas diferenças ou desigualdades sanitárias e de saúde que existem na sociedade, tanto como nas políticas de saúde e na definição mesma de saúde. Está também na formação dos médicos e no discurso da prevenção à saúde. Assinala o mesmo pesquisador em Sociologia da Saúde que: "a saúde na sociedade atual é, em resumo, o resultado da luta de poder entre os diversos grupos sociais e de interesse". Historicamente o problema fundamental do poder e o sistema sanitário tem sido alcançar – ou impedir – a participação da população.

funcionalistas, os quadros de interpretação histórico-cultural. Delineiam-se estratégias para romper com o que se denomina o monopólio do saber (HALL, 1981, p. 50-57), a pesquisa e os processos educacionais começam a adquirir uma conotação marcadamente política. Buscam-se métodos e técnicas que permitam *conhecer transformando*.

Inicia-se assim: "um amplo movimento latino-americano de reação e recusa ao predomínio esterilizante do positivismo empiricista na prática das ciências sociais" (PINTO, 1988, p. 42). Isso sucede simultaneamente com alguns acontecimentos significativos das décadas de 1960 e 1970, conforme o expressa Fals Borda (1987, p. 12-15). Trata-se da teoria da dependência, de Cardoso, Faletto e outros; a efervescência popular em vários países que culmina com a revolução cubana e o histórico ano de 1968; a sociologia da exploração de Pablo González Casanova; a vida e morte do subversivo Camilo Torres; e de Che Guevara; também se destacam no mesmo período a Educação Popular libertadora de Paulo Freire, a revolução sandinista na Nicarágua. Toda essa série de acontecimentos e fatores gera insatisfação. Leva cientistas sociais a postular a necessidade de vincular a atividade científica com os processos gerais de transformação socioeconômica e política. Ao mesmo tempo, desenvolve-se o respeito pela pesquisa comprometida, inserida nos processos de transformação social e aberta aos setores populares (GAJARDO, 1986, p. 16). Incrementa-se o consenso sobre a necessidade de uma série de transformações estruturais, caracterizadas por abranger um conjunto de fenômenos inter-relacionados que devem ser apreciados em sua totalidade, caso se deseje entender as suas partes.

Dentro desse contexto crítico intelectual, político e socioeconômico, potencializa-se na América Latina a maior parte de atividades relevantes para o desenvolvimento da pesquisa participante.[4] O Simpósio Mundial sobre Crítica e Política em Ciências Sociais, de Cartagena, Colômbia, em 1977, é considerado como a plataforma de lançamento para outras partes do mundo. Observam-se duas vertentes: uma que se pauta como opção teórica derivada do materialismo histórico; e outra como opção metodológico-instrumental. Postula-se a teoria e a ação políticas, com um corpo conceitual e uma metodologia de premissas epistemológicas que lhes são específicas e coerentes (SCHUTTER, 1982, p. 178; BORDA, 1986, p. 13-14). Estabelece-se a definição da Investigação-Ação Participativa (IAP) junto com suas proclamações originais (WITT, 1983, p. 240-241). Cria-se a Rede de Pesquisa Participante, mediante o apoio do Conselho Internacional para a Educação de Adultos (ICAE), que chega a desenvolver grupos geográficos autônomos: América Latina e Caribe, África, Ásia, Europa, América do Norte (QUINTANA, 1986, p. 18-22). No ano seguinte iniciam-se seminários regionais e sub-regionais na Finlândia, Suécia, Holanda e Itália. A década de 1970 termina com a Primeira Reunião de Pesquisa Participante da Rede na Ásia (Nova Delhi, Índia) e com a Primeira Reunião da Rede Africana realizada na Tanzânia. Iniciam-se seminários nos países asiáticos.

---

[4] Alguns eventos especiais do grupo europeu meridional de pesquisa participante aparecem resenhados por José M. Quintana Cabanas, 1986. No mesmo livro apresenta quase todas as comunicações apresentadas no Quinto Seminário Internacional de Pesquisa Participante, em Barcelona, em 1985.

O Terceiro Encontro Mundial de Pesquisa Participante se realiza em 1989, com sede em Manágua, Nicarágua-Livre, sob o lema e o espírito de "Conhecimento, Democracia, Paz". Nessa reunião se consolida uma organização e uma comunidade mundial centrada na perspectiva participativa. Presentes estavam organismos locais e internacionais (UNICEF, CEAAL, CELADEC, ICAE, OXFAM-Inglaterra), mais de cem representantes das diferentes redes (grupos) regionais: África, Ásia, Europa, América Latina e Caribe e América do Norte. Mais que relatar, trata-se de refletir sobre a experiência. Os objetivos enunciados se dirigem a confrontar e analisar em profundidade os processos de pesquisa participante nos diferentes países, assim como elaborar princípios orientadores para um novo enfoque que permita a avaliação dessa prática e o avanço em outras investigações.

O debate se focaliza em três temas essenciais em relação à identidade epistêmica da pesquisa participante. O primeiro é a *ação transformadora*: que problemas e contradições se têm encontrado? Como foram resolvidos? Como se inserem na ação os pesquisadores ou profissionais e os populares? Quais são os níveis e dimensões da ação transformadora? Que processos de acumulação de forças se desenvolvem? Quais são as tendências da ação?

O segundo dos temas é a *produção de conhecimentos*: como se dá a confrontação entre o conhecimento científico e o popular? Que problemas e contradições se têm encontrado nessa confrontação e como foram resolvidos? Desenham-se propostas para um modelo de processo de produção de conhecimentos, na pesquisa participante, definindo formas para sua socialização.

Em terceiro lugar está a *participação*: quais são os níveis em que se inserem os pesquisadores-educadores ao desenvolver ações transformadoras? Que relação se dá entre a participação e o desenvolvimento da democracia popular? Que problemas e contradições se originam nessa relação?

É importante esboçar a apresentação do problema (contextual) ao qual responde a Investigação-Ação Participativa,[5] posto que representa uma alternativa metodológica e ideológica, enquanto "sujeito histórico" de um processo transformador e *descolonizador*, de caráter científico, intelectual, socioeconômico e político. Ao final da década de oitenta e início dos anos noventa, conjuntamente a uma série de transformações transcendentes na América Latina e Caribe, o enfoque participativo cresce e se diversifica em suas opções teóricas e técnicas, ideológicas e políticas. Produz-se uma mudança estrutural que já não se considera uma utopia. Nessa transformação para a democracia participativa influenciam diversas variáveis históricas, socioeconômicas e políticas. Três décadas de trabalho por parte da "Comunidade IAP" significam um aporte considerável.

Os conceitos básicos da pesquisa participante e seus princípios fundamentais provêm de paradigmas, teorias, disciplinas e experiências práticas diferentes. Destacam-se paradigmas precursores: basicamente o materialismo dialético-histórico, com modelos de organização-mobilização, conflito e transformação de estruturas-relacionais sociais. Menciona-se também a influência do funcionalismo-estrutural, com modelos

---

[5] "Investigación-Acción Participativa", consagrada na língua espanhola pela sigla IAP.

de harmonia, integração e modernização, assim como a de alguns outros paradigmas, como fenomenologia, etnometodologia e interacionismo simbólico.

Por parte das disciplinas se reconhecem as contribuições da Psicologia, entre elas a de Rogers (educação e participação), Mead (socialização), Lewin (teoria do campo, mudança social, dinâmica de grupos), psicanalistas como Freud (psicologia de massas, mal-estar na cultura), Reich (fascismo, família autoritária), Fromm (autoritarismo e democracia), Kardiner (a marca da opressão), assim como Devereux (etnopsiquiatria). Todos eles aportam conhecimento e experiência que de diversas maneiras se vinculam à história e ao desenvolvimento da pesquisa participante, embora não sempre sob os mesmos princípios fundamentais.

Desde a Filosofia se incorporam elementos substanciais como os de Bachelard (epistemologia e estruturalismo), Piaget (epistemologia, psicologia e pedagogia), Chomsky (linguística), Kosik (dialética, a totalidade concreta), Ricœur (experiência e hermenêutica), Ortega y Gasset (vivência existencial), Kuhn (revoluções científicas). Desde a Ciência Política, destacam-se as influências de Gramsci (participação-organização). Da Comunicação Social se nota a influência de Beltrán e Mattelart. Na Antropologia está Lévi-Strauss, Mead e Sol Tax com antropologia-ação; Brandão com Cultura Popular; Garfinkel com a etnometodologia. Em Educação Popular são determinantes a experiência e o marco teórico desenvolvidos pelo brasileiro Paulo Freire, cuja contribuição é a mais completa e específica para a perspectiva participativa. Parte originalmente de sua pesquisa temática e o método psicossocial para alfabetização de adultos, impactando em muitos países e disciplinas. Sua obra *Pedagogia do Oprimido* (1983) é uma realização paradigmática reconhecida.

É impossível ser exaustivo nesta revisão, mas se deve mencionar algumas das numerosas contribuições da Sociologia: Fals Borda, Bosco Pinto, Stavenhagen, González Casanova, o Tavistock Institute, Habermas e Adorno, assim como Marcuse da Escola de Frankfurt, a Escola de Chicago, Dahrendorf, bem como outros teóricos como Bourdieu, Touraine, Lefèbvre e o próprio Wright Mills. Os enfoques mencionados influenciam – em diferentes formas e graus – o desenvolvimento conceitual do que hoje se conhece como pesquisa participante. Pode-se situar o início de sua evolução conceitual e metodológica no perfil paradigmático estabelecido pela pesquisa temática. Na década de 1960, Paulo Freire a configura como um derivado do conjunto de experiências – originalmente de caráter alfabetizador – no meio rural do nordeste brasileiro (Recife, Pernambuco). São experiências que imediatamente se estendem (em parte devido ao seu exílio político e pela sua eficácia) para o Chile, Peru, Tanzânia e Guiné-Bissau. Ampliam-se também as possibilidades de participação e mobilização camponesa tal como outros grupos oprimidos e marginalizados, tanto nesses países como posteriormente na América Latina e no resto do Terceiro Mundo (FREIRE, 1973, 1979, 1983, 1985, 1986; BRANDÃO, 1988).

Desde que nasce a experiência freireana – tanto pedagógica como psicológica e sociológica –, os modelos hegemônicos de pesquisa, educação e ação política são questionados. Buscam-se estratégias para superar as dicotomias de sujeito--objeto e de teoria-prática, sempre presentes na pesquisa em educação. Pretende-se, ademais, uma produção coletiva de conhecimentos, centrada nas vivências e necessidades de grupos agrários dominados, secularmente explorados e pobres, com a finalidade de conscientiza-los de sua problemática, propor e atuar em vista de possíveis soluções concretas. Parte-se de uma realidade concreta – vista como totalidade – e do saber popular, em atitude de pesquisador comprometido politicamente. Freire, como filósofo da educação popular, integra os princípios do materialismo dialético-histórico à sua pedagogia do oprimido. Ela se caracteriza como uma filosofia pedagógica pelo fato de ser dialógica, libertadora e transformadora. Dentro do que denomina método psicossocial, operacionaliza um processo que se pode sintetizar em seus momentos metodológicos essenciais: *problematização-reflexão-ação*. Esses momentos interativos se instrumentalizam através da técnica de círculos de estudos, que são pequenos grupos populares de analfabetos/as organizados com base em vários procedimentos e (em especial) com as perguntas ou *palavras geradoras*; sempre no contexto do seu princípio referencial: *a dialogicidade*.

Por outro lado, na década de 1970, o sociólogo colombiano Fals Borda (1972, 1978, 1986, 1988) desenvolve uma estratégia metodológica que denomina investigação-ação (*investigación-acción*). É uma vertente mais sociológica que pedagógica, também conhecida como sociologia crítica ou sociologia-ação. É a mesma que na atualidade, tendo superado sua origem teórica lewiniana e articulada com a teoria-prática freireana, o próprio autor prefere denominar investigação-ação participativa ou simplesmente IAP. Desde seu início, essa modalidade questiona a fundo a duvidosa unidade de método nas ciências sociais. Põe-se sob juízo a visão predominante, parcial e unidimensional da realidade social, assim como a separação radical entre o científico e o político e a desvinculação entre teoria e prática. Da mesma forma, questiona a fundo a manipulação da informação e a educação para evitar a participação de grupos mais despossuídos nos processos de gestão social, econômica e política; é o monopólio do saber, como o chamam Witt (1983, p. 235) e Hall (1981, p. 50-57).

Nessa linha teórica parte-se de uma concepção de ciência que distingue a ciência dominante (que privilegia a continuação do sistema capitalista dependente) e uma ciência popular, a do conhecimento empírico, prático, do senso comum, que é herança ancestral das bases sociais e que lhes permitiu criar, trabalhar e interpretar sua realidade, o que significa que o trabalho científico tem uma clara conotação de classe. Os condicionamentos se articulam para os interesses das classes sociais em sua luta pelo poder social, econômico e político. É necessário, pois, que militância política não abdique do conflito como conjuntura inovadora e não exclua a possibilidade de tomar as armas insurgentes. Contrapõe paradigmas alternativos que facilitam o "contrapeso político", ou contra-hegemonia, a favor das classes exploradas, dominadas e subalternas. É preciso assinalar a diferença que fazem Fals Borda e Rahman (1988, p. 14) em relação à investigação-ação de Kurt Lewin no que se refere a valores e propósitos. Também se delimitam as diferenças com a antropologia-ação de Sol Tax, na medida em que esta preserva a objetividade positivista do observador, "participante" mas ainda distante. Matizam-se ainda divergências com a intervenção sociológica de Alain Touraine que qualificam de limitada.

É comum a estas duas propostas sintetizadas (a temática e a investigação-ação) o trabalho com grupos, em particular com organizações populares, além de uma base conceitual compartilhada. A diferença reside no tipo de grupos e na estratégia utilizada, nos campos abrangidos pela pesquisa e no tipo de ações desenvolvidas.

Nesse mesmo período surge, sobre a base teórica das duas modalidades mencionadas e em especial da investigação-ação, a variante do filósofo e sociólogo João Bosco Pinto (1988, p. 52-54). Ele busca integrar as posturas de Freire e Fals Borda em um processo metodológico único. Surge também a variante *observação militante* brasileira (MIGUEL; ROSISKA DE OLIVEIRA, 1986), assim como a *investigação militante* venezuelana (GAJARDO, 1983, p. 70-72). Este último é o nome mais generalizado, inclusive para sua variante mexicana. Nessas modalidades (consideradas como Antropologia ou Sociologia Aplicada) parte-se da teoria do conflito, a luta de classes e a concepção de massas.

Incluem-se três elementos que não estão tão definidos nas propostas anteriores e que aqui se constituem centrais. O primeiro exige explicitar um objetivo ideológico e uma mensagem política previamente estabelecida a partir da militância política do pesquisador. É uma mensagem em que a atividade investigativa se integra e deriva seu propósito específico pela ação orientada concreta e manifesta com vistas à ação política. O segundo elemento se refere ao papel do/a intelectual orgânico, que é mais preponderante na coleta e análise da informação, embora haja a tendência de torná-la mais participativa-popular, dependente de circunstâncias conjunturais.

Terceiro, destaca o ativismo político-partidarista do investigador como parte de sua proposta metodológica, ao menos, na modalidade venezuelana (GAJARDO, 1983, p. 71).

Entre os objetivos comuns desses estilos militantes, está a formação de quadros capazes de participar na elaboração de políticas e não somente na sua aplicação. Seu compromisso segue sendo semelhante às outras modalidades: colocar o conhecimento a serviço dos interesses populares para a transformação da sociedade em geral. Essa modalidade (independentemente de suas limitações e de seus requisitos rigorosos) representa uma resposta ao problema de conhecer e atuar numa realidade concreta para resolver problemas específicos. Seu processo metodológico assinala geralmente quatro etapas fundamentais (SCHUTTER, 1986, p. 195-196):

- A aproximação do grupo e a inserção do pesquisador como ente político na situação dada;
- O momento de observação e coleta de dados;
- A pesquisa e organização dos dados; e
- A comunicação sobre os resultados no grupo ou na comunidade para sua análise e discussão.

Entre as variantes mexicanas da IAP estão a investigação-ação autogestionária no terreno do indigenismo (POZAS, 1989). Na área da população imigrante para as cidades mestiças se trabalha a investigação participativa indígena-bilíngue (GABARRÓN, 1990). Da mesma forma, há uma multidão de movimentos que trabalha com marginalizados suburbanos: na linha do trabalho de massas, a *UcisvVer* (*Unión de Colonos y Inquilinos Sin Vivienda de Veracruz*), ou em programas de Atenção

Primária à Saúde (LANDA, 1987) para todo tipo de setores populares. Praticam-se também outras variantes da metodologia participativa – no país – dentro da Educação Popular; por exemplo, os educadores de rua, que trabalham extramuros com as crianças que vagam nas ruas, quer ligados a instituições públicas, ou organismos não governamentais (ONGs). A investigação-ação com/de *cultura popular* é também relevante no México, e se percebe a influência de Stavenhagen, Bonfil, Colombres, Reuter e Margulis (1984).

Há outra modalidade que se destaca como pesquisa popular e que é desenvolvida pelo antropólogo brasileiro Carlos Rodrigues Brandão (1983, 1985). Está na linha teórica com a etnometodologia e em parte com o interacionismo simbólico. Sua fundamentação séria e sua postura avançada podem considerar-se na perspectiva participativa como uma modalidade teórico-prática emergente. Desenvolve-se no campo da educação de adultos, na educação e também na cultura popular e indígena, assim como na esfera acadêmica universitária latino-americana, apoiando seu atual processo de transformação. Aprofunda-se em especial sobre as estruturas, os processos e o agente de produção-reprodução do saber popular, na medida em que este significa um veículo para fortalecer o poder popular.

Existem derivações técnicas ou estratégicas, mais que modalidades teóricas, compartilhando os princípios mencionados e diversificando a maneira de instrumentalizá-los. Entre eles se encontram a participante, a enquete participativa e a conscientizante (SCHUTTER, 1986, p. 209-217), que se destacam como instrumentos que intentam fazer frente às fortes críticas à maneira tradicional de realizar enquetes (HALL, 1981, p. 50-57). O autodiagnóstico, a autoinvestigação, a autoavaliação, o seminário operacional formam um conjunto de técnicas e ferramentas em que a própria comunidade é protagonista. O objeto de estudo é a realidade social vivida pelas pessoas numa relação dialética, com vistas à conscientização popular e à participação. Incorpora-se gradualmente a comunidade dentro do processo de pesquisa dirigido para a mudança e se converte seus membros em participantes da transformação. O referente é sua própria problemática ou condições de vida socioeconômica, política e psicossocial (PINTO, 1988, p. 44-45; SCHUTTER, 1986, p. 209-241).

No início da década de 1980, a tendência emergente, de rápida generalização, é a modalidade *investigação participativa* (IP); o bem *Participatory Research* em Toronto (Canadá) e *pesquisa participante* no Brasil. Surge, conceitual e metodologicamente, em um contexto de regimes autoritários latino-americanos, dentro de uma época de transição que vai de um subcontinente de maiorias camponesas para outro de maiorias urbanas, por um fluxo migratório do campo para a cidade. Paralelo à explosão demográfica, vão formando-se rapidamente cinturões de miséria suburbanos ao redor das metrópoles, num acelerado processo de industrialização, de urbanização e conflito. A IP surge no contexto de modelos de desenvolvimento que são excludentes no aspecto político e concentradores, no econômico, com uma dívida externa que agudiza a crise estrutural e que continua crescendo na década dos anos 1980.

A pesquisa participante como uma modalidade definida nasce fazendo uma síntese de suas antecessoras, assimilando a riqueza de experiências ou realizações derivadas dessas três décadas. Desde o início, sua identidade se manifesta através de várias bases conceituais e operativas. Segundo Marcela Gajardo (1983, p. 73-78) estas são:

- O ponto de partida é a realidade concreta dos grupos com quem se trabalha;
- A luta por estabelecer relações horizontais e antiautoritárias;
- A prioridade dos mecanismos democráticos na divisão do trabalho;
- O impulso dos processos de aprendizagem coletiva através de práticas grupais;
- O reconhecimento das implicações políticas e ideológicas subjacentes a qualquer prática social, seja de pesquisa ou de educação;
- O estímulo à mobilização de grupos e organizações para a transformação da realidade social, ou para ações em benefício da própria comunidade; e
- A ênfase à produção e comunicação de conhecimentos.

Esses mesmos princípios originais, que seguem vigentes, são postos em outros termos pelo canadense Budd L. Hall (1981, p. 64-65), coincidindo no essencial: o problema tem sua origem na própria comunidade, enquanto que é esta que o define, analisa e resolve. O objetivo último da pesquisa é a transformação da realidade social e a melhora do nível de vida das pessoas que estão imersas nessa realidade. Os beneficiários diretos da pesquisa devem ser os próprios membros da comunidade. Além do mais, a pesquisa participante entranha a participação plena e ativa da comunidade na totalidade do processo investigador. Abarca-se toda uma variedade de grupos sem poder: explorados, oprimidos e marginalizados. O processo de pesquisa participante pode criar nas pessoas uma consciência maior dos seus recursos e incitá-las a desenvolver uma confiança maior em si mesma. Trata-se de um método de pesquisa científica, no qual a participação da coletividade organizada – no processo de pesquisa – permite uma análise objetiva e autêntica da realidade social em que o pesquisador é partícipe e aprendiz comprometido no processo.

A pesquisa participante vai tomando corpo e se define desde seu início, em termos gerais, como *uma proposta metodológica inserida em uma estratégia de ação definida, que envolve seus beneficiários na produção de conhecimentos*. Persegue a transformação social vista como totalidade e supõe a necessária articulação da pesquisa, educação e ação (WITT, 1983, p. 240-241; PINTO, 1988, p. 43; SCHUTTER, 1986, p. 242-243). Além disso, como sugere Fals Borda (1986, p. 128), coloca-se definidamente como um *contradiscurso*. Nasce no Terceiro Mundo, por oposição ao discurso desenvolvimentista nascido em e para a defesa dos interesses dos países opressores e exploradores. Esse contradiscurso postula uma organização e estrutura de conhecimento para que os países dominados e explorados possam articular – e defender – sua postura sociopolítica e econômica, com base em seus próprios valores e capacidades. É um processo que combina a pesquisa científica e a ação política para transformar a realidade social e econômica, para construir o poder popular em favor dos explorados (BORDA, 1986, p. 125; GAJARDO, 1986, p. 8). Busca compreender a situação concreta e objetiva da dominação de classe e a percepção que dela têm as pessoas dominadas para, junto com elas, produzir os conhecimentos necessários dirigidos a definir ações de transformação da realidade; esta compreendida como uma totalidade (PINTO, 1988, p. 43).

Aqui, como se pode observar, o fator de relevância social conquista a prioridade e se define como essencial da práxis participativa. Esse fator prioritário se caracteriza por dois componentes básicos que o distinguem do paradigma tradicional de pesquisa social e que são os que o desafiam, permitindo considerar a pesquisa participante como um paradigma emergente. Um desses componentes definidores é a reformulação da relação tradicional sujeito-objeto pela de *sujeito-sujeito*. O outro é o reconhecimento da pesquisa popular, como processo de produção de conhecimentos que existe e que é igualmente válido ao das ciências acadêmicas, embora com distintos critérios de operação e legitimação (FREIRE, 1983; FALS BORDA, 1987; BRANDÃO, 1983, 1987). Esses dois componentes diferenciam, além disso, as ciências naturais das ciências sociais e quebram a dependência; uma dependência inerente também à relação assimétrica, vertical, entre o pesquisador e a população pesquisada.

O conceito de *pesquisa popular* – enquanto processo de produção de conhecimentos – se articula com a integração crítica do saber popular e o científico-acadêmico, em um novo tipo de conhecimento transformador, para uma síntese cognoscitivo-cultural, ou de conhecimento articulado. Fortalece a constituição de um paradigma mais próprio e mais peculiar às ciências sociais. É inclusive mais próximo aos sinais da pós-modernidade.

Fazer ciência popular, como destaca Brandão (1987, p. 39): "é criar uma ciência em um duplo sentido. Primeiro, porque está comprometida com a causa popular; segundo, porque pensa a partir da lógica do povo, buscando construir sua verdade com base nas experiências políticas e na maneira em que percebe sua realidade". Essa lógica do saber popular, que existe e opera no concreto, possui sua cientificidade ainda que não esteja de acordo com os princípios das ciências oficiais; no entanto, é eficaz e produtiva para seus usuários. Assim, pois: "Onde exista um setor organizado de cultura popular, haverá uma estrutura social própria, de produção e reprodução de conhecimento popular" (BRANDÃO, 1983, p. 94). Nessa perspectiva, não estamos chegando a um paradigma oposto ao da ciência acadêmica-oficial, mas a uma transformação epistemológica progressiva, teórica e metodológica, através de um compromisso participativo ou popular.

Após a primeira etapa, evidentemente de caráter iconoclasta (segundo o expressa Fals Borda no Quarto Seminário IAP, de 1988, no Brasil), trata-se de realizar uma recuperação crítica – e não uma negação cega – dos elementos que à maneira tradicional de pesquisar pode aportar. Transforma-se em suas técnicas úteis a concepção que as impugna de sujeito-objeto, e em termos do próprio sentido de toda a pesquisa. A diferença entre os enfoques para desenho e seleção de instrumentos é precisamente a intencionalidade. Isso coincide com a postura epistêmica de Brandão (1987, p. 48): "a partir do compromisso do cientista-educador com o povo, se apropria da sociologia, da antropologia, da psicologia, do estruturalismo, do funcionalismo, do marxismo, da combinação entre essas coisas e redefine sua direção". A intenção insere-se numa teleologia de transformação política, para um projeto melhor.

No mesmo Quarto Seminário de Investigação-Ação Participativa, ratificam-se os postulados básicos da IAP, estabelecendo-se também que os critérios para a seleção de problemas de investigação dependem do sentido específico que tenham para uma comunidade, e de sua vinculação a problemas mais globais do país ou região. A seleção do problema pode fazer-se antes ou durante o processo de investigação, seja por parte da comunidade e/ou por parte dos promotores de processos organizativos. Mas, ao mesmo tempo, devem ser problemas cujo estudo possibilita aplicar os resultados de imediato às experiências concretas, e que também motivam o debate.

A relevância se define pela significação do problema para a comunidade ou para os grupos populares. Surgem, dessa maneira, o objeto de estudo e os objetivos específicos do triplo processo de pesquisa-educação-ação. Explicita-se, assim, (mais que uma resposta) um procedimento para responder às perguntas de conotação científica, ideológica e política: relevância para quem? Mudança social em que direção? E, sobretudo: como mudar a realidade social?

## REFERÊNCIAS BIBLIOGRÁFICAS

ALTHUSSER, Louis. *Curso de filosofia para científicos*. Barcelona: Laia, 1967, p. 158.

BORDA, Orlando Fals. *El reformismo por dentro en América Latina*. México, DF: Século XXI, 1972, p. 215.

_____. *Las revoluciones inconclusas en América Latina 1809--1968*. 7. ed. México, DF: Século XXI, p. 82.

_____. *Conocimiento y poder popular: Lecciones con campesinos de Nicaragua, México, Colômbia*. Bogotá: Século XXI, 1986, p. 117.

BORDA, Orlando Fals; BRANDÃO, Carlos Rodrigues. *Investigación participativa*. Montevidéu: Edições da Banda Oriental, 1987, p. 73.

BORDA, Orlando Fals; RAHMAN, Anisur. "La situación actual y las perspectivas de la investigación-acción participativa en el mundo". *Investigación Participativa: Cuarto Seminario Latinoamericano*. Recife, Brasil: setembro de 1988, p. 13-23. Publicado por CEAAL, Santiago do Chile, em 1989.

BRANDÃO, Carlos Rodrigues. "A participação da pesquisa nos trabalhos de educação popular". *In*: MONROY, Gilberto Vejerano (Org.). *La investigación participativa en América Latina: Antología*. Pátzcuaro, Michoacán: CREFAL, 1983. p. 89-110.

_____. "Repensando a participação". *Revista Pedagogía*, 4: (2): 19-32, maio-ago. 1985a (Universidad Pedagógica Nacional, México, DF).

_____. "A experiência da esperança". *In*: CARDENAL, Ernesto *et al*. *Lições da Nicarágua: A experiência da esperança*. 2. ed. Campinas, SP: Papirus, 1985b, p. 9-24.

_____. "Estruturas sociais de reprodução do saber". *In*: GAJARDO, Marcela (Org.). *Teoria y práctica de la educación popular*. Pátzcuara, Michoacán: CREFAL, 1985c, p. 132-166, 529.

_____. *O que é o método Paulo Freire?* Quito: CEDECO, 1988, 95 p.

BRANDÃO, Carlos Rodrigues; BORDA, Orlando Fals. *Pesquisa participante*. 2. ed. Montevidéu: Edições da Banda Oriental, 1987, 73 p.

BRAUNSTEIN, Néstor A. *et al*. *Psicología: Ideología y Ciencia*. 6. ed. México, DF: Siglo XXI, 1979, 419 p.

CABANAS, José M. Quintana. "La investigación participativa: La Red sud-europea de investigación participativa". *Investigación Participativa: Educación de Adultos*. Madri: Narcea, 1986, p.19-22.

CASTELLS, Manuel; DE IPOLA, E. *Metodología y Epistemología de las Ciencias Sociales*. Madri: Ayuso, 1975.

DELEULE, Didier. *La psicología: Mito científico*. Barcelona: Anagrama, 1972, 162 p.

FREIRE, Paulo. *Pedagogia do Oprimido*. 30. ed. México, DF: Século XXI, 1983, 245 p.

_____. *Extensão ou comunicação? A conscientização no meio rural*. México, DF: Século XXI, 1973, 190 p.

_____. *A educação como prática da liberdade*. 25. ed. México, DF: Século XXI, 1979, 151 p.

_____. "Criando métodos de pesquisa alternativa: Aprendendo a fazê la melhor através da ação". *In*: BRANDÃO, Carlos Rodrigues (Org.). *Pesquisa participante*. 6. ed. São Paulo: Brasiliense, 1986, p. 34-41.

GABARRÓN, Luis Rodríguez. "El uso de la evaluación participativa". *In*: UNICEF REGIONAL. *Guía metodológica para la evaluación de proyectos de atención a menores en circunstancias especialmente difíciles: Niños trabajadores y de la calle*. Bogotá: Editorial Gente Nueva, 1988c, p. 36-38.

GABARRÓN, Luis Rodríguez; LANDA, Libertad Hernández. *MESE-Guadalajara: Análisis de su proceso, y la experiencia MSEJ-Jalisco: Un análisis institucional*. Xalapa, Veracruz: Unicef, 1987c, 71 p.

GABARRÓN, Luis Rodríguez; ROSES, Magí Panyella. "La crisis en Psicología Social: Elementos para la discusión del concepto de crisis". *Cadernos de Psicologia*, 8 (2): 89-100.

GABARRÓN, Luis Rodríguez et al. *Evaluación profunda de la experiência MESE-Coatzacoalcos*. Xalapa, Veracruz: Unicef/ DIF/Colegio de Psicólogos de Veracruz AC., 1987a, 175 p.

GABARRÓN, Luis Rodríguez et al. *Evaluación profunda y participativa de la experiencia Tijuana*. Xalapa, Veracruz: Unicef/FUNDECAI/Colegio de Psicólogos de Veracruz AC., 1987b, 115 p.

GABARRÓN, Luis Rodríguez et al. *MESE: Evaluación profunda y participativa de la experiencia en el Puerto de Veracruz*. Xalapa, Veracruz: Unicef/DIF/Veracruz/Colegio de Psicólogos de Vera Cruz AC., 1988, 178 p.

GABARRÓN, Luis Rodríguez et al. *Organización de la Mujer y el Niño Indígena de Acapulco (OMNI): Sistematización de la experiencia*. México, DF: Rädda Barnen de Suecia y el Instituto Nacional Indigenista, 1993, 181 p.

GAJARDO, Marcela. "Investigación participativa: Propuestas y proyectos". *Revista Latinoamericana de Estúdios Educativos*, 13 (1): 49-83, 1983 (Centro de Estúdios AC, México, DF).

_____. *Pesquisa participante na América Latina*. São Paulo: Brasiliense, 1986, 94 p.

GAJARDO, Marcela (Org.). *Teoría y práctica de la educación popular*. México, DF: CREFAL, 1985, 529 p.

HALL, Budd L. "Investigación participativa, conocimiento popular y poder". *In*: MONROY, Gilberto Vejarano (Org.). *La investigación participativa en América Latina: Antología*. Pátzcuaro, Michoacán: CREFAL, 1981, p. 15-34.

IBÁÑEZ, Tomás. "Prólogo à edição espanhola". *In*: MOSCOVICI, Serge *et al. Psicología Social*. 2 vols. Barcelona: Paidós Ibérica, 1985, 747 p.

IBÁÑEZ, Tomás. "Aspectos del problema de la explicación en Psicología Social". *Revista de Psicología General y Aplicada*, 37 (1): 161-171, 1982.

KOSIK, Karel. *Dialéctica de lo concreto: Estudio sobre los problemas del hombre y el mundo*. 9. ed. México, DF: Grijalbo, 1983, 269 p.

KUHN, Thomas S. *La estructura de las revoluciones científicas*. México, DF: Fondo de Cultura Económica, 1983, 319 p.

LANDA, Libertad Hernándes. *Investigación participativa: Una propuesta para el desarrollo comunitario*. Xalapa: Universidad Veracruzana, 1990, 22 p.

MORIN, Edgar. *El método: La naturaleza de la Naturaleza*. Madri: Cátedra, 1981, vol. 1, 448 p.

MOSCOVICI, Serge. "Society and Theory". *In*: ISRAEL, J. *Social Psychology*. Nova Iorque: Academic Press, 1972, p. 66-78.

OLIVEIRA, Miguel Darcy de; OLIVEIRA, Rosiska Darcy de. "Pesquisa social e ação educativa: Conhecer a realidade para poder transformá-la". *In*: BRANDÃO, Carlos Rodrigues (Org.). *Pesquisa Participante*. 6. ed. São Paulo: Brasiliense, 1986, p.17-33.

PINTO, João Bosco. "La Investigación-acción como Práctica Social". *Cadernos de Sociología*, 6: 42-54, jan.-abr. 1988 (Escola de Sociologia da Universidade Centroamericana, Manágua, Nicarágua).

POZAS, Ricardo. *Guia general cualitativa para la investigación-acción autogestionaria de los pueblos indígenas*. México, DF: UNAM, 1989, 128 p.

ROGERS, Carl. *El Proceso de Convertir-se en Persona*. 2. ed. México, DF: Paidós, 1984, 356 p.

SCHUTTER, Anton de. *Investigación Participativa: Una Opción Metodológica para la Educación de Adultos*. 4. ed. Pátzcuaro, Michoacán: CREFAL, 1986, 392 p.

STAVENHAGEN, Rodolfo. "La cultura popular y la creación intelectual". *In*: COLOMBRES, Adolfo (Org.). *La Cultura Popular*. 4. ed. México, DF: Premiá/Direção Geral de Culturas Populares da Secretaria de Educação Pública, 1984, p. 21-39.

WITT, Ton de; GIANOTTEN, Vera. "Investigación participativa en un contexto de economía campesina". *In*: MONROY, Gilberto Vejarano (Org.). *La investigación participativa en América Latina: Antología*. Pátzcuaro, Michoacán: CREFAL, 1983, p. 225-278.

YOPO, Boris. *Investigación-acción participativa y la generación de proyectos populares*. Managua: Unicef/MED/CRIES, 1987, 52 p.

YOPO, Boris; GARCIA MORENO, Nicolas. *Crisis y Cambio en la Investigación Social: Estilos Metodológicos Alternativos*. Manágua: Unicef/MED/CRIS, 1987, 69 p. (Documento mimeografado).

# 4. RECONSTRUINDO UM PROCESSO PARTICIPATIVO NA PRODUÇÃO DO CONHECIMENTO: UMA CONCEPÇÃO E UMA PRÁTICA[1]

*Maria Ozanira da Silva e Silva**

## 1. Introdução

Meu livro *Refletindo a Pesquisa Participante*, publicado pela Cortez Editora de São Paulo, em 1986 numa primeira edição e numa segunda edição em 1991, apresenta resultados de uma exaustiva pesquisa sobre o estado da arte das diversificadas modalidades de Pesquisa Participativa tão em voga a partir da década de 1960 na América Latina e no Brasil. Trata-se de um estudo que busca, analisa e problematiza o pensamento dos autores mais representativos da época[2] na construção

---

[1] O presente texto foi elaborado com o apoio da CAPES – Fundação Coordenação de Aperfeiçoamento de Nível Superior e do CNPq – Conselho Nacional de Desenvolvimento Científico e Tecnológico, entidades do governo brasileiro voltadas para formação de recursos humanos e fomento à pesquisa e pós-graduação.

*Maria Ozanira da Silva e Silva é Doutora em Serviço Social; pesquisadora nível 1 do CNPq; coordenadora do Programa de Pós-Graduação em Políticas Públicas da Universidade Federal do Maranhão; autora de vários livros, dentre os quais: *Refletindo a pesquisa participante*; *Avaliação de políticas e programas sociais* e *Comunidade Solitária: O não enfrentamento da pobreza no Brasil*, publicados pelas editoras Cortez e Veras de São Paulo.

[2] Entre esses autores, destaco: Paulo Freire, Carlos Brandão, Orlando Fals Borda, Maruja Acosta, Xavier Albó, Franz Barrios, Virgínia Guímas Bacos, Humberto Barquera, Michal Bodemann, Victor Bonilla, Guillermo Briones, Felix Cadena, Vicente Carrera, Raúl Leis, Eduardo Correa, Pedro Demo, Sylvia Van Dijk, Ernesto

daquelas modalidades de investigação, ao mesmo tempo em que são referenciadas experiências relevantes nesse campo do conhecimento, que considero numa construção permanente, denominado, genericamente por mim, de Pesquisa Participante. O estudo parte de uma crítica ao Modelo Positivista da Ciência e aponta concepções e conteúdos teórico-metodológicos da Pesquisa Participante, apresentada em sua diversidade, mas tendo como ponto de referência central uma profunda reação e crítica à ciência enquanto conhecimento puro, autônomo e neutro e enquanto expressão de uma verdade única e universal. Apresenta o que denomino de aspectos centrais da Pesquisa Participante no Brasil e na América Latina, considerando o pensamento de autores relevantes nesse campo do saber no que se refere à crítica ao modelo positivista de ciência, aos aspectos conceituais e caracterização, intencionalidade e objetivos, modalidades, fundamentos teóricos e aspectos metodológicos, destacando ainda o desenvolvimento de uma análise problematizadora sobre a Participação como aspecto central dessa modalidade de investigação.

Na construção do livro, apresento a dimensão participativa enquanto dimensão associada ao processo de conhecimento com destaque a dois aspectos: um que é mais debatido e desenvolvido pela literatura, destacando a necessidade de os setores

---

Parra, Justa Ezpeleta, Carlos Flood, Luís Regal, Marcela Gajardo, Carlos Garcia, Ramon Moreira Garcia, Vera Gianotten, Ton de Witt, Francisco Vio Grossi, Carlota Olavarria, Ulf Himmelstrand, Gerrit Huizer, Oscar Jara, Dorit Kramer, Rodas M. Herman, Sergio Martinic, Héctor Sáinz, Alfredo Molano, Heinz Moser, Paul Oquist, Udai Pareek, Luis Rigal, Anders Rudquist, Nicanor Palhares Sá, Anton Schutter, Nelly Stromquist, Michel Thiollent, Julio Valdez, Yolanda Sanguinetti, Laura da Veiga, Jean P. Vielle e Luiz Eduardo Wanderley.

populares integrarem o processo de conhecimento enquanto sujeitos, transformando-se também em pesquisadores junto com os cientistas e acadêmicos, fazendo com que o conhecimento produzido se coloque a serviço das classes populares e de suas lutas; um outro que coloca a possibilidade de o conhecimento, mesmo quando produzido sem a participação direta das classes populares[3] no desenvolvimento do seu processo de construção, poder ser disponibilizado para participar e contribuir para o avanço das lutas sociais, o que significa dizer que o conhecimento produzido pela pesquisa pode colocar-se a serviço das transformações sociais, mesmo que os sujeitos sociais interessados nessa transformação não tenham atuado como pesquisadores em todos os momentos do processo de investigação. Nesse sentido, considero, no livro citado, que o fundamental é a participação da pesquisa na formação de uma consciência das classes subalternizadas,[4] o que me permite esboçar uma proposta de pesquisa em apoio aos movimentos sociais populares. Naturalmente, uma proposta de construção de conhecimento comprometido com a mudança social implica em tomar criticamente a realidade como objeto de pesquisa e requer a inserção social do pesquisador na realidade

---

[3] Classes populares são aqui referidas, apesar da imprecisão conceitual do termo, enquanto uma "expressão útil para captar a heterogeneidade possível a esse imenso conjunto de pessoas que se situam nos patamares sociais e econômicos inferiores no âmbito do sistema capitalista vigente no Brasil" (SILVA, 2002, p. 138). Para reflexões mais aprofundadas sobre a categoria *classes populares*, veja a obra citada.

[4] A categoria subalterna é tomada enquanto legado gramsciano, referindo-se a um conjunto diversificado e contraditório de situações de denominação, servindo, segundo Yazbek (1993, p. 18), para nomear classes, sendo que subalternidade diz respeito à ausência de poder de mando, de poder de decisão, de poder de criação e de direção (ALMEIDA *apud* YAZBEK, 1993, p. 18).

social, o que significa a identificação deste com os interesses e demandas das classes subalternizadas da sociedade, únicos sujeitos a quem interessa a mudança. Isso significa fazer ciência comprometida, por conseguinte, com intencionalidade explícita, ultrapassando a máscara de neutralidade que a ciência positivista tenta imprimir ao conhecimento.

Depois do livro, minha prática de pesquisadora continuou numa caminhada que já ultrapassa quinze anos, sempre marcada pela inquietação de tornar os conhecimentos produzidos mecanismos instrumentalizadores das lutas sociais. Mais recentemente, minha preocupação tem se voltado no sentido de contribuir para a transformação da prática profissional no interior das instituições, transformação essa que, em última análise, significa contribuir também para o fortalecimento das lutas sociais, implicando o envolvimento desses profissionais em práticas de investigação crítica sobre sua realidade. Nessa trajetória, venho acumulando, junto com outros colegas pesquisadores, uma prática no campo da pesquisa avaliativa, por nós considerada como espaço de análise e modificação das Políticas Públicas, de modo a colocá-las como instrumento de atendimento às necessidades básicas das populações e como instrumento de direito que se concretiza num movimento de construção e de ampliação da cidadania das classes subalternizadas da sociedade.

Partindo dessa trajetória, apresento neste texto uma reflexão que procura sistematizar e compartilhar uma prática em desenvolvimento, construída em dois momentos articulados e reciprocamente determinados. No primeiro, tento reconstruir os fundamentos teórico-metodológicos que alimentam o que denomino de Pesquisa Participante e de participação da pesquisa na construção do saber. No segundo momento, apresento um esforço de sistematização de minha prática investigativa, procurando fundamentar e ilustrar essa prática com experiências de avaliação de políticas e programas sociais que procuram envolver sujeitos do processo dessas políticas e programas na definição e desenvolvimento de suas avaliações, o que não significa o desenvolvimento do que a literatura denomina de avaliações participativas no seu sentido mais amplo.

## 2. Revisitando a pesquisa participante e a participação na pesquisa para construção do saber

Parto da noção do que a literatura vem denominando Pesquisa Participativa, o que se apresenta em duas dimensões: uma dimensão educativa dos envolvidos diretamente no processo de construção do conhecimento, denominado por Freire (1981) de dimensão pedagógica, e uma dimensão coletiva e formativa quando referencia ou fundamenta outros sujeitos que se utilizam do conhecimento construído.

Essa modalidade de pesquisa apresenta dois atributos básicos: relação de reciprocidade entre sujeito e objeto e relação dialética entre teoria e prática. Isso significa que o conhecimento da realidade só se dá no estabelecimento de uma relação entre pesquisador, técnicos, grupos, em que já não se pode mais falar na separação produzida pela dicotomia entre sujeito e objeto da investigação e entre teoria e prática. A distância entre pesquisador e informante se não eliminada é encurtada e o produto do conhecimento é mais amplo, mais profundo, mais capaz de superar o imediato dado pela aparência do fenômeno em consideração. A realidade é que é tomada como objeto da investigação, mas numa perspectiva crítica, capaz de desenvolver um movimento que busque compreender essa realidade enquanto totalidade e produto de múltiplas determinações. A figura do pesquisador, portanto, não desaparece nem se dilui, mas entra em articulação com outros sujeitos que também passam a contribuir com o processo de construção do conhecimento. O pesquisador e os demais envolvidos com essa realidade passam a construir um sujeito, uma unidade em ação, que busca desvendar aspecto ou aspectos da realidade, apropriando-se criticamente desta. Naturalmente, não se pretende reduzir a individualidade e as especificidades dos sujeitos em articulação, nem desenvolver atitudes ou contribuições uniformes, visto que a variedade das contribuições é que é capaz de construir um saber mais rico e mais completo, mesmo sabendo que o conhecimento da realidade nunca é capaz de reproduzir a realidade em todas as suas dimensões.

Nessa perspectiva, a comunicação entre sujeitos só pode ocorrer numa relação de reciprocidade onde há espaço para diferentes saberes, sem invasão do espaço um do outro (FREIRE, 1979), mas rumo a uma construção coletiva. Esse saber já não é mais produto de um saber dominante, mas de saberes em intercomunicação interativa, não havendo lugar para passividade, pois o coletivo já se constituiu sujeito e sujeito é aquele que age, que atua.

Partindo desses pressupostos, a concepção de pesquisa que se formula implica num papel ativo atribuído aos pesquisadores e aos "pesquisados", o que necessariamente confere unidade entre teoria e prática, além de desvendar o caráter político da atividade científica, o que faz Brandão (1981, p. 9) caracterizar a Pesquisa Participante com "uma prática política de compromisso popular". Portanto, a ciência, nesse sentido, é produto de um coletivo e é colocada a serviço de um projeto de sociedade, cuja referência maior é a libertação e a dignidade de todos, e onde "pesquisadores-pesquisados" são sujeitos de um mesmo trabalho comum, ainda que com situações e tarefas diferentes (BRANDÃO, 1981, p. 11).

A intencionalidade da ciência assim concebida é ampliar o potencial de pensar a realidade criticamente e colocar o conhecimento a serviço das lutas sociais, na perspectiva do fortalecimento do que vem se colocando mais recentemente como a necessidade de fortalecimento dos setores populares no controle social no campo, por exemplo, das políticas públicas.

A pesquisa é então concebida como instrumento de produção de conhecimento crítico para transformação da realidade. No dizer de Brandão (1981, p. 10), trata-se de uma modalidade de produção de conhecimento coletivo "a partir de um trabalho que recria, de dentro para fora, formas concretas de pessoas, grupos e classes populares participarem do direito e do poder de pensar, produzir e dirigir os usos do saber a respeito de si próprios".

Trata-se do direcionamento do saber produzido para instrumentalização da luta das classes subalternizadas, quer essas classes tenham ou não participado da construção direta desse saber. Isso é o que eu venho denominando de participação da pesquisa, mediante o conhecimento produzido, na construção de uma consciência de classe (SILVA, 1986; 1991). É o que Sá (1984, p. 26) admite como sendo a intencionalidade da Pesquisa Participante, reconhecendo que saber é poder.

Percebe, assim, essa modalidade de pesquisa como um esforço para fortalecer o poder dos que se encontram fora da composição de forças do Estado.

Vista nos termos acima, a pesquisa é um processo contínuo que requer procedimentos adequados para permitir o diálogo, as posturas abertas ou semiestruturadas, as entrevistas coletivas, de modo a criar espaço para o debate de ideias e de posturas. Implica na inserção social do pesquisador, o que significa a identificação e o compromisso com a mudança social.

Trata-se do desenvolvimento de posturas que deem espaço para uma ação horizontal entre diferentes sujeitos que se contrapõem a ações verticais, autoritárias e rígidas. É como, admite Thiollent (1881), um esforço para articular a investigação com a explicação, dentro de uma rede de comunicação sociopolítica aberta à criticidade da realidade, embora, como já referido anteriormente, se tenha contribuições e participações diferenciadas.

No âmbito da pesquisa como qualificada acima, merece destaque uma forte preocupação com a restituição do conhecimento ordenado e sistematizado, escrito ou em debates. Ressalta-se então que o objetivo do conhecimento deve ser a mudança social capaz de universalizar o acesso de toda a população aos bens e serviços necessários à garantia de um padrão de vida digno para todos. Por conseguinte, os principais destinatários do conhecimento são os setores subalternizados da sociedade para que possam instrumentalizar suas lutas e demandas a partir de informações que historicamente lhes têm sido negadas ou omitidas. Por outro lado, o controle social das classes sociais populares vem sendo enfatizado, no Brasil, mais explicitamente, a partir dos anos 1980, destacando a necessidade de descentralização das políticas públicas para que, no nível do poder local, possam ser mais diretamente acompanhadas e colocadas a serviço da população. É nessa direção que a pesquisa avaliativa pode contribuir para instrumentalização das lutas sociais e para o alargamento da cidadania, o que me permite colocar, a seguir, um esforço de construção de conhecimento nesse campo. Este tem sido objeto de preocupação central, buscando imprimir na minha prática de pesquisadora, junto com outros colegas com quem compartilho esse entendimento, sobretudo, de que se trata de um compromisso que deve orientar nosso esforço de produção de conhecimento.

## 3. Aplicação da abordagem participativa em experiências de avaliação de políticas e programas sociais

3.1. Precisando os eixos da abordagem: o processo participativo na produção do conhecimento e a pesquisa avaliativa.

Nos itens anteriores já destaquei duas possibilidades recorrentes presentes, de alguma forma, no desenvolvimento das abordagens participativas no âmbito da construção do conhecimento. Uma que privilegia a participação direta dos sujeitos sociais, com destaque a setores subalternizados e organizados da sociedade, no processo de construção do conhecimento. Nesse sentido, estes também são pesquisadores, envolvendo-se e participando ativamente do processo da investigação. Uma outra possibilidade, que não desconsidera a primeira, privilegia a participação do conhecimento na formação de uma consciência de classe, para que possa ser mobilizada na construção de alternativas de mudança social em sintonia com os interesses e necessidades do que, genericamente, estou denominando como classes subalternizadas. Nesse sentido, o conhecimento apresenta explícito compromisso de classe, tendo como função primordial a instrumentalização das lutas sociais comprometidas com a mudança social. Portanto, nessa perspectiva, nem todos se transformam em pesquisadores, mas o pesquisador é, necessariamente, alguém comprometido e inserido nas lutas sociais.

É, sobretudo, a segunda abordagem orientadora da pesquisa participativa que vem referenciando a prática que desenvolvo juntamente com integrantes do grupo de pesquisa[5] que coordeno, conforme apresentado, posteriormente, neste texto.

O outro eixo da abordagem que estou formulando refere-se à pesquisa avaliativa enquanto pesquisa social aplicada, assumida, por conseguinte, como capaz de formular conhecimento para instrumentalizar as lutas sociais no campo das políticas públicas e da construção da cidadania.

A concepção de avaliação de políticas e programas sociais que orienta o pensamento aqui presente vai além da avaliação na perspectiva de busca de eficiência, predominante na maioria das experiências de avaliação desenvolvidas na década de 1980 e 1990, cuja preocupação central é com a contenção da demanda

---

[5] Trata-se do Grupo de Avaliação e Estudo da Pobreza e de Políticas Direcionadas à Pobreza – GAEPP, grupo interdisciplinar que congrega professores de diversos departamentos acadêmicos e alunos de graduação e de pós-graduação da Universidade Federal do Maranhão – UFMA –, que desenvolvem atividades de pesquisa, privilegiando estudos sobre a temática pobreza, trabalho e políticas sociais, centrando-se na análise e avaliação de Políticas Públicas e tendo como referência as seguintes linhas de pesquisa: Avaliação de Políticas de Geração de Emprego e Renda; Avaliação de Políticas e Programas Sociais; e Avaliação e Acompanhamento da Política Pública de Transferência de Renda.

considerando a restrição de recursos em decorrência da denominada crise fiscal do Estado. Nesse sentido, a preocupação central é com o aumento da rentabilidade dos programas sociais, isto é, ampliar o atendimento, maximizando os resultados, com menores custos. Não resta dúvida de que a preocupação com a eficiência dos programas sociais é, na atualidade, necessária e urgente de ser desenvolvida, sobretudo porque "a escassez de recursos públicos exige maior racionalização de gastos" (ARRETCHE, 1999, p. 35). Esse tipo de avaliação, portanto, justifica-se devido à escassez de recursos com que nos defrontamos, com maior intensidade a partir dos anos 1980, e da necessidade de expansão de serviços e programas sociais cada vez mais demandados numa conjuntura marcada pelo aumento do desemprego; pelo trabalho instável e mal remunerado; pela redução da massa salarial; pela ampliação do número de pobres, situações essas engendradas pelo movimento de ajuste econômico derivado de determinações decorrentes da mundialização da economia. Entendo, todavia, que a avaliação de programas sociais deve ter um compromisso em contribuir, principalmente, com o processo de democratização política, social e econômica, o que implica na maior distribuição da riqueza socialmente produzida; maior distribuição de poder e controle social dos programas sociais. Nessa perspectiva, o que pretendo demarcar é a avaliação de políticas e programas sociais como condição para democratização e controle social das políticas públicas por parte dos setores subalternizados da sociedade. Portanto, me interessa tratar dessa experiência no âmbito da cidadania e da democratização da sociedade brasileira.

Assumo, por conseguinte, a avaliação de políticas e programas sociais como mecanismo de produção de conhecimento destinado não só a contribuir para eficiência, eficácia e efetividade dos programas sociais,[6] mas principalmente para produzir conhecimento que se destine a instrumentalizar as lutas sociais pela universalização dos direitos sociais, num movimento social de construção da cidadania, que confere à avaliação, além de um conteúdo técnico, um conteúdo também político, por ser direcionada por uma intencionalidade.

Entendo que instrumentalizar lutas com resultados de avaliações de políticas e programas sociais implica em publicizar os resultados destas avaliações para os principais interessados, que são os usuários dos programas sociais, tendo como alvo os movimentos e organizações populares. "Trata-se, assim, de ultrapassar o caráter estritamente econômico e técnico da avaliação fundado no modelo funcionalista ou racionalista clássico que escamoteia seus princípios políticos, sem negar, contudo, importância da dimensão técnica da avaliação de políticas sociais" (GOMES, 2001, p. 18). A proposta é a ultrapassagem do viés quantitativista, com largo uso de métodos econométricos nas avaliações de políticas e de programas sociais, utilizados largamente durante a década de 1980, adentrando a de 1990, com verdadeiro desconhecimento de variáveis contextuais e externas aos programas sociais em implementação (VIANNA; SILVA, 1989). Trata-se de uma avaliação que ignora os interesses dos sujeitos envolvidos e os valores presentes no processo das políticas públicas, em nada contribuindo para o controle sobre os programas sociais enquanto ações de interesse público.

---

[6] Eficiência entendida enquanto relação entre custo e benefício; eficácia enquanto o alcance de objetivos e metas propostos; e efetividade enquanto impacto direto e indireto dos serviços prestados na vida do público usuário e da comunidade.

A proposta é partir da problematização do desenvolvimento de nossa cidadania e de nossa política social que se constituíram num processo histórico marcado pelo critério do mérito e não da necessidade, produzindo mais a exclusão do que a inclusão, engendrando o que Draibe (1990) denominou de um Estado de Bem-Estar Meritocrático Particularista. Tem como referência em sua construção um modelo econômico concentrador, com marcas paternalista, assistencialista, clientelista, de cooptação, com a exclusão da participação da população no seu processo formativo, levando a uma inclusão seletiva, discriminatória, numa verdadeira transformação do direito em privilégio.

Na década de 1980, no Brasil, esse quadro parecia vir redimensionando-se mediante a grande mobilização de novos sujeitos sociais, com destaque aos novos movimentos sociais, ao novo sindicalismo e ao movimento pela moradia e expansão dos direitos sociais, o que colocava na agenda social brasileira o movimento pela ampliação da cidadania, por uso adequado do dinheiro público e pela exigência do controle social dos programas sociais oferecidos ao grande público demandante.

Nos anos 1990, no Brasil especificamente, a opção pelo projeto neoliberal colocou a necessidade de reforma do Estado e sua menor participação direta nas políticas públicas, que passam a ser implementadas largamente por organizações do chamado terceiro setor, de modo que se procura divulgar a ideologia de que tudo que é público é viciado e ineficiente, sendo as palavras de ordem mais presentes o corte de gastos sociais e a busca da rentabilidade econômica e social. Tem-se, portanto, um movimento de desconstrução dos direitos sociais conquistados. Mesmo nessa conjuntura, entendo que as políticas públicas, notadamente as de corte social, representam campo privilegiado para a mobilização e as lutas sociais, tendo em vista dar continuidade a um movimento de ampliação de direitos e de construção de cidadania, podendo constituir-se num campo fértil para a pressão social em prol do atendimento básico das necessidades sociais, agravadas nos últimos anos. Embora num primeiro momento possa representar luta pela reprodução da força de trabalho, toda luta social contém elementos políticos e de formação de consciência que podem conduzir ao fortalecimento de segmentos sociais por lutas político-sociais mais amplas e mais profundas.

Por conseguinte, o entendimento norteador aqui é de que a avaliação de políticas e programas sociais pode ser percebida e desenvolvida como uma exigência no âmbito da democracia, para produzir melhor distribuição da riqueza socialmente produzida. Nesse sentido, o processo decisório de formulação das políticas públicas e a publicização dos resultados de suas avaliações representam momentos políticos importantes do processo da avaliação, o que deve ser ampliado com a inclusão de todos os sujeitos do processo, desde a formulação até sua implementação. Nessa perspectiva, o processo decisório articula-se com a implementação das políticas públicas, constituindo um único processo, o que possibilita a apropriação dos resultados das avaliações dos programas sociais de forma reflexiva e socializada por todos os sujeitos envolvidos nessa ação em movimento (GOMES, 2001 p. 29). Nesse movimento em ação, a avaliação torna-se uma prática democrática, capaz de fazer com que os movimentos sociais contribuam para a ampliação da esfera pública (OLIVEIRA, 1993), conferindo aos resultados da avaliação um caráter público, com possibilidades de serem conhecidos pela sociedade.

Nesse âmbito, estou situando a avaliação de políticas e programas sociais como profícua possibilidade de construção de conhecimento crítico sobre políticas públicas, podendo este oferecer elementos e informações para subsidiar o desenvolvimento das lutas sociais nesse campo.

É nessa direção que, a seguir, apresento um esforço, embora ainda preliminar, portanto, inconcluso e limitado na direção aqui indicada.

### 3.2. A Pesquisa avaliativa enquanto mecanismo instrumentalizador da prática profissional e da prática popular

Na experiência no campo da pesquisa avaliativa sempre tive duas inquietações muito marcantes. A primeira se refere à identificação e ao envolvimento dos diferentes grupos de sujeitos presentes no processo das políticas públicas, entendendo que esses sujeitos são diversificados e diferenciados em cada momento desse processo, sendo orientados por intencionalidades, interesses e racionalidades também diferentes. A segunda inquietação concerne à aplicação dos resultados da avaliação, o que representa um aspecto frágil da avaliação das políticas públicas, conforme tem sido demonstrado nas experiências.[7]

Essas duas áreas de interesse no campo da pesquisa avaliativa (envolvimento dos sujeitos e publicização dos resultados das

---

[7] A limitada aplicação dos resultados de avaliações de programas sociais ocorre por muitos motivos, destacando problemas de condução técnica do processo avaliativo, produzindo resultados inadequados; falta de interesse dos decisores; conflito entre os resultados alcançados na avaliação com os interesses institucionais; falta de participação e de pressão popular.

avaliações) estão relacionadas com a dimensão participativa no processo de produção de conhecimento, visto que considero a pesquisa avaliativa como um tipo de pesquisa social aplicada, e, como tal, geradora de conhecimentos sobre políticas públicas.

No que se refere à identificação e envolvimento de sujeitos no processo de avaliação das políticas públicas, dois grupos de sujeitos foram destacados: os profissionais, gestores e executores dos programas sociais, e os usuários dos mesmos programas.

Por minha experiência nesse campo de investigação ter sempre ocorrido enquanto avaliadora externa,[8] sempre considerei relevante o envolvimento participativo dos profissionais dos programas avaliados. Primeiro, por considerar que o conhecimento que esses profissionais têm, tanto do programa como da população usuária, é sempre superior ao meu enquanto avaliadora externa. Ou seja, nossos saberes são fundamentais e complementares. Envolvendo os profissionais no processo de avaliação, tenho pelo menos duas garantias: a de maior domínio sobre o objeto da avaliação, imprescindível nos processos avaliativos, bem como maior possibilidade de certo envolvimento do público usuário dos programas sociais que, na perspectiva adotada, são mais do que usuários de programas ou mero informantes da avaliação, mas são considerados sujeitos portadores de interesses e capazes de contribuir e influenciar no processo avaliativo. Ademais, minha prática no campo da avaliação de políticas e programas sociais tem sempre como intencionalidade última e mais importante, além de contribuir para a elevação do padrão quantitativo e qualitativo dos programas avaliados, a instrumentalização de lutas sociais populares na conquista de direitos e na ampliação do acesso das classes subalternizadas da sociedade aos serviços de boa qualidade, capazes de satisfazer as necessidades básicas dessas populações.

A segunda área de interesse indicada acima se refere à aplicação dos resultados da avaliação. Esse aspecto é situado numa perspectiva ampliada, o que significa aplicação desses resultados no âmbito do programa, para sua melhoria, e aplicação dos resultados da avaliação no âmbito da sociedade ou grupos organizados afetos pelo programa avaliado, o que venho considerando como geração de conhecimentos que apresentem potencialidade para instrumentalizar as ações e lutas desses grupos e movimentos.

A experiência aqui relatada evidencia que a aplicação dos resultados de avaliações, e aqui me coloco enquanto avaliadora externa, é sempre muito limitada. Isso se considerarmos os dois grupos de sujeitos destacados anteriormente: os profissionais, gestores e implementadores, e os usuários dos programas sociais. Os primeiros contam, sobretudo, com limites institucionais que vão desde a vontade política dos dirigentes à limitação de recursos e despreparo dos próprios profissionais. Os usuários contam com um limite estrutural fundamental: o baixo nível de organização dos setores subalternizados e o baixo acesso destes às informações geradas no âmbito da avaliação dos programas sociais. Os Conselhos de Gestão,[9] que seriam sujeitos fundamentais nesse processo, contam com profundas fragilidades que

---

[9] Refiro-me aos Conselhos instituídos, sobretudo a partir da Constituição brasileira de 1988, para desenvolver o controle social de programas sociais no campo das diferentes políticas sociais, compostos com representantes do poder público, do Estado e, alguns, de empresas, tendo em vista o cumprimento do princípio constitucional da participação social.

vão desde as interferências em sua constituição até a falta de capacitação de seus membros e limitado acesso a informações.

Ressalto que essas dificuldades e limites, todavia, não inviabilizaram as diversas tentativas de adotar uma abordagem participativa no esforço que a equipe de pesquisadores-avaliadores de programas sociais que coordeno vem desenvolvendo em diferentes oportunidades. Nesse sentido, alguns casos ilustrativos são, a seguir, relatados, sinteticamente.

### 3.3. Esforço de aplicação da abordagem participativa na avaliação de políticas e programas sociais

Como indicado anteriormente, a abordagem participativa nas experiências, a seguir relatadas, ocorreu principalmente no desenvolvimento de mecanismos para articulação e participação de profissionais das instituições cujos programas foram avaliados, sobretudo situados no âmbito do planejamento e da implementação dos referidos programas. Como também mencionado, formamos uma equipe externa de avaliação que assumiu a postura de envolver ativamente no processo dos estudos avaliativos realizados diretamente profissionais e indiretamente usuários dos programas, conforme a seguir posto.

#### a) Avaliação do Programa Creche Manutenção do Governo Federal[10]

A avaliação do Programa Creche Manutenção – PCM – foi realizada no Estado do Maranhão, durante o ano de 1999.

---

[10] Sobre essa experiência, veja: SILVA, Maria Ozanira da Silva *et al.* "Avaliação do Programa Creche Manutenção". *In*: SILVA, Maria Ozanira da Silva e. *Avaliação de Políticas e Programas Sociais: Teoria e prática*. São Paulo: Veras, 2001.

A referida avaliação foi implementada em parceria entre a Universidade Federal do Maranhão/Grupo de Avaliação e Estudo da Pobreza e de Políticas Direcionadas à Pobreza – UFMA/GAEPP – e a Gerência de Desenvolvimento Social – GDS –, órgão do Estado do Maranhão gestor estadual da Política de Assistência Social.

O Programa Creche Manutenção, conforme determina a Lei Orgânica da Assistência Social, visa o atendimento a crianças de 0 a 6 anos, tendo como objetivo melhorar e ampliar esse atendimento. No Estado do Maranhão, esse Programa era desenvolvido pela GDS. O interesse por essa avaliação surgiu como indicação do Plano Estadual de Assistência Social de 1998, considerando a identificação de problemas, dificuldades e distorções que vinham sendo verificadas na implementação desse Programa pela equipe de técnicos responsáveis por seu acompanhamento e supervisão.

O esforço de envolvimento dos profissionais da GDS na avaliação se iniciou desde o momento de elaboração do projeto de estudo, tendo sido debatidos, em várias reuniões de trabalho, principalmente, os seguintes aspectos: definição das dimensões configurativas que constituíram o objeto da avaliação, ou seja, o interesse foi definir sobre o que deveria incidir a avaliação; definição da amostra de municípios onde o estudo seria realizado, posto que o Programa era implementado em 131 municípios do Estado; definição dos sujeitos a serem considerados na avaliação e estratégias de envolvimento dos profissionais e entidades executoras do Programa em cada município onde foi realizado o estudo.

Após várias reuniões preparatórias, foram identificados, pela equipe da UFMA/GAEPP e da GDS, os seguintes aspectos a serem considerados na avaliação:

- Resgate histórico do Programa, destacando-se objetivos e conteúdo;
- Avaliação dos objetivos atuais (cumprimento, distorções);
- Critérios adotados para estabelecimento de convênio entre GDS e instituições executoras;
- Atividades realizadas: socioeducativas, pedagógicas, recreativas, de atendimento à saúde, alimentação etc.;
- Gestão: direção da creche, atividades administrativas, participação dos pais e da comunidade na administração;
- Pessoal: técnico, voluntário, estagiário (forma de recrutamento e contratação, nível de instrução, capacitação específica, atribuições, desempenho);
- Caracterização socioeconômica das famílias das crianças atendidas nas creches;
- Identificação de problemas e bloqueios no funcionamento das creches;
- Identificação de elementos facilitadores na implementação do Programa;
- Participação das famílias e da comunidade na vida das creches;
- Possíveis impactos do Programa nas crianças e nas famílias;
- Destino das crianças egressas das creches;
- Sistema de acompanhamento, controle e avaliação adotado pelo Programa.

Para desenvolvimento do estudo em apreço, foram utilizados os seguintes procedimentos metodológicos:

- Levantamento e análise de bibliografia e documentos sobre o Programa;
- Participação dos sujeitos integrantes do Programa no processo avaliativo;
- Entrevistas semiestruturadas com pessoal técnico da GDS e do então Escritório Regional da Secretaria de Assistência Social do Ministério da Previdência e Assistência Social – ER-SAS/MA;
- Entrevista com diretores e pessoal técnico que trabalhavam nas creches;
- Entrevistas com pais/responsáveis de alunos das creches;
- Publicização dos resultados da avaliação junto aos sujeitos interessados, principalmente profissionais e entidades executoras do Programa.

Convém ressaltar que a participação direta dos profissionais responsáveis pelo Programa foi fundamental para que se obtivesse um desenho da avaliação adequado à realidade e para que se desenvolvesse um trabalho prévio de participação de representantes das instituições executoras do Programa no processo avaliativo, de modo a facilitar o levantamento das informações previstas, com posterior publicização, através de debates, relatórios e seminários dos resultados da avaliação.

b) Avaliação dos programas de transferência monetária de iniciativa de estados e municípios brasileiros

Como procedimento metodológico de um estudo de abrangência nacional sobre os Programas de Transferência de

Renda,[11] genericamente denominados Programas de Renda Mínima ou Bolsa Escola, de iniciativa de Estados e Municípios brasileiros, foi realizada uma Oficina Nacional no período de 5 e 6 de dezembro de 2002, em Campinas (Centro de Treinamento e Reciclagem – FECAMP).

Trata-se de um amplo estudo de abrangência nacional, cujo objetivo é sistematizar o conteúdo dos Programas para elaboração de um perfil analítico-crítico da Política Pública de Transferência de Renda em implementação no Brasil. Esse estudo incluiu na sua metodologia de levantamento de informações, além da aplicação de um instrumento semiestruturado, a realização de contatos e entrevistas e levantamento de documentação complementar dos programas, bem como a realização de uma Oficina Nacional, tendo em vista complementar as informações até então levantadas e apresentar, para discussão coletiva, com representantes de programas envolvidos no estudo, um documento preliminar, elaborado pelos pesquisadores, com um nível inicial de sistematização das informações levantadas. Portanto, essa Oficina Nacional representou a dimensão

---

[11] Esse estudo integra as atividades de pesquisa de um Projeto de Cooperação Acadêmica – PROCAD –, mantido com financiamento da CAPES – Fundação Coordenação de Aperfeiçoamento de Nível Superior, do Governo brasileiro, tendo a participação da Pontifícia Universidade Católica de São Paulo – PUC-SP/Programa de Pós-Graduação em Serviço Social; Universidade Federal do Maranhão – UFMA/Programa de Pós-Graduação em Políticas Públicas e Núcleo de Estudos de Políticas Públicas/NEPP/UNICAMP. Entende-se por Programas de Transferência de Renda aqueles que atribuem uma transferência monetária a indivíduos ou a famílias, mas que também associam a essa transferência monetária, componente compensatório, outras medidas situadas principalmente no campo das políticas de educação, saúde e trabalho, representando, portanto, elementos estruturantes, fundamentais, para permitir o rompimento do ciclo vicioso que aprisiona grande parte da população brasileira nas amarras da reprodução da pobreza.

participativa que norteou o desenvolvimento da pesquisa avaliativa considerada, na medida em que permitiu a socialização e complementação dos resultados preliminares do estudo, contando com a participação direta dos profissionais responsáveis pela implementação dos programas, objeto do estudo.

Na perspectiva posta, participaram da Oficina Nacional 37 programas municipais e estaduais de Renda Mínima/Bolsa Escola de vários Estados brasileiros, representados por 62 participantes, tendo sido as seguintes categorias previstas a integrar o evento:

- Representantes dos pesquisadores do Projeto PROCAD: três por Universidade integrante (PUC/SP; UFMA; NEPP/UNICAMP), totalizando nove participantes, incluindo os coordenadores;
- Representantes dos Programas de Renda Mínima/Bolsa Escola estaduais e municipais em implementação nos Estados brasileiros, num total de sessenta participantes;
- Pessoal de apoio, num total de três.

Os objetivos da Oficina Nacional foram:

- Possibilitar troca de experiências e informações entre representantes de Programas de Renda Mínima/Bolsa Escola de iniciativa de Estados e municípios brasileiros, em implementação, que foram incluídos no estudo;
- Socializar e complementar as informações levantadas sobre o conjunto dos programas para aprofundamento dos resultados do estudo;

- Identificar impactos externos no desenvolvimento dos programas, particularmente os impactos dos programas federais nos programas de iniciativa de Estados e municípios, tendo como referência a situação socioeconômica de Estados e municípios;
- Levantar elementos que permitissem aprofundamento e análise do conjunto de Programas em estudo;
- Identificar e avaliar mudanças recentes no conjunto dos programas;
- Ampliar o processo de cooperação acadêmica entre programas de pós-graduação das três Universidades brasileiras (PUC/SP; UFMA e UNICAMP);
- Contribuir para o avanço e sistematização da Política Pública de Renda Mínima/Bolsa Escola no Brasil.

Os trabalhos da Oficina foram desenvolvidos mediante três grupos, sendo cada grupo composto por cerca de vinte membros, tendo como critério de composição a ordem de inscrição dos participantes, e foram realizados em duas sessões. Cada grupo contou com a participação de assessorias designadas previamente para a garantia do melhor funcionamento das duas sessões. Nessa experiência, o que se observou foi o estabelecimento de um ambiente rico e propício para troca de experiências e para socialização dos resultados preliminares do estudo, os quais foram enriquecidos com importantes contribuições dos presentes, que também tiveram a oportunidade de socializar informações referentes aos Programas de Transferência de Renda em implementação no Brasil, permitindo o enriquecimento dos programas individualmente a partir de uma construção participativa desenvolvida coletivamente.

Além das contribuições e enriquecimento permitindo o aprofundamento do estudo, é preciso destacar que a grande demanda dos participantes da Oficina foi a criação de mecanismo de articulação dos Programas de Transferência de Renda para troca de experiência sistemática, tipo um Fórum Nacional. Nesse sentido, a equipe coordenadora da pesquisa encontra-se levantando contribuições para criação desse Fórum Nacional, com previsão para iniciar seu funcionamento em 2005, o que evidencia o avanço que a dimensão participativa adotada na pesquisa representou tanto para o processo de construção de conhecimento sobre a política social brasileira, como para a publicização de resultados do estudo entre aqueles que têm a responsabilidade de executar os programas sociais, isto é, têm responsabilidade pela melhoria desses programas e mantêm contato direto com o público usuário.[12]

---

[12] Ainda no âmbito dessa pesquisa, há de ressaltar o estudo específico que foi desenvolvido sobre os denominados Programas de Transferência de Renda, pioneiros no Brasil por ter iniciado sua implementação em 1995. São eles: o Programa de Garantia de Renda Familiar Mínima – PGRM – da Prefeitura Municipal de Campinas/SP; o Programa Bolsa Familiar para Educação e o Programa Poupança-Escola do Governo de Brasília; o Programa de Garantia de Renda Familiar Mínima – PGRM – da Prefeitura Municipal de Ribeirão Preto/SP e o Programa "Nossa Família" da Prefeitura de Santos/SP. O estudo desses programas foi desenvolvido mediante a análise de documentos referentes, resultados de avaliações desenvolvidas, contatos e visitas, além do encaminhamento de um instrumento para levantamento de informações complementares. A partir disso, foi elaborado um texto preliminar, que foi encaminhado para os responsáveis pelos respectivos programas, tendo sido posteriormente desenvolvida uma visita em cada programa, em cuja oportunidade o texto preliminar encaminhado foi discutido. Nesse debate, além de permitir a socialização de resultados preliminares do estudo global, o texto específico sobre cada programa foi enriquecido e complementado. Esse aspecto participativo do estudo representou também uma oportunidade de autoavaliação e reflexão dos responsáveis pelos programas a respeito da prática que desenvolviam, tendo sido dado destaque relevante a questões de interesse dos usuários desses programas.

## 4. Conclusão

No presente texto, tive como objetivo retomar um debate, ilustrando com algumas experiências que venho desenvolvendo enquanto pesquisadora comprometida com o social – debate do qual venho participando desde meados da década de 1980. Mantenho uma forte crítica ao modelo positivista de ciência que qualifica o conhecimento científico enquanto puro, autônomo e neutro, assumido como expressão de uma verdade universal inexistente. Reafirmo o caráter classista da ciência e sua historicidade, bem como sua perspectiva dialética que busca, mediante movimentos de contato com a realidade, assumida criticamente, ir da aparência à essência, partindo do concreto ao abstrato. Movimento esse que considera os grupos e populações enquanto sujeitos do processo de conhecimento e procura estabelecer uma relação dialética entre teoria e prática. Ademais, o conhecimento é aqui considerado na sua aplicabilidade para solução dos graves problemas sociais que afligem a humanidade.

Nessa perspectiva não cabe dicotomia entre sujeito e objeto no processo investigativo, nem separação entre teoria e prática. Não há, por conseguinte, espaço para individualização, psicologização e geração de passividade, nem escamoteamento da problematização da realidade, por assumir uma postura crítica e de compromisso com a mudança social. A ciência é assumida como verdade histórica, portanto situada e limitada no seu alcance. Ela é marcada pelos valores da sociedade, constituindo-se um processo de aproximação, portanto, sempre inconcluso na explicação que constrói sobre a realidade que se encontra sempre em movimento e em transformação.

Destaco o compromisso da ciência com a crítica da realidade para sua transformação, ou seja, o compromisso social do pesquisador, compromisso com as classes subalternizadas da sociedade, numa busca de articulação e superação da dicotomia sujeito-objeto; teoria-prática.

Partindo desse referencial, não preconizo um tipo específico de pesquisa participativa, ou participante, devendo ser considerada a diversidade de propostas, concepções e posturas metodológicas. O que preconizo é colocar o conhecimento a serviço dos destituídos da sociedade, com ou sem participação direta desses segmentos no processo de construção do conhecimento. O que estou preconizando é a inserção e o compromisso do pesquisador com a resolução dos problemas sociais que impedem a participação de grandes parcelas da população mundial e, especificamente, da população brasileira no usufruto das conquistas da humanidade. Preconizo também que os pesquisadores rompam o muro da academia, onde geralmente se isolam, e busquem articular sua prática acadêmica com colegas profissionais, executores de políticas públicas que se encontram mais próximos da realidade social e da população, envolvendo estes no processo de conhecimento numa busca de encurtar a distância entre o conhecimento e a realidade social. Isso é o que procuramos fazer no exercício da pesquisa avaliativa, conforme relatado acima, embora se trate de uma tarefa difícil e limitada, conforme demonstrado pela prática.

## REFERÊNCIAS BIBLIOGRÁFICAS

ARRETCHE, Marta T. S. "Tendências no estudo sobre avaliação". *In*: RICO, Elizabeth Melo. *Avaliação de políticas sociais: Uma questão em debate*. 2. ed. São Paulo: Cortez, 1999.

BRANDÃO, Carlos Rodrigues. "Pesquisar-participar". *Pesquisa participante*. São Paulo: Brasiliense, 1981.

DRAIBE, Sônia Miriam. "As políticas sociais brasileiras: Diagnósticos e perspectivas". *In*: IPEA/EPLAN. *Para a década de 90: Prioridades e perspectivas de políticas públicas*. Brasília: [s.n.t.], 1990 (Políticas sociais e organização do trabalho, 4).

FREIRE, Paulo. *Educação como prática da liberdade*. 9. ed. Rio de Janeiro: Paz e Terra, 1979.

GOMES, Maria de Fátima Cabral Marques. "Avaliação de políticas sociais: Pela ultrapassagem do modelo funcionalista clássico". *In*: SILVA, Maria Ozanira da Silva e. *Avaliação de Políticas e programas Sociais: Teoria e prática*. São Paulo: Veras, 2001.

OLIVEIRA, Francisco de. *Estado, sociedade, movimentos sociais e políticas públicas no limiar do século XXI*. Rio de Janeiro: FASE, 1993.

SÁ, Nicanor Palhares. *Discutindo a pesquisa participante*. Trabalho apresentado no Seminário Nacional de pesquisa participativa, promovido pelo INEP, Brasília, 1984.

SILVA, Maria Ozanira da Silva e. *Refletindo a pesquisa participante*. 1. e 2. ed. São Paulo: Cortez, 1986; 1991.

_____. *O Serviço Social e o Popular: Resgate teórico-metodológico do projeto profissional de ruptura*. 2. ed. São Paulo: Cortez, 2002.

SILVA, Maria Ozanira da Silva e et al. "Avaliação do Programa Creche Manutenção". *In*: SILVA, Maria Ozanira da Silva e.

*Avaliação de Políticas e Programas Sociais: Teoria e prática*. São Paulo: Veras, 2001.

THIOLLENT, N. "Uma Contribuição à pesquisa-ação no campo da comunicação política". *Educação e Sociedade*, n. 9. São Paulo: Cortez, 1981.

VIANNA, M. L. W.; SILVA, B. A. "Interpretação e avaliação da política social no Brasil: Uma bibliografia comentada". *In*: MPAS/CEPAL. *Economia e desenvolvimento*. n. 6 (A política social em tempo de crise: articulação institucional e descentralização), Brasília, 1989, v. III: Avaliação de políticas sociais brasileiras.

YAZBEK, Maria carmelita. *Classes subalternas e assistência social*. São Paulo: Cortez, 1993.

# 5. A INSERÇÃO DA PESQUISA-AÇÃO NO CONTEXTO DA EXTENSÃO UNIVERSITÁRIA

*Michel Thiollent**

## 1. Introdução

Após várias décadas de discussão sobre a pesquisa-ação e de experiências no Brasil, observa-se que a trajetória dessa tendência de pesquisa segue caminhos às vezes contraditórios em função de obstáculos ideológicos ou institucionais e de novas oportunidades de aplicação. Observa-se também que a pesquisa-ação que ontem era, sobretudo, conhecida por profissionais das áreas de educação, serviço social, extensão rural, é hoje bastante difundida em áreas de medicina social, desenvolvimento local e sustentável, cooperativismo e gestão participativa. À margem das políticas oficiais em matéria de política científica e tecnológica, as atividades de apoio em projetos sociais e solidários, tanto no contexto das ONGs como no da extensão universitária, têm aberto novas

---

*Michel Thiollent é professor do Instituto Luiz Alberto Coimbra de Pós-Graduação e Pesquisa em Engenharia – COPPE –, Universidade Federal do Rio de Janeiro (Linha de pesquisa: "Inovações e Mudanças Organizacionais"). Doutor em Sociologia pela Universidade René Descartes, Paris-Sorbonne V (1975). Ex-professor de Sociologia no IFCH da Unicamp (na década de 1970). Autor e coordenador de vários livros sobre metodologia de pesquisa participativa, organização e comunicação. Animador dos Seminários de Metodologia para Projetos de Extensão (SEMPE). E-mail: thiollent@pep.ufrj.br.

possibilidades de desenvolvimento da metodologia participativa em geral e, em particular, da metodologia de pesquisa-ação. Neste capítulo, apresentaremos alguns princípios norteando o uso dessas metodologias no contexto específico da extensão universitária.

Com o intuito de discutir os fundamentos teórico-metodológicos das práticas de extensão universitária, este texto apresenta aspectos de uma proposta participativa, segundo a qual o conhecimento não é produzido para ser em seguida difundido como na convencional sequência pesquisa/extensão. Tanto os projetos de pesquisa como os de extensão são vistos como construção social de conhecimento, com a participação de atores diferenciados. Voltados para a realização de objetivos concretos, esses projetos podem ser estruturados como projetos de pesquisa-ação. Nessa linha, a metodologia e as ferramentas de trabalho em uso possuem dimensões participativa, crítica e reflexiva, contribuindo para fortalecer o propósito emancipatório dos projetos universitários.

Estamos entrando em um novo período histórico, com mudanças previsíveis e imprevisíveis, aberto a uma nova esperança de vida cultural nas universidades. Em vez de ser menosprezada, como foi o caso nos últimos anos, a universidade pública poderá sair fortalecida e dar novas contribuições em ensino, pesquisa e extensão, com objetivos sociais mobilizadores. Nesse novo contexto, acredita-se que os projetos de extensão terão uma importância sempre renovada.

Tendo em mente esse desafio, sob forma de rápidas anotações, abordaremos os seguintes aspectos:

- A produção de conhecimento e a extensão como construção social;
- O papel da metodologia participativa e de pesquisa-ação;
- As dimensões crítica e reflexiva;
- O delineamento de um propósito emancipatório para a extensão.

## 2. Construção social

A concepção corrente em matéria de produção e difusão de conhecimento que estabelece uma sequência unilateral entre pesquisa e extensão pode ser substituída com grande vantagem por um modelo de construção social do conhecimento.

Sob forma de pesquisa, a "produção de conhecimento" é uma construção que responde a diferentes demandas e que ocorre com interação entre diferentes agentes, especialistas, laboratórios, academias, firmas, estados etc. Dependendo das áreas (ciências duras ou ciências sociais e humanas, fundamentais ou aplicadas) e dos interesses que estão em jogo, os arranjos sociais para a construção do conhecimento variam de modo considerável, em termos de poder, recursos e compromissos. Isso é visível quando se comparam projetos em áreas tão diferentes, como física nuclear, engenharia de petróleo, administração, letras, serviço social, enfermagem etc.

Por sua vez, a extensão também é uma construção ou (re)construção de conhecimento, envolvendo, além dos universitários, atores e públicos com culturas, interesses, níveis de educação diferenciados. A construção extensionista não está limitada aos pares, abrange uma grande diversidade de públicos externos com os quais é preciso estabelecer uma interlocução para identificar problemas, informar, capacitar e propor soluções.

Com ênfase na construção social, a metodologia de pesquisa-ação pode abranger tanto a pesquisa quanto a extensão, tanto o momento da produção como o da difusão, e isso em qualquer área de conhecimento, porém, com mais pertinência em áreas humanas aplicadas (educação, gestão, comunicação, serviço social, desenvolvimento local, tecnologia apropriada etc.), isto é, em todas as áreas onde o conhecimento possa ser efetivamente mobilizado, orientado para analisar problemas reais e para buscar soluções, tendo em vista transformações úteis para a população (a curto ou médio prazo).

Esse pressuposto não visa a descaracterizar outras concepções ou outros tipos de conhecimento, de retorno social menos evidente ou menos imediato, mas simplesmente trata-se de firmar uma opção. Nas áreas em que o objetivo principal se volta para a prática, essa opção estabelece que a extensão não deva ser vista como simples divulgação de informação destinada a um público composto de "receptores" individualizados e passivos.

Em suma, é questionável a sequência produção/difusão, pois para difundir algo — isto é, fazer extensão — seria necessário primeiro tê-lo produzido. Primeiro produzir, para depois difundir o que foi produzido em laboratório. Em muitos casos, isso leva a um equívoco, por vários motivos:

- O que se produz sem se ter em vista as condições de uso, em geral, é de pouca valia na prática, e ficará sepultado em revistas de pouca circulação;

- O conhecimento fundamental e boa parte dos "produtos" da pesquisa em ciência aplicada raramente são aplicados. A lógica de seu desenvolvimento (com publicações e captação de fundos) é diferente de uma atividade de extensão baseada em diagnóstico das necessidades de atores em situações reais, com permanente busca de sustentação;
- O conhecimento necessário para muitos projetos de extensão é compartilhado entre atores com visões e habilidades diferenciadas que tornariam inoperante a transferência de cima para baixo;
- O conhecimento requerido pela extensão é coconstruído e passa pelo crivo da "reflexão-na-ação" (conceito de Donald Schön).

Levando em conta essa visão de construção social do conhecimento, os projetos de extensão adquirirão maior adequação aos objetivos de transformação social.

A construção do conhecimento ocorre em cada tipo de atividade dos projetos de extensão:

- Nos diagnósticos e pesquisas efetuadas em comunidades ou instituições;
- Nas ações formativas para membros dessas comunidades ou instituições;
- Nas ações formativas para alunos, professores e técnico-administrativos da universidade;
- Nas ações informativas ou mobilizadoras em públicos mais amplos;
- Nas ações concebidas e planejadas pelos próprios participantes a partir de sua identidade e de sua situação.

## 3. Participação

Objetivamente, a construção social de conhecimento pressupõe uma interação e algum tipo de cooperação entre diversos atores. Uma vez reconhecido isso, podemos considerar que a metodologia de pesquisa e extensão adquire um caráter participativo, inclusive no plano subjetivo. No dia a dia, a participação pode ser implícita e explícita. Com a metodologia apropriada ao contexto social, a participação explícita torna-se necessária.

Muitas pessoas ainda têm medo da metodologia participativa, achando que, com esse adjetivo, ela se tornaria menos científica, ou mais exposta a manipulações.

Após os avanços da pesquisa participante da década de 1980, no Brasil, observou-se um recuo na área acadêmica, mas, em compensação, as chamadas "metodologias participativas" ocuparam maior espaço, a partir dos anos 90, nas áreas de atuação de ONGs e da cooperação técnica internacional, onde são objetos de sistematização (BROSE, 2001). No quadro das atividades de extensão universitária, os quatro Seminários de Metodologia para Projetos de Extensão (SEMPE), organizados entre 1996 e 2001, revelaram o interesse de muitos universitários em matéria de metodologia participativa e de pesquisa-ação (THIOLLENT et al., 2000).

As metodologias participativas têm adquirido maior aplicação em áreas de educação e organização, principalmente em países anglo-saxônicos (McTAGGART, 1997). Ademais, conseguiram reconhecimento em certos organismos internacionais. Neste último contexto, equipes de especialistas lidam de modo participativo com os *stakeholders* implicados em programas sociais, planos de desenvolvimento rural, local ou sustentável, e em educação e gestão voltadas para o meio ambiente.

A pesquisa-ação é realizada em um espaço de interlocução onde os atores implicados participam na resolução dos problemas, com conhecimentos diferenciados, propondo soluções e aprendendo na ação. Nesse espaço, os pesquisadores, extensionistas e consultores exercem um papel articulador e facilitador em contato com os interessados. Possíveis manipulações devem ficar sob controle da metodologia e da ética.

Em um processo de pesquisa-ação, segundo Ernest Stringer, a participação é mais efetiva quando:

- Possibilita significativo nível e envolvimento;
- Capacita as pessoas na realização de tarefas;
- Dá apoio às pessoas para aprenderem a agir com autonomia;
- Fortalece planos e atividade que as pessoas são capazes de realizar sozinhas;
- Lida mais diretamente com as pessoas do que por intermédio de representantes ou agentes (STRINGER, 1999, p. 35).

Além de ser uma questão de interação entre pessoas e grupos envolvidos no projeto, a participação de grupos externos à universidade pode também adquirir uma significação política. Isso acontece, por exemplo, quando os trabalhadores rurais de um assentamento de reforma agrária têm o apoio de uma universidade para estudarem, em projetos conjuntos, seus problemas de produção e comercialização.

Não basta reconhecer a dimensão participativa dos processos de pesquisa e extensão e a utilidade de uma metodologia participativa construída na base da sistematização das práticas interativas. A metodologia de que precisamos, cada vez mais, deve ter outras dimensões associadas, em particular, à crítica, à reflexividade e à emancipação. Às vezes, esses termos geram ceticismo por terem sido exageradamente usados em retóricas pouco consequentes, mas vale a pena reafirmar uma nova intenção.

## 4. Dimensão crítica

Entendemos a crítica em três níveis: o das ideias em geral, o da vida cotidiana e o da prática profissional.

### 4.1. Crítica das ideias

Em perspectiva de transformação social, nos processos de extensão, ocupa um lugar de destaque a divulgação de ideias críticas sobre os dogmas vigentes. Nos últimos séculos, a crítica aos conhecimentos socialmente inadequados passou pelo marxismo, pela fenomenologia e outras teorias críticas.

No século XIX, Karl Marx foi mestre em matéria de crítica do direito, da filosofia hegeliana ou da economia política clássica. No século XX, Antonio Gramsci deu uma contribuição fundamental para criticar os conhecimentos estabelecidos pelos grandes intelectuais de sua época. A partir da década de 1960, Michel Foucault desempenhou um papel importante no mundo acadêmico para criticar não somente as ideias gerais, mas as que se impõem como normas nas instituições e seus "micropoderes". Paralelamente,

Pierre Bourdieu contribuiu para desmistificar as funções de instituições de ensino e cultura, remetendo-as aos processos de reprodução e diferenciação social.

Hoje, levando em conta o legado dos séculos passados, precisamos renovar a capacidade crítica para desmistificar os "edifícios" intelectuais e visões unilaterais que existem em torno da globalização, do mercado, das novas tecnologias e formas de poder. Deveria haver uma crítica aos conhecimentos "nobres" da economia ou da política e, também, uma crítica de conhecimentos "intermediários", em uso nas áreas de gestão, tecnologia, educação ou comunicação, por exemplo.

Mas a crítica no plano das ideias não basta, deve ser prolongada em nível das práticas do dia-a-dia. É a crítica das situações vividas no trabalho, nas escolas, na cidade, em família, na vida cotidiana em geral.

### 4.2. Crítica do senso comum e da vida cotidiana

Nesse plano, a crítica evidencia as implicações das representações ou percepções vigentes e levar a uma denúncia dos interesses, dos conflitos, dos efeitos de discriminação, de dominação etc.

O senso comum pode ser criticado a partir da visão dialética da história (GRAMSCI, 1978), ou reconstruído a partir das mudanças intelectuais conhecidas como "pós-modernidade", analisadas por Boaventura de Sousa Santos (1996).

Além de esclarecer ou denunciar as situações de injustiça, esse tipo de crítica é também construtivo ou propositivo, gerando ideias para possíveis transformações, com democracia, ou participação direta dos próprios interessados.

## 4.3. Crítica das práticas profissionais

Em seu lado "impensado", muitas práticas profissionais possuem aspectos de exclusão, no que se refere tanto aos critérios de acesso ao exercício da profissão, quanto às consequências práticas sobre os usuários ou os atendidos dos serviços profissionais.

O papel dos professores nem sempre é tão democrático quanto se imagina. A pedagogia que adota pode ser, em certos casos, prejudicial aos alunos socialmente desfavorecidos. Os médicos contribuem para a reprodução social dos modos inadequados de se lidar com certas doenças. Os engenheiros intervêm nos processos de produção de uma maneira que, frequentemente, desqualifica o trabalho do operário. A formação "cientificista" dos agrônomos pode os levar a ignorar os ricos conhecimentos e a sabedoria de produtores e nativos que seriam úteis para assegurar a sustentabilidade da agricultura.

As críticas formuladas por grupos de profissionais autoconscientes em suas próprias práticas são de fundamental importância. Já existem exemplos em áreas de serviço social, medicina, agronomia/agroecologia, estatística, administração de recursos humanos e outras.

Nos projetos, propiciando um contato dos universitários com populações ou grupos de cultura diferenciada, é importante salientar as condições de diálogo intercultural, limitando preconceitos e viés de percepção para estabelecer uma intercompreensão crítica, com base na linguagem dos atores.

De um lado, a interdisciplinaridade entre grupos universitários e, por outro lado, o diálogo intercultural com os membros externos, cria, durante a realização do projeto, um espaço de interlocução onde se produzem efeitos de compreensão, de "tradução", de facilitação no plano na comunicação. De acordo com a visão crítica, todos os participantes aprendem em contato com os outros, aceitando relativizar seus pontos de vista.

## 5. Dimensão reflexiva

No contexto da extensão, os conhecimentos úteis estão inseridos em práticas educacionais, culturais, políticas, técnicas e profissionais, e fazem sentido na vida cotidiana dos interessados. Nunca são simplesmente "transferidos" ou "aplicados", não são meras adaptações de instruções escritas em livros ou monopolizadas por intelectuais convencionais.

Na linha de Schön (2000), é possível problematizar a reflexividade do conhecimento na prática extensionista.

O esforço reflexivo sobre a prática por parte dos professores, estudantes e técnico-administrativos nela implicados apresenta vários aspectos:

- Reflexão na prática como fonte de aprendizagem;
- Reflexão na ação no decorrer do projeto para um direcionamento adequado, corrigindo erros;
- Diálogo reciprocamente reflexivo entre professores, alunos e usuários ou grupos destinatários.

O projeto reflexivo ajuda seus destinatários a refletir na ação; assim eles são incitados a construir um conhecimento próprio. Bons projetos de extensão são aqueles que geram ganhos de conhecimento e de experiência para todos os participantes, com base no ciclo relacionando ação e reflexão.

## 6. Propósito emancipatório

Emancipação é o contrário de dependência, submissão, alienação, opressão, dominação, falta de perspectiva. O termo caracteriza situações em que se encontra um sujeito que consegue atuar com autonomia, liberdade, autorrealização etc.

No século XIX, a emancipação política e social dos escravos era sem dúvida a transformação de maior importância. No século XX, a emancipação das classes trabalhadoras foi marcada por avanços e retrocessos.

No século XXI, que apenas começou, a emancipação apresenta-se como objetivo mais difuso para todos os indivíduos ou grupos sociais que sofrem algum tipo de discriminação, baseada em condição social, raça, gênero.

Especialmente em contexto educacional, a busca de emancipação diz respeito a pessoas que sofrem as consequências de algum tipo de desigualdade social. Essa busca se concretiza quando as pessoas conseguem superar os obstáculos ligados à sua condição e alcançam níveis de conhecimento mais elevados a partir dos quais poderão exercer atividades desafiadoras (em qualquer área de atuação específica).

Uma ação educacional com propósito emancipatório é um desafio às leis de reprodução social, gerando transformações sociais a partir do fato de as camadas desfavorecidas terem acesso à educação, não apenas acesso ao vigente conhecimento elitizado, mas sobretudo condição de construir conhecimentos novos, em termos de conteúdos, formas e usos. Um mesmo conhecimento tem usos diferenciados que dependem dos referenciais de classe, dos campos de atuação e dos meios sociais envolvidos.

No passado, relutamos a usar o termo, por causa do medo de se criar uma expectativa exagerada. Em vários de nossos projetos de extensão, de fato, não se deve esperar muito em matéria de emancipação, devido a limitações institucionais e ideológicas. Um projeto educacional é considerado emancipatório especialmente quando permite aos grupos de condição modesta ter acesso a conhecimentos que não teriam alcançado de outro modo.

Como tema psicossociológico, a emancipação pode ser aprofundada graças ao estudo de trajetórias sociais com base em biografias ou autobiografias de pessoas que conseguiram evitar os obstáculos sociais e entrar em universos culturais mais amplos, a caminho de uma profissionalização de nível superior, ou de alto prestígio. Entretanto, não se trata de qualquer tipo de ascensão social, pois, em certos casos, a ascensão é de tipo conservador e não requer uma cultura emancipatória, apenas adesão aos valores vigentes e esperteza em situação de competição com os outros.

Ao nascer em um roçado ou em uma favela, uma criança tem pouca probabilidade de tornar-se médica, professora, advogada, escritora, cineasta. Ações educacionais que pudessem ajudar nesse sentido seriam de caráter emancipatório.

A relação entre biografia e pesquisa participativa é um tema que já foi explicitamente abordado por Henri Desroche (1990). A condução de um projeto participativo não é uma tarefa fácil e exige qualidades individuais e sociais observáveis na biografia do sujeito. É requerida uma nítida capacidade de liderança e um relacionamento democrático, oferecendo a todos o contexto ideal de motivação e desempenho. Por outro lado, os processos da pesquisa participativa e de capacitação bem conduzidos exercem um efeito significativo nas trajetórias de vida sobre as pessoas ou grupos destinatários.

Nem todos os projetos de extensão são de tipo emancipatório, mas é um ideal a ser perseguido, especialmente quando se trata de extensão voltada para interesses populares ou superação de obstáculos sociais, como no caso, por exemplo, de cursos de preparação ao vestibular ou de programas de apoio à criação de cooperativas para população de baixa renda. A emancipação representa uma promoção de caráter coletivo e compartilhável entre membros de classes populares.

Um projeto de extensão pode ser considerado emancipatório quando as atividades que lhes são associadas incitam as pessoas a superar os obstáculos e limitações que encontram em sua vida social, cultural ou profissional. Por exemplo, isso acontece em um projeto de extensão que ajude a população de jovens e adultos carentes a progredir em sua formação, possibilitando o acesso a cursos de níveis médio ou superior.

A emancipação pode ser pensada em termos de trajetória de pessoas que superaram obstáculos do destino social. Por exemplo, filhos de família humilde que conseguem estudar e, pelo resultado de seus esforços, alcançar elevados níveis de compreensão ou de criação em determinadas áreas profissionais ou culturais. A emancipação de grupos ocorre quando a iniciativa é capaz de mobilizar coletividades e alcançar resultados mais abrangentes que a descoberta de talentos individuais, em casos isolados. A emancipação é diferente de uma "simples" ascensão social, ou promoção, por estar ligada a uma trajetória de superação de obstáculos com dimensões participativa, crítica e reflexiva.

## 7. Conclusão

Após uma década de liberalismo, a universidade pública está ameaçada e muitas pessoas perderam o ânimo, deixando de atuar em projetos audaciosos e conformando-se no cumprimento de exigências de avaliação ou de sobrevivência.

No atual contexto de mudança, precisamos recuperar ideias mais ousadas para enfrentar os desafios intelectuais e da vida cotidiana. É animadora a possibilidade de se produzir conhecimento crítico a ser compartilhado com atores sociais por meio de programas e projetos de extensão.

A metodologia de extensão terá tudo a ganhar se reforçarmos suas dimensões participativa, crítica e emancipatória. Entretanto, para isso, ninguém possui uma solução mágica. Isso se constrói coletivamente a partir das experiências existentes, com acesso ao conhecimento teórico-metodológico (em particular de tipo participativo e em pesquisa-ação). Ademais, as tecnologias da informação e da comunicação têm um papel positivo a desempenhar nesse contexto.

Ainda é longa a distância entre a realidade (às vezes, a mediocridade) de nossos projetos de extensão e a definição desse ideal, participativo, crítico e emancipatório. Se tal ideal for adequado ao atual (ou futuro) contexto de transformação social, poderemos sugerir um esforço de capacitação metodológica dos docentes e alunos para levarem a bem projetos orientados em condizente perspectiva. Também os outros aspectos de sustentação da política de extensão (dedicação, recursos, valorização) precisam ser repensados.

Seja como for, em contexto de real enfrentamento dos grandes problemas da sociedade (educação, saúde, fome, emprego, agricultura familiar, preservação ambiental etc.), parece que haverá, nos próximos anos, novas oportunidades para a experimentação de métodos participantes em extensão universitária (e também em outros contextos).

## REFERÊNCIAS BIBLIOGRÁFICAS

BROSE, Markus (Org). *Metodologia participativa: Uma introdução a 29 instrumentos*. Porto Alegre: Tomo, 2001.

DESROCHE, Henri. *Entreprendre d'apprendre: D'une autobiographie raisonnée aux projets d'une recherche-action. Apprentissage 3*. Paris: Ouvrières, 1990.

GRAMSCI, A. *Concepção dialética da história*. Rio de Janeiro: Civilização Brasileira, 1978.

McTAGGART, Robin (Ed.). *Participatory Action Research: International Context and Consequences*. Albany-NY: State University of New York Press, 1997.

SANTOS, Boaventura de Sousa. *Pela Mão de Alice: O Social e o Político na Pós-Modernidade*. São Paulo: Cortez, 1996.

SCHÖN, Donald A. *Educando o profissional reflexivo: Um novo design para o ensino e a aprendizagem*. Porto Alegre: ArtMed, 2000.

STRINGER, Ernest. *Action Research*. 2. ed. Thousand Oaks/Londres: Sage, 1999.

THIOLLENT, Michel; ARAÚJO FILHO, Targino de; SOARES, Rosa Leonôra Salerno (Coords.). *Metodologia e experiências em projetos de extensão*. Niterói, RJ: EDUFF, 2000, 340 p.

# 6. A PESQUISA COMO MEDIAÇÃO POLÍTICO-PEDAGÓGICA

**Reflexões a partir do orçamento participativo**

*Emil Sobottka, Edla Eggert e Danilo R. Streck\**

## 1. Introdução

A pesquisa social frequentemente tem sido objeto de reflexões e discussões sobre sua capacidade de produzir conhecimento adequado à realidade social pesquisada. Críticas e proposições, em especial nas áreas de metodologia e epistemologia, levaram a uma diversidade e a um refinamento técnico no instrumental disponível hoje ao pesquisador social, fazendo com que ele possa escolher segundo seu objeto de pesquisa, seus objetivos e suas preferências.

As críticas também possibilitaram ouvir outras vozes que não se viam contempladas nas pesquisas ou que não sentiam os efeitos dessa pesquisa no seu cotidiano. Os debates sobre

---

\* Emil A. Sobottka: professor nos programas de pós-graduação em Ciências Sociais e em Ciências Criminais na PUC-RS. Pesquisa a atuação de movimentos sociais e ONGs em processos de políticas públicas e é editor da *Civitas – Revista de Ciências Sociais*.
Edla Eggert: professora no Programa de Pós-Graduação em Educação da UNISINOS (Universidade do Vale do Rio dos Sinos). Publicou o livro *Educação popular e teologia das margens* (EST/Sinodal, 2003) e pesquisa os modos de participação das mulheres em realidades sociais e a implicação desses modos na pedagogia de hoje.
Danilo R. Streck: professor no Programa de Pós-Graduação em Educação da UNISINOS (Universidade do Vale do Rio dos Sinos). Recentemente publicou o livro *Educação para um novo contrato social* (Vozes, 2004) e atualmente pesquisa as mediações pedagógicas em processos sociais emancipatórios na América Latina.

relevância e rigorosidade, que estão no centro da assim chamada "guerra das ciências",[1] são uma expressão dessa busca de alternativas. A América Latina foi um campo fértil de uma produção intelectual feita, inicialmente, às margens do rigor acadêmico clássico. Muitas ideias fundantes da educação popular, da teologia da libertação e de outras ciências sociais foram originalmente difundidas em publicações "menores" e que depois foram incorporados pela academia.[2] Na educação, o exemplo mais típico disso é Paulo Freire, cujos textos nunca foram facilmente enquadráveis nos cânones acadêmicos.

A pesquisa participante e a educação popular partiam do princípio de que assim como não existe vazio de poder também não existe um vazio de saberes e de cultura. O que há é o não reconhecimento dos saberes de grupos marginalizados como legítimos dentro daquilo que se convencionou chamar de ciência ou de conhecimento. Ciência é produzida no norte e no centro: no sul e na periferia há senso comum, ideologias, superstição e crenças. A ciência, um procedimento acadêmico, produz conhecimento; o povo lida com saberes. O discurso de transferência de tecnologias em prol do desenvolvimento promovido por centros de pesquisa e agências de financiamento ainda está fortemente calcado nessa premissa de irradiação de conhecimentos. A ideia pulsante através da educação popular e da pesquisa participante a partir da década

---

[1] O debate da "guerra das ciências" gira basicamente em torno da natureza e da validade do conhecimento que produz e legitima as mudanças (cf. SANTOS, *Conhecimento prudente para uma vida decente*).

[2] Essa busca também se verificou em outros continentes. Para uma análise desse movimento na Índia, veja SHIV VISVANATHAN, "Convite para uma guerra das ciências", *in* SANTOS, 2004, p. 757-776.

de 1960 – conhecer transformando –, ao contrário, foi de enfatizar que havia um compromisso de investigar para mudar a realidade social, mais precisamente de mudar a realidade social enquanto se investiga.

O princípio de conhecer como possibilidade de transformar só é realizável à medida que exista uma participação efetiva em determinada realidade. E essa participação foi "o aspecto mais central e mais polêmico, juntamente com a proposta da transformação social, enquanto características centrais da pesquisa participante" (SILVA E SILVA, 1986, p. 142). A participação e a transformação foram ideias constantemente anunciadas pelos autores envolvidos na proposta da pesquisa participante, mas que, assim parece, permaneceram paradas no tempo. Tem-se a impressão de que esse debate, estabelecido com mais ênfase na década de oitenta, ficou de certa forma congelado.[3] De um modo todo especial, a educação não fez maiores movimentos para que esse debate metodológico avançasse.

Hoje, a partir de experiências que foram gestadas durante a década de noventa em municípios com administrações de articulação em geral de esquerda, pesquisadores retomam a linguagem, construindo também outras categorias e posturas. Além disso, as pessoas que pesquisaram e escreveram sob o enfoque da pesquisa participante nas décadas anteriores assessoram processos participativos de planejamento e administrações públicas, revelando a vitalidade dessa prática e dessas ideias. Participação e transformação são novamente parte integrante das atividades de quem investiga, e a produção

---

[3] Cf. Fals Borda, 1981; Carlos Rodrigues Brandão, 1981 e 1984; Marcela Gajardo, 1986; Silva e Silva, 1986.

de conhecimento pelos protagonistas centrais dos processos sociais volta a ter reconhecimento na academia.

A experiência de pesquisa feita através da participação direta em contextos de envolvimento dos cidadãos em políticas públicas, em especial no Orçamento Participativo estadual no Rio Grande do Sul entre 1999 e 2002, colocou-nos diante da pergunta pelo lugar da pesquisa – e dos pesquisadores – nos processos sociais, quando estão em jogo demandas concretas da população ou mudanças sociais abrangentes. Nossa proposição é que a pesquisa social pode ocupar um importante e complexo lugar como mediação político-pedagógica para todos os participantes da formulação e implementação de políticas públicas.

Essa proposição será desenvolvida em quatro passos argumentativos, cada um conformando uma seção do presente texto. Primeiro será brevemente evocada e estreita vinculação do surgimento da pesquisa social sistemática com períodos de abrangentes transformações sociais e a implantação de políticas sociais públicas. Especificamente para a pesquisa participante, essa vinculação contextual revela-se decisiva desde suas origens nos movimentos de cultura popular até sua prática atual na interface com movimentos sociais. Com o auxílio da conceituação de mediação entre teoria e práxis feita por Habermas, será possível colocar em discussão as pretensões de legitimidade acadêmica desse tipo de pesquisa. Por fim, a pesquisa participante assume sua delicada inserção em contextos de disputa política, o que convida a distingui-la de outras formas de apropriação do conhecimento gerado através de pesquisa social.

## 2. Pesquisa e transformação social: uma vinculação histórica

As primeiras pesquisas sociais surgiram na Europa concomitantemente com a Revolução Industrial e em estreita vinculação com a percepção pública da "questão social". Elas foram motivadas pela percepção da necessidade de conhecer melhor a realidade da população empobrecida com vistas a tomar medidas de política social. Dois exemplos podem ser aqui brevemente citados para recordar a vinculação entre o desenvolvimento técnico da pesquisa e a concepção de políticas sociais públicas: os *social surveys* na Inglaterra entre 1830 e 1850 e as enquetes da Associação para a Política Social na Alemanha, a partir de 1873.

Com o gradativo aprimoramento da estatística, não tardaram a surgir tentativas de empregá-la no conhecimento mais preciso de realidades sociais. A partir da década de 1830, período em que a Revolução Industrial inglesa teve grandes avanços, duas correntes se dedicavam naquele país à pesquisa social empírica. De uma parte havia particulares, em especial empresários, que formavam associações de pesquisa. Eram geralmente humanistas movidos por um ímpeto de reformas sociais que pudessem evitar o crescimento do incipiente movimento socialista. Eles viam na educação a principal via para melhorar as condições de vida da população e, correspondentemente, preocupavam-se em suas pesquisas em estudar essa faceta da realidade social. A realidade do mundo do trabalho praticamente não era objeto de estudo. A forte vinculação ideológica desta pesquisa e seu papel de subsídio na formulação de políticas que evitassem o crescimento dos movimentos sociais tornam-na exemplo de instrumentalização política.

A outra corrente, ligada às atividades de órgãos administrativos e ao parlamento ingleses, se ocupava de forma mais objetiva e diferenciada com a situação concreta da população, em especial da classe trabalhadora, e produziu um importante acervo de material informativo. Seus ativistas faziam entrevistas, estabeleciam conversas informais, analisavam fontes documentais como prontuários e perícias, e realizavam até mesmo observações *in loco*. Com eles, por assim dizer, nasceu a observação participante. Os conhecimentos assim gerados subsidiaram a legislação social inglesa.

O material produzido por essas duas correntes que formaram o nascedouro da pesquisa social foi a base de informação de Engels para escrever seu livro *A situação da classe operária na Inglaterra* e de Marx para escrever *O capital*, em especial o primeiro volume.

Algumas décadas mais tarde, quando a Revolução Industrial e as transformações sociais nela imbricadas tomaram vulto na Alemanha, também ali a pesquisa social recebeu um grande impulso. Em 1873 foi criada a Associação para a Pesquisa Social, uma associação de intelectuais, profissionais liberais e com forte apoio de mulheres das camadas economicamente privilegiadas, todos sensibilizados pelos efeitos negativos das mudanças sociais sintetizados na fórmula da "questão social". Suas atividades de pesquisa tiveram seu auge entre 1873 e 1903, abarcando todo o período de implantação do sistema de seguridade social por Bismarck. Inicialmente, essas pesquisas estavam vinculadas de forma explícita aos antecessores ingleses, mas adquiriram autonomia metodológica especialmente com a adesão de uma nova geração de intelectuais, entre os quais Max e Alfred Weber.

Ao lado da qualificação técnica dessas pesquisas, há duas inovações importantes a destacar: de um lado, começa-se a fazer pesquisa "também na perspectiva do faminto" (BRENTAMO *apud* KERN, 1982). Por outro, começa uma intensa atividade de pressão política organizada da sociedade civil sobre os governantes, fundamentada em resultados de pesquisa científica, exigindo políticas sociais definidas como sendo uma tarefa central do Estado e da nação.

Nos Estados Unidos teremos no início do século XX as abordagens teórico-metodológicas do interacionismo simbólico, através de pesquisas como as de Blumer (que cunhou esse termo) que, segundo Annette Triebel (1995), foram originárias de experiências em movimentos de melhoria da qualidade de vida que fizeram com que pesquisadores naquele país se envolvessem fortemente. John Dewey, educador comprometido com as causas operárias e as causas da educação pública, foi um pioneiro entre os que contribuíram nessa questão.

Enquanto isso, surgiam vozes na América Latina que clamavam por uma ciência que fosse "nossa". Ninguém traduz melhor essa busca que José Martí que, em *Nossa América* (1891), apresenta sua utopia de universidade americana: "Os povos se levantam e se cumprimentam. Como somos? Perguntam-se. E uns e outros vão dizendo como são. Quando aparece um problema em Cojimar já não vão buscar a solução em Dantzig" (MARTÍ, 1983, p. 199). Tão trágico e ineficaz como importar soluções é, para Martí, a distância que separa togas e alpargatas, a elite que faz uma ciência de poucos e para poucos ocupados com problemas do além-mar e um povo deixado às moscas com os seus infortúnios. Além disso, "a história da América, dos incas para cá, deve ser ensinada minuciosamente, mesmo que não se ensine a dos arcontes da Grécia. A nossa Grécia é preferível à Grécia que não é nossa" (*id.*, p. 197).

Nesse mesmo espírito, Manoel Bomfim publica em 1905 o livro *A América Latina: Males de origem*. Esse brasileiro, nascido em Sergipe, escreve, segundo Darcy Ribeiro, "indignado, esse livro de protesto e denúncia contra a visão preconceituosa e interesseira que os europeus têm dos latino-americanos" (RIBEIRO, 1993, p. 11).

José Martí e Manoel Bomfim, e outras pessoas cuja contribuição ainda não foi valorizada o suficiente, tentam compreender e dizer dessa alma do povo de outro jeito já durante o século XIX e princípios do XX. Chiquinha Gonzaga, ao popularizar o violão, o choro e ao mesmo tempo defender os escravos e a república, é uma cidadã que acena para um sonho de América Latina livre e autônoma. O fato novo na década de sessenta do século XX, geralmente associado em sua origem com a América Latina, é o protagonismo das parcelas da população até então objeto de pesquisa não só nos processos sociais, mas também na geração de conhecimento. Paulo Freire não escreve uma pedagogia *para o* oprimido, mas uma pedagogia *do* oprimido. É no emaranhado do ensinar e aprender em sua vida que se constitui, se assim quisermos, a ciência de uma outra educação.

A Teologia da Libertação através do método "ver-julgar-agir" foi compondo uma agenda de participação do povo nos círculos operários e nos movimentos de cultura e educação popular que acabou interferindo no modo de produzir conhecimento, em especial no campo da teologia e da educação. Mesmo que hoje essas construções não estejam mais muito presentes, elas foram decisivas no encaminhamento de muitas ações concretas tanto na academia quanto nos movimentos sociais, gerando grande parte das atuais lideranças políticas do Brasil e da América Latina.

De uma forma mais transnacional, o movimento feminista, a partir da década de 60, reivindicou nos espaços acadêmicos uma outra postura frente ao processo epistemológico.[4] Nas ciências sociais foram sendo incorporadas propostas como a hermenêutica feminista, onde a suspeita se constitui num dos passos para a releitura de textos clássicos, desde o campo científico ao teológico e filosófico, recolocando o debate das mulheres do século XIX no eixo-norte, ou seja, a participação no mundo público.[5] O debate no campo acadêmico reivindicou formas diferentes de efetivar e apresentar as pesquisas. Francine Descarries (1994) pleiteou um debate em torno dos modos característicos do mundo feminino e de sua presença no fazer pesquisa. Ou seja, vivências do mundo feminino geralmente mal vistas, como os sentimentos e as informalidades do cotidiano deveriam ser encaradas pela academia como formas de conhecimento. Assim, inicialmente através de antropólogas feministas, seguidas de historiadoras e sociólogas, teremos teses e pesquisas que irão se debruçar em campos narrativos locais e que apontarão para diversas construções culturais. O que hoje é chamado de estudos culturais tem em boa medida

---

[4] Sobre o feminismo transnacional, cf. COSTA, Claudia de Lima. *As teorias feministas nas Américas e a política transnacional da tradução*; ALVAREZ, Sonia. *A globalização dos feminismos latino-americanos*; THAYER, Millie. *Feminismo Transnacional: Relendo Joan Scott no Sertão*.

[5] Ver em especial o argumento de Joan Scott, *Cidadã paradoxal*.

sua origem na experiência feminista de provocar a academia com suas múltiplas formas de pensar, com base na experiência do mundo das mulheres.

A pesquisa participante, como sabemos, ao reconhecer "a pluralidade de lógicas e de abordagens argumentativas" (THIOLLENT, 1996, p. 28) e ao apropriar um espaço de participação dos setores populares na criação de conhecimentos para e na transformação e suas condições de vida (BRANDÃO, 1986; GAJARDO, 1986), antecipou pela prática temas que levaram a discussão epistemológica e metodológica a novos patamares de reflexão e, sobretudo, a novas perguntas. Por outro lado, é interessante perceber também que certos cruzamentos (ainda) não ocorreram e se constituem um desafio para a pesquisa comprometida com a mudança social. É o caso, como visto acima, da aproximação da pesquisa participante com a pesquisa feminista. Argumento semelhante poderia ser feito para a relação entre a pesquisa participante e a "pesquisa negra" ou "pesquisa indígena", na qual também encontramos processos próprios de produção de conhecimento.

## 3. Pesquisa em contextos de mobilização

Hoje a pesquisa participante, ou alguma modalidade de pesquisa a ela associada, está incorporada em uma série de práticas sociais. Com isso talvez tenha havido uma inevitável institucionalização do movimento, estando enquadrada dentro de critérios e formatos da pesquisa qualitativa. Por outro lado, tanto pela diversidade das temáticas investigadas participativamente, como pelos procedimentos investigativos, parece que a pesquisa participante consegue desenvolver-se dentro da dialética do instituído e do instituinte.[6]

Se olharmos a origem, na confluência da vertente educacional com Paulo Freire ou sociológica com Orlando Fals Borda, podemos constatar que se tratava de buscar alternativas de pesquisa para a construção de uma sociedade alternativa. Era o tempo do Movimento de Cultura Popular, das Comunidades Eclesiais de Base e de tantos outros movimentos que se encontravam na educação popular. Juan Luís Segundo então dizia que não poderia haver uma teologia da libertação sem que houvesse a libertação da teologia. Mais tarde Enrique Dussel faria o mesmo diagnóstico para a possibilidade de uma filosofia de libertação. A pesquisa participante correspondia a este ideário político-epistemológico de libertação da própria ciência social.

Hoje vamos encontrar a pesquisa participante sendo utilizada em diversas práticas sociais, geralmente com o pressuposto de empoderamento dos sujeitos, mas nem sempre dentro de uma visão transformadora do todo. Talvez seja a expressão de um tempo de utopias rarefeitas, em que a inclusão, mesmo que subordinada, é considerada a maior e única conquista possível.

Por outro lado, há também a aplicação de princípios de pesquisa participante em experiências em nível macro, dificilmente imagináveis há algumas décadas. É o caso do Orçamento Participativo, no qual se combinam de forma criativa e inovadora investigação, formação e gestão. Os procedimentos de consulta, desde assembleias municipais e regionais à

---

[6] Sobre o movimento entre o instituído e o instituinte, cf. BARBIER, René. *Pesquisa-ação na instituição educativa*, p. 134.

finalização da proposta de orçamento pelo Conselho do Orçamento Participativo, constituem um complexo processo de conhecimento da realidade em que as pessoas são ao mesmo tempo formadas e se sentem ouvidas nos assuntos da administração pública. Aprende-se sobre a realidade regional, ensaia-se a produção de consenso e, sobretudo, as pessoas aprendem a dizer a sua palavra num espaço público.

Um dado importante é que o promotor do processo é o Estado, não os movimentos sociais e nem a academia. Por iniciativa governamental, o aparelho estatal se movimenta na construção de conhecimento da realidade, na busca de prioridades de intervenção. Os movimentos sociais e as comunidades existentes podem dar a sustentação ao processo e garantir seu desdobramento, mas elas não têm a capacidade de convocar e promover uma ação na esfera de gestão pública. À academia, por seu turno, cabe um papel de acompanhamento de um processo no qual não é o protagonista central. No caso do orçamento do estado do Rio Grande do Sul, qualquer projeto de pesquisa será pequeno para abarcar a quantidade e a qualidade de informações produzidas ou de conhecimentos gerados.

A pesquisa, nesse caso, mostra-se como uma força catalizadora na busca, por diversos sujeitos, de um saber transformador. Pesquisam os agricultores que procuram conhecer a natureza da terra por eles cultivada e elaborar projetos de desenvolvimento; pesquisam os administradores que se deslocam para ouvir as demandas; pesquisam os acadêmicos que, em diversas áreas, se põem "junto" com o movimento. Esse estar junto não significa ausência de conflitos; pelo contrário, exige a sua explicitação para que não se perca a dinâmica do saber em movimento.

## 4. Pesquisa como mediação na relação teoria-prática

A vinculação da geração de conhecimento pela ciência com práticas sociais há muito preocupa os filósofos enquanto questão teórica. Na tradição marxista, contudo, ela tornou-se programática. Os movimentos que querem efetivar essa vinculação em seu cotidiano acabam sendo confrontados com a pergunta pelo modo como se dá a mediação entre teoria e prática enquanto uma questão da razão prática.

Habermas (1993) propõe que se faça a distinção entre três funções nas quais a ciência social está imbricada:

- Formulação e desenvolvimento de teoremas capazes de resistir aos discursos críticos e sistemáticos da comunidade científica;
- Organização de processos de esclarecimento (conscientização) mediante os quais esses teoremas possam ser apropriados reflexivamente e validados por determinados grupos;
- Escolha de estratégias adequadas e a solução de questões táticas na condução de lutas políticas.

Por estar inserida no mundo da ciência, a pesquisa social precisa cumprir determinadas regras e exigências peculiares a esta função, cujo escopo é produzir enunciados verdadeiros. Parte central dessas exigências é o uso de metodologias e técnicas mais adequadas para o caso. Da teoria assim produzida espera-se que sirva para esclarecer seus destinatários sobre a posição que assumem num sistema social conflitivo e os interesses que ali podem ser assumidos.

Na medida em que estas ofertas de interpretação da realidade forem reconhecidas efetivamente pelos destinatários como pertinentes a sua situação, as interpretações analíticas tornam-se consciência, os interesses objetivamente ligados à posição social tornam-se os interesses de um grupo social determinado.[7] Nesse sentido é que a pesquisa social é partícipe de processos de "esclarecimento". Em suas origens, havia uma preocupação, por parte daqueles que tinham a responsabilidade de definir políticas sociais, de conhecer a realidade social "como ela realmente é", ou seja, os grupos sociais dirigentes viam o saber "científico" como superação do saber insuficiente ou distorcido que colocaria em risco a efetividade de suas políticas. Embora não tenha desaparecido essa finalidade estratégica, por vezes tecnocrática, da ciência social, atualmente a inserção da pesquisa se apresenta também em pretensões como a de "conscientização", de fomentar "processos de aprendizagem" etc. Habermas, nesse contexto, levanta a questão, até que ponto esses processos são assimétricos, o que exigiria cautelas semelhantes às necessárias nos processos terapêuticos.

Por fim, a pesquisa em contextos de transformação social faz interface com lutas políticas, nas quais os cálculos táticos e estratégicos na busca de decisões prudentes têm importância fundamental. A pesquisa social tem uma relação de interatividade com a luta política, na medida em que, de um lado, pode afetar a legitimidade das pretensões dos participantes e, de outro, o acesso a informações depende em parte dos cálculos

---

[7] Esta passagem foi por Marx descrita como a passagem da consciência em si para a consciência para si.

desses mesmos participantes. Nem o engajamento assumido nem a pretensão de neutralidade eximem-na desse risco.

No desempenho da primeira das funções apontada por Habermas, a ciência pode restringir a um mínimo sua interação com os grupos sociais a respeito dos quais busca formular enunciados verdadeiros: ela pode reduzi-los a objeto de sua reflexão. Com técnicas como a observação participante ou do pesquisador oculto, esta interação aumenta, ainda que com a pretensão da menor interferência possível nas rotinas do objeto pesquisado. Os pesquisadores buscam reservar para si a competência exclusiva dessa função, enquanto as demais funções são consideradas como ocorrendo à parte, temporalmente posteriores e de competência de outros agentes sociais. Consideram que as decisões atinentes à luta política, em especial suas consequências, não podem ser legitimadas pela teoria.

Já nas técnicas de pesquisa em que os pesquisadores assumem uma condição de participante do processo social estudado, busca-se suspender a distinção entre pesquisador profissional e seus "objetos" de pesquisa. Supõe-se, em maior ou menor grau, uma coincidência de objetivos entre pesquisador e demais participantes, a possibilidade de parcerias e uma ocorrência parcialmente concomitante do desempenho das três funções nas quais a ciência social está imbricada.

Como mencionado acima, a presente reflexão é tributária do nosso confronto com demandas no interior de um processo social específico. Durante a pesquisa sobre o orçamento participativo nós fomos confrontados com nossas diferentes condições. Por vezes éramos vistos como um observador externo que vinha de longe acompanhar as atividades e que tinha um projeto de pesquisa a ser executado. Em muitas oportunidades fomos recebidos como representantes da academia, da universidade, da qual eram esperadas contribuições específicas pelos diferentes agentes. Ao mesmo tempo, como cidadãos, com engajamento político, estávamos participando de atividades que expressavam mudança na relação entre governantes e cidadãos e, sobretudo, na forma como cidadãos passavam a perceber a si próprios e aos seus governantes.

Foi aí que se renovou em nós a percepção da necessidade de refletir especificamente sobre nossa inserção enquanto pesquisadores nesse processo social. O papel e o lugar do pesquisador e pesquisadora são definidos por sua identificação política e acadêmica, por sua maneira de agir, mas também pelas expectativas do grupo. A pesquisa participante, mais do que qualquer outro método, exige essa inflexão sobre si para evitar que a participação acabe em cooptação das palavras e ideias dos sujeitos desses processos sociais pesquisados ou em um discurso de si e sobre si mesmo.

## 5. Questões sobre definição dos rumos da transformação social

As ciências sociais, em algumas oportunidades, têm sido utilizadas como legitimadoras de projetos de reforma que se apresentam como modernizadores. Servem como uma espécie de "tecnologia social". A cultura da consultoria, muitas vezes por especialistas "importados", fomenta a separação entre quem pensa e quem deve aplicar esses conhecimentos.[8]

---

[8] Cf. MENESES, Maria Paula. "Agentes do conhecimento? A consultoria e a produção de conhecimento em Moçambique". *In*: SANTOS, 2004, p. 721-755.

Participação vira sinônimo de aquiescência com os saberes supostamente mais elevados.

A pesquisa participante coloca em xeque essas pretensões ao conectar radicalmente uma concepção de democracia participativa (todos são capazes de participar da definição dos rumos da sua sociedade) com uma democratização radical da produção do saber, relacionando:

- A pesquisa empírica com o propósito de provocar transformação social na área estudada, ou seja, conhecer transformando;
- A passividade do observador com a atividade do agente. Não aceita a "divisão de trabalho" segundo a qual o pesquisador observa (ver, por exemplo, a observação participante) enquanto os atores por ele pesquisados atuam. Pesquisador e ator na pesquisa participante se fundem (parcialmente) nos mesmos personagens; todos são observadores e todos são agentes.

Shiv Sisvanathan (*apud* SANTOS, 2004, p. 770), da Índia, relata que um grupo de "desnotificados" (tribos no passado classificadas como criminosos pelos britânicos) veio ter com os pesquisadores para tratar de políticas de saúde. Queriam, diz o pesquisador, não apenas participação, mas *presença* de dois tipos: requisitavam que seus conhecimentos sobre saúde e doença fossem levados em conta e que houvesse uma pluralidade de formas de olhar derivadas do encontro entre esses sujeitos, ao mesmo tempo agentes de mudança e promotores de conhecimento. Ou seja, a pesquisa participante não se esgota com o fim de um projeto ou a realização de uma ação, mas se incorpora como *presença investigativa* na vida da comunidade.

Isso coloca a pesquisa participante diante de três questões (de alguma forma conflitantes) ou dilemas:

- A "verdade", o "conhecimento" buscado pela pesquisa passa a ser assumidamente prático; tem como finalidade primordial seu empenho num problema colocado pelo contexto social e não suprir lacunas apontadas pela comunidade científica;
- Isso relativiza o vínculo entre "conhecimento" e realidade; ele não precisa mais ser necessariamente representação fiel de uma realidade (que era a grande pretensão da ciência), apenas adequado a ela;
- Pesquisa como interface na luta política e pesquisa como atividade profissional, que tem na comunidade científica seu controle social, são pretensões de "servir a dois senhores" – e senhores muito zelosos. O pesquisador se vê diante do desafio de comunicar-se em linguagens diferentes, conforme seu público de interlocução. Não se trata de um aviltamento de sua capacidade de intelectual, mas da aprendizagem de possibilidades de transitar entre saberes distintos.

Esses tensionamentos podem ser mais facilmente apreendidos como parte da pesquisa se a entendermos como uma ação ou como um espaço público (cf. BAUER; GASKELL, 2002, p. 481). Vista como uma empreitada de caráter eminentemente público, colocam-se exigências de prestação de contas que vão além do relatório acadêmico. A relevância será medida também pela capacidade comunicativa que permitirá a validação e a legitimação dos resultados e do processo.

Mencionamos abaixo, na pesquisa sobre o Orçamento Participativo, como procuramos dar conta de alguns desses desafios ou tensionamentos:

- Tentou-se manter uma base de interlocução ampla, com diversos setores envolvidos: governo, políticos locais, coordenadores, conselheiros, homens, mulheres, jovens que participavam das assembleias. A coleta de dados não se esgotou com a aplicação de um questionário ou com uma rodada de entrevistas. Esta partilha se materializou num banco de dados que mantemos no acervo do Orçamento Participativo, na UNISINOS, e que possibilita releituras através de farta documentação audiovisual e outros documentos de fonte primária. A reflexividade mútua dos múltiplos sujeitos pode ser destacada como um dos ingredientes e desafios da pesquisa participante. A consulta, tanto de quem buscava dados para a confecção do orçamento quanto a nossa com a intenção de compreender o processo, era uma intervenção na rotina das comunidades. Mas era também a intervenção em "nosso" mundo. A pesquisa, que se entende participante, não deixa os mundos como estão.
- O deslocamento geográfico para a realização de seminários de pesquisa com as comunidades representa também deslocamentos epistemológicos. O conhecimento produzido adquire outras feições e dimensões quando

explicitado em outras linguagens. A utilização de imagens (fotos e vídeos) são importantes instrumentos para a continuidade do exercício de leitura e pronúncia do mundo através da codificação e decodificação.[9]

- O movimento de encontrar pessoas, ouvi-las e, depois, conversar sobre essa experiência foi muito construtivo no espaço do grupo de pesquisa. Não ficar com as informações reservadas, querer saber o que o outro percebeu, como foi que apreendeu determinadas falas e situações obrigam quem pesquisa em grupo a refazer o percurso do campo pesquisado de forma coletiva. E mais: possibilita observar como quem pesquisa com o apoio de bolsistas é empurrado a criar novos espaços de debate, pois se a princípio somos nós, os professores e professoras, que provocam o ato de pesquisar, logo adiante são os bolsistas e as bolsistas que desencadeiam outros espaços de criação em torno da temática. Isso aconteceu com iniciativas de bolsistas que organizaram fóruns de pesquisa e também com a participação de outras na escrita de textos que elaboraram conceitos a partir de leituras e, com isso, avançam em carreiras *solo*, confirmando a preciosa aprendizagem de que o conhecimento fascina, gerando saber e sabor.

A participação no contexto e nas práticas sociais pesquisadas não faz desaparecer o espaço acadêmico como tal, e nem seria nossa pretensão subtrair o resultado de nossa pesquisa a seus

---

[9] Conceitos usados por Paulo Freire em seu trabalho do levantamento do universo vocabular para a alfabetização.

critérios, mas ele se apresenta como um entre outros espaços de trânsito. Quem tem pesquisado através da experiência acadêmica pode contribuir para uma educação de um outro olhar, a partir do cidadão e cidadã mobilizados em processos participativos ou por parte das pessoas que representam o poder público, e com eles aprende a reeducar seu próprio olhar. Nessa troca é possível ver o quanto a participação dos diversos sujeitos no mundo da pesquisa representa para a constituição de horizontes novos, o quanto o olhar crítico "de fora" pode ajudar no campo científico.

O espaço acadêmico é reinventado e com isso a postura de quem pesquisa frente ao objeto pesquisado também muda. A função da ciência de formular enumerados verdadeiros, na interação com os grupos, fica inscrita numa função temporária de anunciar verdades também temporárias.

Em palavras caras na tradição da pesquisa participante podemos dizer que a mesma se realiza através de um movimento em que troca, partilha e negociação cultural se complementam. Troca sugere reciprocidade, predisposição de dar e receber. Partilha indica a gratuidade numa relação em que a reciprocidade está no próprio gesto de repartir o que se tem. Já a negociação remete ao fato de que nossas ações estão necessariamente transpassadas por relações de poder. A pesquisa participante é um pouco de cada. E nesse "pouco de cada" é tudo, pois gera o movimento.

## REFERÊNCIAS BIBLIOGRÁFICAS

ALVAREZ, Sonia. "A globalização dos feminismos latino-americanos". *In*: ALVAREZ, Sonia; Evelina, DAGNINO;

Arturo ESCOBAR. *Cultura e política nos movimentos sociais latino-americanos.* Belo Horizonte: Ed. UFMG, 2000.

BARBIER, René. *Pesquisa-ação na instituição educativa.* Rio de Janeiro: Zahar, 1985.

BAUER, Martin W.; GASKELL, George. *Pesquisa qualitativa com texto, imagem e som: Um manual prático.* Petrópolis:Vozes, 2002.

BOMFIM, Manoel. *A América Latina: Males de origem.* Rio de Janeiro:Topbooks, 1993.

BORDA, Orlando Fals. "Aspectos teóricos da pesquisa participante". *In*: BRANDÃO, Carlos Rodrigues. *Pesquisa participante.* São Paulo: Brasiliense, 1981.

BRANDÃO, Carlos Rodrigues. *Pesquisa participante.* São Paulo: Brasiliense, 1981.

_____. *Repensando a pesquisa participante.* São Paulo: Brasiliense, 1984.

_____. *Saber e ensinar.* 2. ed. Campinas: Papirus, 1986.

COSTA, Claudia de Lima. "As teorias feministas nas Américas e a política transnacional da tradução". *Revista Estudos Feministas*, 8 (2), 2000 (Florianópolis, UFSC).

DESCARRIES, Francine. "A contribuição da mulher à produção de palavras e saberes". *Revista Estudos Feministas*, n. especial, 2º sem. 1994.

GAJARDO, Marcela. *Pesquisa participante na América Latina.* São Paulo: Brasiliense, 1986.

HABERMAS, Jürgen. *Theorie und Praxis*: *Sozialphilosophische Studien.* 6. ed. Frankfurt am Main: Suhrkamp, 1993.

JARA, Oscar. *Concepção dialética da educação popular.* São Paulo: Cadernos do CEPIS, 1985.

KERN, Horst. *Empirische Sozialforschung: Ursprünge, Ansätzes, Entwicklungslinien.* Munique: Beck, 1982.

MARTÍ. José. *Nossa América: Antologia.* São Paulo: Hucitec, 1983.

MENESES, Maria Paula. "Agentes do conhecimento? A consultoria e a produção do conhecimento em Moçambique". *In*: SANTOS, Boaventura de Sousa (Org.). *Conhecimento prudente para uma vida decente: "Um discurso sobre as ciências" revisitado.* São Paulo: Cortez, 2004.

SANTOS, Boaventura de Sousa (Org.). *Conhecimento prudente para uma vida decente: "Um discurso sobre as ciências" revisitado.* São Paulo: Cortez, 2004.

SCOTT, Joan. *Cidadã paradoxal.* Florianópolis: Ed. Mulheres, 2002.

SILVA, Maria Ozanira Silva e. *Refletindo a pesquisa participante no Brasil e na América Latina.* São Paulo: Cortez, 1986.

STRECK, Danilo R. *Educação para um novo contrato social.* Petrópolis: Vozes, 2003.

THIOLLENT, Michel. *Metodologia da pesquisa-ação.* São Paulo: Cortez, 1996.

TRIEBEL, Annette. *Einführung in soziologische Theorien der Gegnenwart.* Leske + Budrich, 1995.

THAYER, Millie. "Feminismo Transnacional: Re-Lendo Joan Scott No Sertão". *Revista Estudos Feministas*, 9 (1) 2001 (Florianópolis, UFSC).

# 7. UMA CONSULTA CIDADÃ PARTICIPATIVA: O CASO DO ESTADO DE MICHOACÁN, MÉXICO

*Carlos Núñes Hurtado* *[1]

## 1. Introdução

O convite para participar deste livro coletivo sobre experiências de Pesquisa-Ação Participativa[2] assinalava em suas orientações o sentido de desenvolver trabalhos "sobre a atualidade da pesquisa participante (ou de alternativas participativas no âmbito mais amplo)". O convite para mim foi para participar justamente nesse enfoque.

---

\* Tradução: Danilo R. Streck e Marília Kley.
Carlos Núñes Hurtado: Assessor do Governo de Michoacán para a participação cidadã. Fundador e diretor do IMDEC (Instituto Mexicano para o Desenvolvimento Comunitário). Consultor da UNESCO, UNICEF e ministérios estatais para diferentes programas no México e outros países da América Central. Autor de vários livros, entre os quais *Educar para transformar... Transformar para educar* e *La Revolución Ética*.

[1] O trabalho que aqui apresento, embora seja uma elaboração pessoal, tem como coautores dezenas de pessoas envolvidas no processo de "participação cidadã e planejamento participativo" que desenvolve o atual governo do Estado de Michoacán. Agradeço a todas e todos. É impossível mencioná-los e mencioná-las. Mas é indispensável assinalar pelo menos o engenheiro Vicente Romero Guerra, consultor associado, o licenciado Santiago Lomelí Gusmán, diretor de planejamento da Secretaria de Planejamento e Desenvolvimento e a doutora Maria Argelia Gonzálvez Butrón, indiscutível promotora do processo a partir do campo da sociedade civil. Meu reconhecimento especial a seu trabalho entusiasta e comprometido.

[2] Investigación Acción Participativa (I.A.P).

Com base nisso, com gosto aceitei o convite para referir-me a uma experiência muito recente – e ainda em marcha – de uma ampla "consulta cidadã" e suas estratégias de seguimento, desenvolvidas no marco de uma política estatal de promoção e apoio a processos de "participação cidadã" gerados pelo novo governo do Estado de Michoacán, no México.

## 2. Antecedentes

Em junho de 2001, durante a campanha do então candidato pelo Partido da Revolução Democrática ao governo do Estado de Michoacán, o antropólogo Lázaro Cárdenas Batel, recebi o convite para propor e aplicar uma "metodologia participativa" que permitisse construir, em curto prazo, uma proposta includente e plural do Plano de Governo para Estado de Michoacán que seria apresentado pelo candidato em sua campanha eleitoral.

Essa experiência realizou-se através de uma oficina intensiva de "desenho e planejamento estratégico participativo". Dela participaram aproximadamente sessenta pessoas representantes do próprio Partido da Revolução Democrática, do setor empresarial, das organizações da sociedade civil, de organismos sociais e do setor acadêmico e intelectual.

Acontece que desde a sua campanha eleitoral para o governo do Estado, o então candidato Cárdenas Batel se propôs a fazer um governo *com e para* todos os michoacanos. O cumprimento desse compromisso requeria instrumentalizar não apenas os mecanismos administrativos, mas também definir as formas e os métodos para que juntos, governo e sociedade, participassem no desenho e na construção das políticas que a nova administração deveria impulsionar.

É claro que o propósito de "governar com e para a sociedade" implica em diversos desafios, compromissos, vontades, definições e análises profundas dos métodos e formas que devem ser aplicados para fazê-lo realidade e garantir seu resultado.

A alternância no poder não implica simplesmente eliminar de fato as velhas práticas de governar e administrar um povo. A verdadeira transição no poder é de caráter conceitual e estrutural, não conjuntural. Por essas razões, a nova forma de governo proposta e impulsionada pelo executivo do Estado deve ter um "selo" que caracterize permanentemente esse governo. Como consequência disso, os funcionários e empregados, o desenho orgânico da administração pública, seus processos e procedimentos – desde o planejamento até a operacionalização – devem obedecer de maneira congruente e coerente a essa proposta de forma de governar. Se não fosse assim, novamente se cairia em práticas tradicionais de governo, cuja inoperância e ineficácia conhecemos.

O processo eleitoral culminou com o triunfo indiscutível do candidato Cárdenas Batel, que assumiu o governo em fevereiro de 2002. Em março do mesmo ano, o recém nomeado Secretário de Planejamento e Desenvolvimento, licenciado Enrique Bautista, comunicou-se comigo para solicitar uma entrevista em nome do senhor governador e dele mesmo, para verificar possíveis formas de cooperação de minha parte com o novo governo do Estado. Essas entrevistas aconteceram em Morelia, em 28 de março e em 12 e 25 de abril, e nesses encontros se definiu o compromisso de assumir um contrato de assessoria em matéria de "participação e educação cidadã", o que se materializou por meio da própria Secretaria de Planejamento e Desenvolvimento (SEPLADE).

A primeira demanda que se nos colocou, de acordo com as propostas e objetivos do Estado de desenvolver um governo democrático e participativo, consistiu na realização de uma autêntica "consulta cidadã" que permitisse recolher a opinião da sociedade michoacana em seus diferentes âmbitos, para consolidá-la como insumo essencial para a construção das propostas de um governo inscritas no Plano Estadual de Desenvolvimento (PED).

### 3. O Estado de Michoacán (alguns dados gerais)

O Estado de Michoacán de Ocampo conta com 3.986.000 habitantes distribuídos em 113 municípios. Sua superfície é de 58.585 quilômetros quadrados. Sua capital é cidade de Morelia, com 620.532 habitantes.

Em seu território vivem quatro etnias. Os Purépechas, que é a maior e mais representativa, com aproximadamente 109.361 membros. Segue-se a Nahualt, com 4.706 membros. Depois, a Mazahua, com 4.338 membros e, por fim, a Otomí, com 732 habitantes. Geograficamente, ocupam território na serra, na costa, no planalto e nas planícies.

A outra parte da população é mestiça como em todo o país. Sendo uma região de grande beleza e enormes recursos naturais, é, no entanto, um Estado pobre que ocupa o 10º lugar no índice de desenvolvimento no país. Por isso, é o segundo estado que expulsa a mão de obra, pois se calcula que o número de michoacanos migrantes nos Estados Unidos seja de 4,2% com respeito à população existente.

Este panorama se nos apresentou como parte da complexidade frente aos desafios de consultar verdadeiramente a população michoacana.

## 4. Primeira tarefa: Consulta cidadã para a elaboração do PED (Plano de Desenvolvimento do Estado de Michoacán)

### 4.1. Fundamentos jurídicos e políticos

O México, enquanto país, define-se como uma República Federal. Os Estados da República têm seus próprios governos estaduais eleitos democraticamente. Igualmente, contam com o seu próprio poder legislativo, através das câmaras de deputados estaduais, também chamados de "congressos estatais".

Em virtude disso, cada estado se define como "livre e soberano", contando para isso com sua própria constituição estadual e seu sistema de leis, homologadas todas (ao menos assim deveria ser) no marco do mandato da constituição pública e das leis federais que dela derivam.

Portanto, um regime federalista concede aos estados uma relativa autonomia, sempre e quando não entram em contradição com o marco jurídico nacional. No México, tanto em nível federal como estadual, planejamento é um mandato constitucional com pleno respaldo jurídico nas respectivas leis de planejamento. E nesse marco jurídico, o processo de "consulta" à cidadania está claramente sinalizado. Destaca o sentido "participativo" e democrático do exercício de consulta para o planejamento de desenvolvimento das entidades federativas.

Com base nesse marco jurídico vêm sendo realizadas, embora apenas formalmente, as "consultas" para elaboração dos planos federais e estaduais correspondentes.

Em Michoacán, o marco jurídico foi assumido a partir de uma interpretação radical das implicações éticas, políticas e conceituais. Por isso, e a partir do estipulado na constituição política do Estado de Michoacán de Ocampo em seus artigos 129 e 130, assim como os artigos 5, 10, 16 e 18 da lei de planejamento do Estado, o governador apresentou em tempo e forma o Plano Estadual de Desenvolvimento 2003-2008 em fevereiro de 2003, havendo realizado para isso uma ampla e autêntica "consulta cidadã".

### 4.2 A vontade política e suas consequências

Nisso interveio uma clara vontade política e um marco interpretativo honesto e profundo. Mas, em geral, tanto pelo desconhecimento de metodologias verdadeiramente participativas, como – e sobretudo – pela falta de claridade e vontade política dos governos que assumem, os governantes seguem entendendo o poder como conquista de espaços de governo e demanda a serviço de interesses e grupos particulares. Por esses motivos, quando se realizam as consultas, acabam manipulando-as para convertê-las em simples "foros" de caráter formal, político e/ou acadêmico, em que a maioria das propostas se realiza na base de "palestras" desconexas que são lidas uma atrás da outra por "especialistas", que na maioria das vezes são também os mesmos funcionários públicos. Em vez de escutar, dedicam-se a cumprir "formalmente" o requisito legal, apresentando o que de todos os modos já se tem definido a partir do governo.

A participação da cidadania organizada é sumamente escassa e inorgânica. Sem falar da cidadania em geral, que nem sequer se dá conta de que "está sendo consultada". De fato, não é consultada, nem participa de forma alguma.

Com os anos, esse interessantíssimo mandato de planejamento do desenvolvimento participativo e democrático foi desgastando-se para se converter em uma gastada liturgia de formalismos que, além de manipular o mandato, foi desmotivando a participação dos diferentes setores da sociedade e da cidadania em geral. Frente a esse fenômeno, a postura e vontade do novo governo de Michoacán se expressa no texto do próprio PED, quando o governador menciona no documento oficial que "tradicionalmente a formulação de planos de desenvolvimento foi encomendada a grupos de especialistas ou produzida por consultores externos que recolhiam apenas algumas demandas ou exigências reais da população. O PED 2003-2008 foi construído de uma maneira diferente. Foi elaborado a partir de um longo e consistente processo de interação e de consultas com os mais diversos setores da cidadania e dos núcleos sociais do Estado".

Refere ainda os três "insumos" para isso: os dados e demandas recolhidas em uma extensa campanha eleitoral, a experiência acumulada no primeiro ano de governo e "uma consulta direta à cidadania".

Assim, o desafio de realizar a consulta estabelecida pela Lei, em forma autenticamente participativa, foi o nosso primeiro desafio, pois tínhamos que responder com rigor e criatividade a uma pergunta central: como aplicar nossas concepções de educação, comunicação popular e pesquisa ação participativa a um desafio de tal envergadura? Normalmente a maioria das experiências que desenvolvemos ou conhecemos tinham um marco de ação e de incidência muito mais modesto e limitado em termos de alcances territoriais e de população-meta. Projetar nossos pressupostos teórico-metodológicos a um desafio de tal envergadura, constituiu-se — sem dúvida — em um apaixonante desafio.

### 4.3. Fundamentos éticos-políticos, epistemológicos metodológicos e pedagógicos

#### a) O marco ético-político

O principal problema nos processos de "participação cidadã" está centrado na *busca de coerência entre o dizer e o atuar*. O discurso da "participação democrática" se sustenta inclusive — como já dissemos — em um marco jurídico pertinente.

Mas o problema não se resolve ao certo apenas com declarações e normas. O problema consiste em assumir politicamente de forma radical os alcances dessa indicação normativa, sem demagogias nem simulações. E isso tem como sustentação *crer verdadeiramente nos processos de aprofundamento democrático*, na autêntica expressão da voz da cidadania, no diálogo entre sociedade e governo. Em síntese, *crer e trabalhar pela construção e aprofundamento de uma democracia substantiva* que supere, sem depreciá-la, a mera democracia formal e representativa.

Efetivamente, dentro da concepção de uma democracia participativa (não apenas representativa), como entende e assume o atual governo de Michoacán, os aspectos substantivos da mesma têm de ver justamente com "cidadania participativa", quer dizer, *com o papel que os cidadãos assumem conscientemente na construção da democracia que desejamos*. Mas temos de reconhecer que estamos ainda muito distantes de uma sociedade bem informada, formada, consciente, ativa, responsável e comprometida com a "coisa pública", objeto da democracia substantiva. Pelo contrário, a apatia e o desinteresse parecem ser a norma generalizada da maioria dos cidadãos e cidadãs. A participação é eventual, ligada a momentos conjunturais de caráter eleitoral e com percentagem muito distantes aos níveis a que uma sociedade moderna, democrática e participativa deve aspirar.

Além disso, essa participação de caráter político eleitoral, além de baixa, está longe de esgotar o acúmulo de tarefas que a sociedade – os cidadãos e cidadãs – deveriam assumir cotidiana e permanentemente na construção do modelo da sociedade democrática a que aspiramos.

É claro então que não basta o marco jurídico (por mais importante que isso seja) para que as pessoas participem. Tem de haver conhecimento, informação e motivação suficientes para que os cidadãos se decidam a participar ativamente na "coisa pública", que, sendo de grande interesse e evidentes repercussões em seus próprios interesses, não os provocam, no entanto, a se envolver.

Trata-se, portanto, de um ato de vontade política do governo, no qual este compromete a estrutura, os recursos e o futuro do próprio Estado. Esse foi o significado da decisão de realizar a consulta cidadã para a integração do PED.

A referida vontade representa a ocasião para que o cidadão de Michoacán seja escutado de fato – além do meramente formal – e captar, assim, na medida do possível, a profundidade da sua própria subjetividade e os símbolos com que expressa seus desejos de vida, seus sonhos, as coisas nas quais pode confiar, os obstáculos que percebe, os compromissos que está disposto a assumir e os atos que sugere para seu governo. E isso sem que ninguém dite, insinue ou manipule suas respostas às perguntas formuladas.

Por isso, a consulta tem de ser (e de fato foi) uma experiência na qual o cidadão seja considerado e que irrompa de fato como um verdadeiro *sujeito*, superando o tradicional papel de "população-alvo" das políticas públicas. Essa consulta seria o momento em que o cidadão participaria com o Estado nas formulações do futuro e seria capaz de negociá-las com o próprio Estado.

### b) O marco epistemológico

A consulta parte de um novo enfoque epistemológico, no qual o conhecimento é considerado como uma construção social permanente e não como um "conhecimento" que o "especialista" extrai da realidade mediante procedimentos estatísticos, mas à margem da verdadeira voz e sentimento da população. Assumir a proposta implica aceitar que existe o natural "diálogo de saberes", pois nunca o "saber culto" se deve impor e desprezar o "saber natural" da cidadania já sempre existente, mesmo que esse possa ser limitado, fracionado ou confuso em seu estado "original".

É necessário superar este enfoque funcionalista, e partir da *aplicação da teoria do conhecimento baseada na "lógica dialética"*, ou seja, aquela que tem como *"ponto de partida"* a própria *"prática social"* dos participantes. Não se trata de partir da teoria ou da abstração, que, mesmo sendo válida, normalmente se mostra distante e alheia aos conhecimentos e interesses dos participantes.

### c) A proposta metodológica

Por isso, trata-se de gerar processos de *autodiagnóstico* dos participantes do processo, entendidos esses processos como o autorreconhecimento crítico sabre a "visão" que o cidadão tem de seu próprio Estado, assim como o de sua interpretação de seu *contexto real*. Em termos metodológicos gerais, esse processo de autodiagnóstico inclui também o autorreconhecimento crítico da prática real dos participantes. Em nosso caso, decide-se eliminar essa fase, pois não se pode constatar nenhuma prática comum, dada a diversidade de setores e âmbitos.

Isto que chamamos "o triplo autodiagnostico" (concepção, conceito e prática), a partir deles mesmos, do mais próximo e do mais concreto, do objetivo e subjetivo, *garante um interesse vital dos participantes no processo*; permite conhecer posições ideológicas e/ou subjetivas, assim como o enfoque sociocultural com que "vivem" o tema ou a situação a ser trabalhada e pesquisada; reconhecem-se, portanto, as atitudes e os comportamentos com os quais enfocam o tema. Gera-se uma revisão crítica disso. É confrontada e analisada a *coerência* – ou não – entre seu pensamento, sua visão do contexto e sua prática concreta, mesmo que esta seja a aparente "não prática" (eliminada neste caso). E *tudo isso é feito em forma participativa, autodiagnóstica*, sistemática e realizada rigorosamente pelos *próprios participantes*, mas conduzida com grande responsabilidade e rigor – em forma democrática – pelo "coordenador" ou "facilitador" pedagógico do processo.

Não se trata apenas de alcançar um "primeiro" nível de análise. O processo continua em forma ascendente, alcançando, portanto, um nível de *"distanciamento" crítico* de maior capacidade de pergunta, de revisão e análise do tema e de seus enfoques. Inicia-se – de fato – um *processo de "teorização"* a partir da prática. São construídos conceitos operativos, trabalham-se categorias, amplia-se o horizonte e, portanto, abre-se a necessidade e se gera o interesse por conhecer respostas de outros níveis de complexidade e profundidade que não estão normalmente no domínio "natural" dos participantes. É o momento em que o coordenador, responsável pelo processo metodológico e pedagógico, conhecedor e organizador do mesmo e dos conteúdos a serem trabalhados de acordo com os objetivos estabelecidos, *pode e deve* estabelecer a aproximação às teorias que explicam e pretendem encontrar respostas às novas inquietações que o grupo colocou na etapa anterior. É o momento da *"teorização"*. É a teoria *"a partir da prática"* e não *"sobre e/ou alheia a ela"*.

Dentro dessa proposta geral, para o caso dos processos de autodiagnóstico e da consulta cidadã como insumos para o Plano Estadual de Desenvolvimento, essa etapa deve encaminhar-se no sentido de realizar uma análise mais rigorosa dos temas, problemas ou situações detectadas no autodiagnóstico. *Dessa maneira, conseguirá priorizar e hierarquizar a temática que desejam propor os participantes de alguma região ou algum setor para ser tomada em conta nas estratégias PED.*

Por isso, uma vez realizada a sistematização e a hierarquização dos temas, problemas e situações analisadas, a seguinte e a última fase do processo será centrada na *busca coletiva de propostas e solução às temáticas abordadas*.

Metodologicamente, se trata – de forma dialética – da "volta à prática". Em nosso caso, trata-se de que os participantes, uma vez alcançado o consenso dos principais pontos do diagnóstico, de sua priorizarão e hierarquização, ponham-se a definir as principais propostas ou linhas gerais de ação que o governo de Michoacán deve incorporar a suas estratégias derivadas do PED.

E este é o produto principal esperado: *as propostas de solução às situações detectadas*. No entanto, os próprios elementos obtidos do autodiagnóstico são um insumo de valor incalculável para conhecer a fundo e na voz dos próprios autores a percepção objetiva e subjetiva da problemática da região, o setor ou o tema específico que estão sendo consultados; em síntese, a situação do Estado segundo os seus cidadãos e suas cidadãs.

### d) Os aspectos pedagógicos

Como se poderá inferir para alcançar tudo isso, precisa-se trabalhar "obrigatoriamente" com uma pedagogia profundamente participativa. Como não ser assim, pode se fazer um processo de "autodiagnostico"? Para isso, desenhamos o método geral denominado "Taller", entendido como um instrumento pedagógico de envolvimento pleno dos participantes selecionados. Para alcançar esse processo de total envolvimento e participação ativa, é necessário lançar mão de métodos particulares e ferramentas didáticas propiciadoras e geradoras – por seus cuidados, por seu desenho e seu uso oportuno e pertinente – da mencionada *participa*ção.

Trata-se de uma "pedagogia de plena participação" que exige a criação de um clima propício de confiança e diálogo, de uma ordem lógica do processo, da aplicação de ferramentas pertinentes, da condução especializada de um coordenador, de liderança flexível, mas ao mesmo tempo zelosa em relação ao tempo, e da sistematização rigorosa do que for produzido.

Assim, decidiu realizar-se a consulta cidadã em nível massivo, mas seguindo rigorosamente o marco teórico da educação popular e da pesquisa-ação participante.

Em forma de resumo, apresentamos o seguinte esquema geral do processo das oficinas.

**e) Esquema sintético**

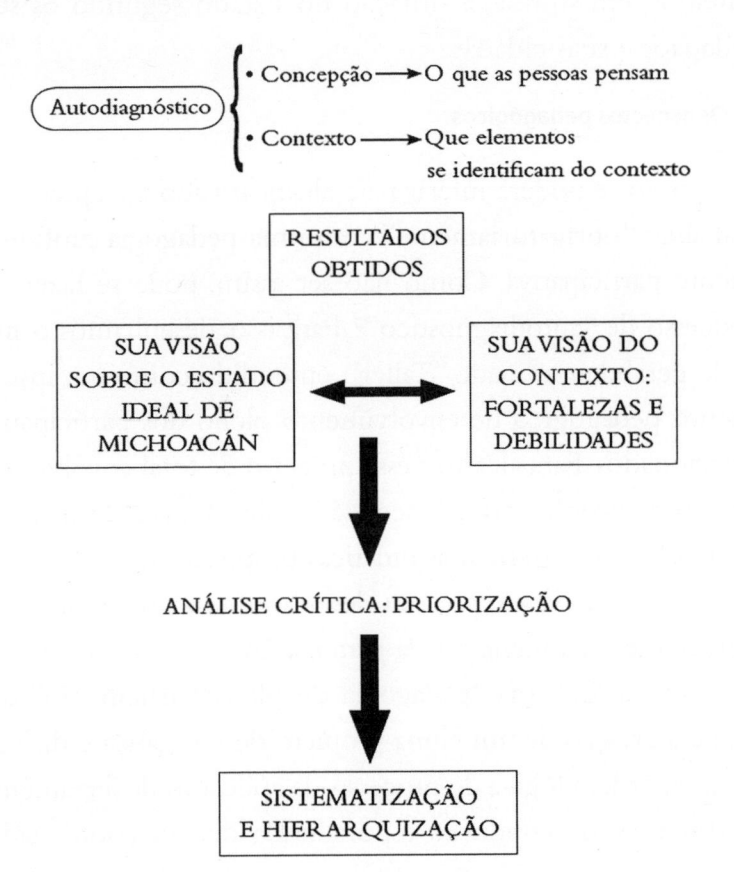

Autodiagnóstico
- Concepção ⟶ O que as pessoas pensam
- Contexto ⟶ Que elementos se identificam do contexto

RESULTADOS OBTIDOS

SUA VISÃO SOBRE O ESTADO IDEAL DE MICHOACÁN ⟷ SUA VISÃO DO CONTEXTO: FORTALEZAS E DEBILIDADES

⬇

ANÁLISE CRÍTICA: PRIORIZAÇÃO

⬇

SISTEMATIZAÇÃO E HIERARQUIZAÇÃO

## f) Esquema metodológico

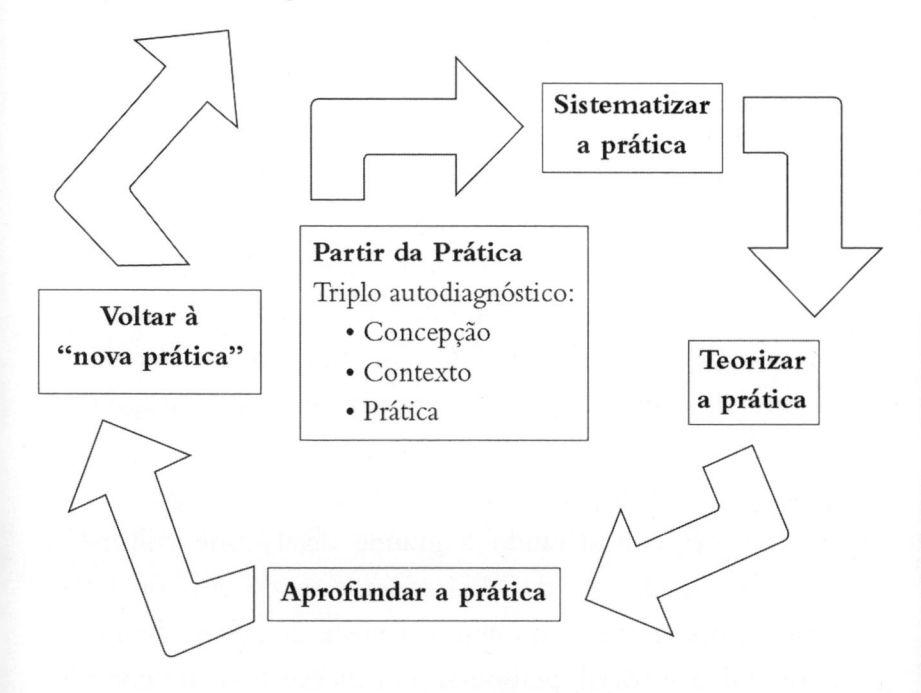

Diagrama cíclico:
- **Partir da Prática** — Triplo autodiagnóstico:
  - Concepção
  - Contexto
  - Prática
- **Sistematizar a prática**
- **Teorizar a prática**
- **Aprofundar a prática**
- **Voltar à "nova prática"**

## 5. A proposta concreta: as oficinas de autodiagnóstico e a elaboração de propostas: "TADEPs"

### 5.1 O método

Como se pode ver, a questão metodológica adquire um papel relevante, pois permitirá "baixar" os pressupostos teóricos, éticos e políticos ao campo do realmente possível: o *que* se pode e deve fazer. E *como* se deve fazer para consultar aos cidadãos.

Numa primeira aproximação, foi proposto que a "consulta" se realizaria em forma deliberativa, a partir da convocação para criar "espaços pedagógicos políticos" inovadores e verdadeiramente participativos. Para isso se propôs uma estratégia sustentada na realização das "oficinas de autodiagnóstico e elaboração de propostas" (TADEPs). Essas oficinas se realizariam sob os princípios ético-políticos, epistemológicos, metodológicos e pedagógicos já mencionados, e tiveram de ser adaptadas ao alcance e às exigências de um processo massivo a ser realizado em muito curto prazo.

Efetivamente, os primeiros contatos e reuniões foram feitos no mês de março e abril. O compromisso se materializou no mês de maio, a consulta se organizou em julho e agosto e se sistematizou em setembro e outubro. *Dessa forma, o processo geral se realizou, em todas suas fases, em apenas sete meses.*

Por isso, considerando a grande diversidade cultural e ecológica do Estado de Michoacán, e tendo em conta que suas regiões apresentam diferentes níveis de desenvolvimento econômico e social, pensou-se em mecanismos de consulta na qual a cidadania em geral opinaria *a partir de seu território* enquanto que os atores específicos e/ou especialistas fizeram suas propostas por *temas e setores*. Dessa maneira, a consulta cidadã se realizou – como já mencionamos – por meio do "TADEPs" para consultar a cidadania a partir do marco de suas visões territoriais, comunitárias, institucionais e temáticas, de maneira significativa e verdadeiramente representativa.

Baseados no marco teórico-metodológico já apresentado, os assim chamados TADEPs se constituiriam por grupos integrados com um número preestabelecido de cinquenta participantes selecionados de acordo com critérios de um padrão formulado pelas diferentes secretarias do governo e pelas organizações da sociedade civil, atendendo a seu nível de representação.

*Uma consulta cidadã participativa*

Para a convocação, cada um recebeu em mãos, em sua residência (por mais distante que fosse), um envelope com seu nome e sobrenome entregue pessoalmente por um funcionário público. Isso implicou um grande esforço logístico e de colaboração entre vários setores do governo.

O envelope continha as seguintes informações:

- Uma carta-convite assinada pelo Governador do Estado, na qual convida a pessoa a participar, manifesta a importância da consulta e agradece de antemão sua participação.
- O programa geral do TADEP.
- Um "manual do participante", organizado e impresso especialmente para a consulta, com as instruções sobre as tarefas que solicitavam a cada participante;
- Uma ficha de avaliação.
- Cartões com perguntas impressas que deveriam ser respondidas previamente pelo convidado, junto com o grupo de referência.

### 5.2. Tipos de oficinas realizadas

**Oficina tipo "A": Territoriais**

Para essas oficinas foram convocados representantes das autoridades político-administrativas (municípios), membros de organizações comunitárias, sociais e civis, e cidadãos selecionados *de um território específico*, conformado por um agrupamento de dois a cinco municípios ("microrregiões"), segundo densidade de população, proximidade e afinidade de contexto.

Para algumas microrregiões se desenvolveram duas ou mais oficinas, porque assim o exigiam as condições da referida área. Esse foi o caso, por exemplo, de Morelia, a capital do Estado. Foram realizadas *44 oficinas* desse tipo, das quais participaram 1.823 cidadãos que representaram 72% das pessoas convocadas.

**Oficina tipo "B": Setoriais**

Para essas oficinas foram convocados representantes dos diferentes setores da vida produtiva, social, cultural, política etc. do Estado. Os setores foram agrupados em catorze oficinas que se realizaram, na maioria, na capital do Estado, mas ocasionalmente alguma oficina foi realizada em outro centro que melhor representasse o interesse dos setores. Participaram 269 pessoas.

**Oficina tipo "C": Temáticos**

Com critérios semelhantes aos anteriores, convocaram-se pessoas envolvidas em temáticas particulares de especial relevância (gênero, direitos humanos, meio ambiente etc.). Para isso, se realizaram 24 oficinas, contando com 523 participantes.

**Oficina tipo "D": Migrantes**

Como já mencionado, Michoacán é um dos Estados com maior número de migrantes para os Estados Unidos. Por isso, requer menção especial o esforço para consultar esses migrantes michoacanos estabelecidos em território dos Estados Unidos. Através dos contatos com os "clubes migrantes" existentes nesse país, foram realizados 5 TADEPs em território norte-americano. Além disso, se realizou uma oficina no próprio Estado de Michoacán. Nessas seis oficinas, participaram 281 pessoas.

### 5.3. Os moderadores do TADEPs

Desde o início do processo, foi estabelecido contato com a sociedade civil organizada do estado de Michoacán. Foi uma premissa e "condição" de nossa proposta às autoridades corresponsáveis do processo que esse setor deveria ser parte ativa da consulta e demais etapas subsequentes. Era a única política coerente com o próprio espírito da vontade do governo. Como falar e gestar participação cidadã sem a participação dos setores mais comprometidos da sociedade civil?

Por isso, os moderadores e moderadoras do TADEPs foram membros dessas organizações, e não partes, portanto, da estrutura do governo, mas pessoas amplamente familiarizadas com o entorno do Estado e especialistas no uso de "metodologias participativas". Dessa maneira, ao mesmo tempo que se gerava confiança nos participantes pela "neutralidade" política dos moderadores, preservava-se a natureza do processo.

Para ratar de garantir o desenvolvimento correto do TADEPs, foram realizadas três oficinas de capacitação metodológica, tanto para "moderadores" como para relatores. Esse trabalho implicou em incluir representantes de tal setor, eleitos democraticamente por eles mesmos nas tarefas de definição metodológica, na sistematização e nas tarefas de seguimento, posteriores à consulta propriamente dita.

É importante assinalar que esse processo propiciou a criação de uma "coordenação" de ONGs para responder às demandas e exigências da consulta. Atualmente, essa coordenação se converteu em "Aliança da Sociedade Civil para a Participação Cidadã" e reúne 23 ONGs. Isso não significa que essa instância inclua 100% das organizações do Estado. É apenas uma representação muito dinâmica desse setor que não fecha as portas nem anula a participação de outras muitas ONGs com outro perfil.

### 5.4. O desenvolvimento metodológico dos TADEPs

O modelo conceitual de desenho e metodologias dos TADEPs foi o mesmo para todos os tipos de oficina. Mas no caso das oficinas "temáticas", "setoriais" e "migrantes", *as perguntas teriam que ser entendidas e respondidas a partir da perspectiva do "eixo temático" correspondente.*

Como já referido, cada convidado recebia um envelope com um convite personalizado e o material de trabalho necessário. As instruções indicavam que deveriam fazer-se algumas tarefas prévias à data de seu respectivo TADEP, como responder coletivamente, com seu grupo de referência, os cartões impressos que estavam no envelope. Essa resposta seria a principal matéria de trabalho na própria oficina.

Os três cartões, de diferentes cores para se responder, colocavam as seguintes perguntas:

- Quais são as três coisas mais importantes que fariam de Michoacán o melhor lugar para viver?
- O que o governo deveria fazer para alcançar esse Estado que desejamos?
- O que os cidadãos deveriam fazer para se conseguir esse Estado?

Outros três cartões de cores diferentes perguntavam sobre os três principais fatores do contexto econômico que favoreciam alcançar esse Estado ideal, e outros três perguntavam sobre as principais dificuldades ou obstáculos para alcançá-lo.

Três cartões perguntavam o mesmo, mas sobre os aspectos sociais, tanto positivos como negativos. O mesmo para os aspectos políticos e sociais.

Em síntese:

- Era solicitado que identificassem o "sonho" do Estado de Michoacán ideal;
- Que assinalassem as responsabilidades do governo para a consecução desse sonho;
- O mesmo, mas sobre a responsabilidade cidadã.

A seguir, solicitava-se uma análise de fatores positivos e negativos do contexto social, econômico, político e cultural, que favoreceriam ou dificultariam a realização desse sonho e o exercício das responsabilidades do governo e da sociedade.

Esses cartões – como já referidos – deveriam ser respondidos previamente e de forma coletiva pelo grupo de referência a que pertencia o convidado.

Com esse material, o representante convidado se apresentava no dia e na hora, no lugar indicado, para encontrar os outros 49 convidados que haviam feito o mesmo.

Já no lugar e dia indicado para o desenvolvimento do TADEP, o moderador (proveniente da sociedade civil) e o relator (das estruturas do governo) facilitavam a apresentação inicial, a explicação dos objetivos a alcançar e a metodologia a ser seguida.

Coordenava, então, o processo grupal de classificação dos cartões por simples afinidade de conteúdo. E isso — obviamente — seguindo os passos sugeridos pelas perguntas dos cartões: primeiro os de "sonho", logo as de responsabilidade e depois as de cada elemento do contexto etc.

A socialização dos cartões de cada participante e a busca de critérios para os acordos na classificação provocavam um debate muito complexo e profundo sobre os referidos itens. Assim, esse processo da consulta gerava realmente participação ativa na deliberação, provocava diálogo, implicava o exercício de valores democráticos, da tolerância etc. Por isso, sempre destacamos que uma consulta assim realizada, além dos resultados, gera um "saldo pedagógico" e educativo de grande importância para o futuro das políticas de participação cidadã.

Terminado esse pesado exercício (depois de várias horas de trabalho) mediante um critério de "pontuação" ou "votos" outorgados a cada participante, eles mesmos, fazendo uso de seus "votos" e frente aos conjuntos de cartões, tinham de colocar suas valorizações naqueles títulos ou colunas de cartões que agora, no conjunto, vinham como prioritários.

Era uma maneira de "fechar" ou "delimitar" o grande universo temático gerado. E ao fazer isso, através de critérios de alocação de prioridades, o grupo enquanto tal expressava — em conjunto — uma visão mais acabada, que implicava um avanço superior nos debates e na busca de acordos. É o que chamamos de processo de "teorização", pois implica um distanciamento crítico dos critérios pessoais originais, enriquecidos agora por um conjunto do que foi expresso e pelos processos de sistematização coletiva que – obviamente – produzem um conhecimento de ordem superior.

Finalmente, a última tarefa pedia a elaboração coletiva de propostas para a solução de cada uma das prioridades obtidas. Nem sempre se tratava de "solucionar problemas", pois também estavam envolvidas prioridades de fortalecimento a determinadas fortalezas encontradas. Por isso, e para evitar a conotação paternalista ou "clientelar" que costuma estar subjetivamente instalada na relação sociedade-governo (por ambas partes), em nenhum dos cartões e nem nas instruções se mencionava a palavra "problema". Sempre se falava de "coisas", "elementos", "situações", mas não "problemas". E não porque não se considere que a vida está cheia de problemas, mas porque, apesar de tudo, a *vida* existe. E sobretudo no campo e nas comunidades indígenas, essa vida está cheia de riquezas culturais, recursos naturais, valores, hábitos e costumes muito positivos. Sem dúvida, tudo isso "navega" em meio a tempestades de um contexto francamente problemático, difícil, marginalizador, mas nunca eliminador da vida, que apesar de tudo resiste e se expressa em outros códigos.

Por isso, nos resultados da consulta, aparecem tantos os problemas reais como as fortalezas muito significativas, que, em um enfoque tradicional de investigação, seguramente não teriam aparecido, simplesmente porque nem sequer se havia perguntado às pessoas sobre isso.

Os elementos do diagnóstico situacional expressos no "conjunto de cartões" junto à definição de prioridades e ao conjunto de propostas (elaborados todos por escrito) foram recolhidas fielmente pelo relator com o apoio do coordenador ou facilitador, fazendo uso do "caderno" que projetamos para este fim.

Dessa maneira, ao finalizar a oficina (7 a 9 horas depois), contávamos com a primeira memória fiel de sistematização inicial. E esta, depois de ser revisada, era firmada pelo próprio relator, o coordenador da oficina e pela representação da autoridade municipal, sempre presente. Dessa maneira, aos olhos de todos e todas, evidenciavam-se a vontade e decisão de não alterar de modo algum os resultados obtidos. E isso fortalecia nas pessoas a confiança em um processo de verdadeira consulta, sem manipulações do governo ou dos políticos.

### 5.5. Avaliação

Em cada oficina foi aplicada uma ficha de avaliação (incluída nos materiais entregues) a cada participante. Os resultados já sistematizados indicam que mais de 80% consideravam o processo muito positivo.

### 6. A sistematização

Os resultados do exercício de cada oficina foram sistematizados – em uma primeira versão – de forma imediata durante a própria realização da oficina, segundo procedimentos descritos e através de formato especial organizado para o caso. Nele, cada relator registrava em forma sintética o que o grupo havia expressado em cada uma das etapas do TADEP. Para isso, recorria-se ao que os participantes haviam expressado em forma escrita, impedindo dessa maneira a possível interpretação subjetiva do relator. Dessa forma se conseguiu "padronizar" o registro dos textos em segmentos que tivessem condição de serem transpostos para uma base de dados computadorizados, e que foi desenvolvida pelo pessoal de informática da própria SEPLADE. Essa base produziu, em sua análise e interpretação, temas prioritários manifestados pela cidadania para a integração do PED.

Por sua vez, os meios informáticos impuseram suas próprias características e exigiram o desenvolvimento de um sistema de bases de dados, sua organização e implantação, assim como o desenvolvimento dos programas de computador para a exploração da informação, o que significa uma quantidade considerável de códigos. Conta-se agora com uma verdadeira base de conhecimentos, habilidades e capacidades à disposição da SEPLADE para interpretar os resultados integrais à Consulta Cidadã. Se estiver em condições de responder a praticamente qualquer tipo de classificação, ordem, categoria, conteúdo textual, ponto de origem, incidência e, inclusive, através de "árvore de consulta" semelhantes aos "*sites* de busca" comuns no âmbito da internet.

Esse esforço inédito de desenvolvimento com tecnologia de ponta – instalado em tempo sumamente reduzido – aplicado ao caso da consulta cidadã pode agora mostrar resultados verdadeiramente impactantes e complexos, com grande potencial de desenvolvimento futuro, pois as possibilidades de suas aplicações são realmente muito ricas.

## 7. Outros componentes da consulta cidadã

Considerando que os TADEPs foram realizados através de convites especiais a pessoas significativas por seu papel social ou de representação, foram postos ao alcance dos cidadãos de Michoacán outros recursos. Assim, todo aquele cidadão comum que quisesse teria a possibilidade de realizar a sua contribuição que seria incorporada à consulta.

### 7.1. Caixas de consulta

Foram encomendados a uma empresa especializada a instalação, a operação, a coleta e a sistematização de "urnas", nas quais se depositaram cédulas desenhadas de forma compatível com os formatos dos TADEPs. Essas cédulas continham dez perguntas por opções "fechadas", além de uma aberta às propostas dos cidadãos. As urnas (162) foram colocadas em lugares de movimento de pessoas, em todos os municípios do Estado de Michoacán. Os cidadãos que assim desejassem poderiam manifestar suas opiniões e suas propostas preenchendo as cédulas e depois as depositando nas urnas. A quantidade de respostas foi de 42.685. Os resultados da sistematização foram incorporados à base comum de conhecimentos, computadorizada.

### 7.2. Internet

À página de internet do Governo de Michoacán (www.michoacan.gov.mx) agregou-se um *link* com um questionário, cujo formato e conteúdo são idênticos àquele empregado na consulta através das urnas. Assim, aqueles que puderam ou quiseram, acessaram esse recurso e participaram dessa forma. Note-se que o número de respostas – 678 – é mais reduzido que nas outras instâncias, mas elas foram igualmente incorporadas à base de conhecimentos.

## 7.3. Telefone, fax

Finalmente, publicou-se o número telefônico que poderia ser usado para, via fax, fazer chegar propostas ou sugestões. Essa forma de comunicação foi praticamente ignorada.

## 8. Tarefas e materiais de trabalho e apoio

Vencer a desconfiança e apatia generalizada da população ante esse tipo de exercício – produto das farsas e modalidades já descritas antes – não foi tarefa fácil.

É certo que o "capital político" do novo governo, sustentado por um amplo respaldo dado nas urnas ao governador, representava uma fortaleza importante. No entanto, entendíamos que isso não garantia necessariamente o respaldo efetivo que a proposta exigia.

Por isso, em colaboração com a Coordenação Geral de Comunicação Social do Governo, organizou-se e efetivou-se uma "estratégia de comunicação" em todos os meios de comunicação disponíveis.

Isso implicou a realização de uma imagem corporativa, lemas, produtos para meios radiofônicos, televisivos, impressos etc. E, obviamente, a definição de tempo, ritmos e densidades de conteúdos.

Consideramos que o impacto de tal campanha foi muito importante para criar o "clima" favorável à resposta positiva que finamente se teve.

Igualmente, preocupamo-nos em elaborar os materiais de apoio para a realização exitosa da consulta. Assim, sempre com a colaboração da referida Coordenação, organizamos e produzimos o "manual de trabalho" já mencionado para os TADEPs. Esse material indicava de forma gráfica e simples as tarefas que cada participante deveria realizar antes de seu respectivo TADEP e durante o próprio evento. Foram organizados e impressos cartões com as perguntas a serem respondidas previamente.

Para dar a conhecer e debater a proposta metodológica, elaboramos diversas apresentações em Power Point. Servimo-nos delas em reuniões de trabalho com o pessoal da SEPLADE, de outras secretarias e para a apresentação ao Governador e seu gabinete ampliado.

## 9. Aplicação, supervisão, acompanhamento

Durante a etapa de aplicação da consulta, manteve-se uma supervisão em campo e uma indireta do processo dos TADEPs. Cabe assinalar, por exemplo, que os TADEPs territoriais (44) que compreenderam a consulta aos 113 municípios do Estado foram efetuadas em apenas cinco dias, ou seja, se desenvolveram nove por dia.

Essa decisão também gerou um clima muito favorável no Estado, pois cada um dos TADEPs contou com a participação de cidadãos da região, assim como com as autoridades municipais. A imprensa escrita e radiodifusora existente em cada região deu ampla cobertura aos eventos, gerando assim energia favorável e reforçadora da campanha.

## 10. Desenho de materiais de devolução e socialização

Para dar conta do que foi realizado, desenharam e elaboraram "memórias" dos TADEPs, que deveriam ser entregues aos participantes em novas seções de "devolução, seguimento e avaliação". Essas seções estão atrasadas. Estão no processo de levá-las a cabo, incorporadas a uma nova consulta sobre o "exercício de governo" que está muito próxima a realizar-se seguindo em termos gerais a estrutura dos TADEPs.

Igualmente, trabalhou-se na elaboração de um vídeo que dá conta da experiência. Esse roteiro e a elaboração do próprio vídeo foram responsabilidades diretas da coordenação geral de Comunicação Social e estão disponíveis. Apresentações de Power Point também foram elaboradas e dão conta dos resultados e das estratégias de seguimento.

## 11. Interpretação e síntese da consulta

A consulta teve três fontes significativas de obtenção e de informação: os TADEPs, as urnas e a página *web*.

De forma inequívoca, os três insumos conduzem a uma visão do Estado de Michoacán, a uma análise do contexto, uma interpretação de forças, debilidades, e a uma série de propostas de surpreendente coincidência, independentemente das diferentes modalidades que cada instrumento teve de utilizar enquanto a métodos e ferramentas de trabalho. Isso dá uma validade inquestionável aos resultados.

Uma leitura analítica nos permite afirmar que os temas mais mencionados são:

- Emprego;
- Segurança;
- Educação;
- Meio ambiente.

Respectivamente, quando se referem às ações que o governo, a seu juízo, deve realizar para que isso se cumpra com lógica coerência, mencionam o seguinte:

- Criação de fontes de emprego;
- Apoio ao campo;
- Apoio à educação;
- Combate à corrupção;
- Cuidados com os recursos naturais;
- Geração de espaços de participação cidadã.

Destaca-se a relevante incidência referindo-se ao apoio e estímulo da *participação cidadã*, elemento que será repetido em outros itens, como veremos.

No mesmo sentido, quando se referem ao papel que devem assumir a cidadania, e a sociedade civil, expressam:

- Participação cidadã;
- Apoiar a democracia;
- Colaborar com o governo em tarefas relevantes;
- Cuidar do meio ambiente;
- Denunciar os atos de corrupção e/ou ineficiência de governo, assumindo, consequentemente, um comprometimento ético (incidir sobre a administração pública);
- Colaborar na geração de empregos.

Para isso, expressam suas fortalezas de forma muito consequente. Interpretando dinamicamente os dados, temos:

- Sua própria cultura (identidade, sentido de pertença, conhecimentos, etc.);

- As próprias pessoas do Estado;
- Seus recursos naturais;
- A democracia atual (entendida como legitimidade do atual governo, a alternância, a pluralidade etc.).

Como vemos, a cidadania outorga a oportunidade ao governo, mas manda uma mensagem de *querer ser partícipe nas tarefas de governar a partir do que é e do que tem: sua cultura, a força de sua identidade, seus recursos.* Tudo em um ambiente político favorável e de esperança.

Quando expressam as principais debilidades que encontram no contexto, com grande coerência expressam:

- A falta de emprego;
- Uma educação insuficiente e de baixa qualidade;
- A corrupção;
- Ineficiência administrativa;
- A insegurança.

Finalmente, as propostas que oferecem (que são muitíssimas, muito variadas e ricas) coincidem em três grandes rubricas:

- Educação;
- Cultura;
- Participação cidadã.

Podemos concluir que a cidadania, sem ambiguidades, tem perfeitamente claros os principais problemas do Estado. Por isso, o "sonho" de Michoacán que eles esperam como construção do futuro expressa justamente como desejos a antítese das dificuldades e problemas que percebem: emprego, educação, segurança, participação cidadã etc.

Mas o mais interessante de tudo é *que enfatizam em suas demandas o ser partícipe na construção desse Estado desejado*. Não há ambiguidade em sua mensagem: demandam-no explicitamente quando pedem ao governo que crie ou fortaleça espaços de participação cidadã, quando oferecem como fortaleza sua própria participação e quando, com suas propostas, voltam a enfatizar a participação.

E se a isso juntamos os outros elementos de suas fortalezas e compromissos, como sua própria identidade, sentido de pertença, recursos e conhecimentos, estão dizendo-nos que *no modelo de desenvolvimento que esperam ser promovido pelo atual governo, ao qual segue oferecendo um voto de confiança, eles e sua cultura devem ser levados em conta*. Dito de outra forma, entendem-se como *atores sociais ativos,* solidários, protagônicos, comprometidos, e não só como "beneficiários passivos" das políticas do Estado.

O fato de haver podido recolher essa posição – que além de interpretações subjetivas está contundentemente expressa na consulta – é um dado de particular relevância para ser tomado em conta na elaboração do PED e nas estratégias, planos, programas e projetos de desenvolvimento que dele se derivem. Por isso, deve-se pensar em estratégias *"transitoriais"*, que atendam às situações ou temas a partir uma visão integral, como expressa o próprio nome do plano e como é demandado pela mensagem da população.

E nisso, e para isso, a participação da cidadania é um fator ineludível. O "saldo pedagógico" gerado como resultado da consulta está aí. *Existe e é um capital de valor incalculável para o exercício de um governo que quer "governar a partir e com as pessoas".* Em função disso, programou-se e implementou-se um processo de seguimento.

## 12. Processo de seguimento

### 12.1. A organização do "grupo de tarefa Pátzcuaro"

Para dar continuidade ao processo gerado pela "consulta", e de acordo com a SEPLADE, se formou um "grupo tarefa" com pessoas de diferentes áreas da própria SEPLADE, da Secretaria de Desenvolvimento Social (SEDESO), do Centro para o Desenvolvimento Municipal (CEDEMUN), da *Coordenação de Comunicação Social*, de membro da academia e da *sociedade civil*. Este grupo, chamado Grupo Pátzcuaro (devido ao nome da cidade onde se reuniu), convocou a pessoas que, além de suas próprias responsabilidades institucionais, haviam participado do processo de consulta, conheciam sua filosofia e metodologia e podiam então ser artífices do desenho da "estratégia de seguimento".

### 12.2. A elaboração do "plano estratégico de seguimento"

O Grupo Pátzcuaro foi convocado a participar (6, 7 e 8 de fevereiro de 2003) em uma oficina intensiva. Através da proposta de "planejamento estratégico participativo", o grupo organizou o "Plano Estratégico de Seguimento" ao processo da consulta.

Este instrumento consta de *oito links* de acordo com os objetivos formulados e, através de suas ações previstas, foi um guia para gerar as iniciativas que pretendem materializar o que foi acordado em suas linhas e objetivos.

### 12.3. Processos de aplicação

Para os efeitos de aplicação do plano, foram organizadas equipes de trabalho (comissões) formadas voluntariamente pelos próprios participantes. Sob a condução de alguns deles, os trabalhos vêm sendo desenvolvidos com diferentes ritmos e níveis de avanço.

No caminho mesmo, no próprio processo, essas comissões foram reorganizadas, foram formadas "subcomissões" que tratam de integrar as tarefas da melhor forma e também se incorporaram a outras pessoas. Algumas abandonaram o grupo.

O grupo vem reunindo-se mensalmente em sessões de informação dos avanços e/ou dificuldades no sucesso do que foi planejado, reflexão e análises da conjuntura política e da conceptualização — a partir de sua prática — da natureza, implicações e alcances do próprio grupo e seu plano estratégico.

Uma das principais dificuldades para o melhor desempenho das responsabilidades assumidas tem sido seu caráter "informal" e inédito. Por isso, certas tarefas que demandam informações, representatividade etc. estão sendo dificultadas. E, em função disso, desde o princípio, solicitou-se o reconhecimento e o aval da própria SEPLADE e do Senhor Governador, situação finalmente alcançada em 20 de junho, quando o Governador orientou a incorporação de outros funcionários de nível e peso institucional muito significativo. Com isso, deu-se um passo em direção à reestruturação do Grupo Pátzcuaro.

## 13. Reestruturação do grupo: "Participa"

Derivado do acordo com o Senhor Governador, o Grupo Pátzcuaro reuniu-se nos dias 26 de junho e 10 de julho, numa oficina intensiva, para revisar seus objetivos, suas linhas de trabalho, sua nova conformação, sua reorganização e sua nova identificação.

A partir daí o grupo decidiu identificar-se como *Participa*: acordo sociedade/governo para a participação cidadã.

Decidiu-se igualmente incorporar novas instituições e pessoas dentro do espírito de que se acordou com o Governador, criando a figura de um "coordenador executivo" que facilita as tarefas de seguimento cotidiano.

Mediante esta iniciativa estratégica, o processo de seguimento da consulta e fortalecimento da participação cidadã encontra melhor rumo e racionalidade político-estratégica.

## 14. Apreciação crítica e autocrítica do processo

Quando programamos os mecanismos da participação cidadã, falávamos de um processo composto *de três etapas* adjacentes e sequenciais.

Na primeira, realizaríamos "*a consulta cidadã*" contando especialmente com recursos organizativos a partir da SEPLADE e da *sociedade civil*.

Ao terminar a primeira etapa, os resultados da consulta seriam usados como um dos três insumos para elaborar o PED. Além disso, *a segunda etapa* se iniciara com uma fase de *"apoio metodológico em planejamento estratégico" para a possibilidade de construção dos planos estratégicos* das diferentes instâncias do governo.

Isso oferecia a segurança de que os programas, em nível de setor, estivessem alinhados com os resultados da consulta.

Ao finalizar a segunda etapa, uma terceira etapa chamada "fase de seguimento" se iniciara para converter as metodologias de participação cidadã em processos regulares e constantes, de forma que a consulta não fosse um evento histórico, mas um costume de governo.

Por isso, desde os primeiros documentos, adiantava-se que, para que se obtivesse êxito através da consulta, deveria ser desenvolvido um dispositivo de avaliação e seguimento imediato, para discernir a partir de critérios éticos, políticos, programáticos, jurídicos e orçamentários as estratégias de seguimento. Os instrumentos para essa etapa seriam desenhados e propostos nesse momento.

## 15. Os resultados na realidade

A sequência do que falamos traduz-se numa visão um tanto mecânica da ordem dos acontecimentos. Na realidade, o que chamamos da segunda etapa adquiriu sua própria energia ainda antes de completar a consulta cidadã.

Efetivamente, ainda antes de completar a primeira etapa, iniciaram-se os processos de planejamento estratégico dos setores do governo, realizados de forma paralela aos momentos finais da consulta cidadã. Por razões práticas, não se propôs a intervenção da Diretoria de Planejamento de SEPLADE, motivo pelo qual não se fixou um marco metodológico comum para a construção dos planos estratégicos por setor.

Havendo contado com a aprovação absoluta de todos os implicados, o processo de "devolução" da consulta aos participantes (ação amplamente prometida) está atrasado de forma inexplicável, devido aos processos burocráticos que ainda obstaculizam a vontade de mudança assumida.

É certo que estamos a ponto de cumprir esta meta. Mas o atraso desnecessário afetou – assim cremos – a manifesta credibilidade e confiança depositada pela cidadania através de sua participação entusiasmada na "consulta".

Esperamos que a estratégia de "devolução", ligada ao processo honesto de avaliação a que o governo para seguir se submeterá em breve, através de nova "consulta" à cidadania, remedeie e reponha o capital pedagógico político, "ativo", indispensável para levar adiante múltiplos programas e projetos de aprofundamento da democracia substantiva.

## REFERÊNCIAS BIBLIOGRÁFICAS

BORDA, Orlando Fals et al. *Participación Popular: Retos Del Futuro*. [s.n.t.]: ICFES/IEPRI/COLCIENCIAS, 1998.

CASTELLS, Manuel. *La Era De La Información*. 3 tomos. [s.n.t.]: Siglo XXI.

COLECTIVO NACIONAL DEL CEAAL. *Paulo Freire Entre Nosotros*. Cuba: IMDEC, 1988.

MOVIMIENTO CIUDADANO POR LA DEMOCRACIA. *Democracia y participación ciudadana: Manual para promotoras y promotores*. México: [s.n.t.], 2000.

FONDO DE LAS AMÉRICAS CHILE; FUNDACIÓN NACIONAL PARA LA SUPERACIÓN DE LA POBREZA. *Desarrollo con ciudadanía y democracia participativa: Un nuevo trato entre el Estado y la sociedad civil*. Santiago de Chile, abril 2000.

MOVIMIENTO CIUDADANO POR LA DEMOCRACIA. *Diversos materiales de apoyo.* México: [s.n.t.].

FOROS DE PARTICIPACIÓN POLÍTICA DE LA SOCIEDAD CIVIL. México: Alianza Cívica, Convergencia, Ceaal, Cencos, 2000.

FREIRE, Paulo. *Cartas A Quien Pretende Enseñar.* [s.n.t.]: Siglo XXI, 1994.

GUÍA DEL FORMADOR DEL DIPLOMADO. "Educación Para La Democracia". Ife, Crefal, ILCE, 2002.

GUTIÉRREZ, Enrique. *Tomar Conciencia.* México: Fomento Cultural y Educativo.

HURTADO, Carlos Núñez. *Educar para transformar.* Guadalajara Jal. México: IMDEC, 1985.

_____. *La Revolución Ética.* Guadalajara Jal. México: IMDEC, 1998.

LORÍA S, Cecilia. *La Ciudadanía Toma La Palabra.* México: Causa Ciudadana A.P.N., 1998.

PALMA, Diego. *La Construcción De Prometeo.* Educación para una Democracia Latinoamericana, CEAAL/TAREA, 1993.

PARTICIPACIÓN CIUDADANA EN LA GESTIÓN PÚBLICA. Chile: Fondo de las Américas, jun. 2001.

SAVATER, Fernando. Ética Para Amador. México: Editorial Ariel, 1997.

_____. *Etica, Política y Ciudadanía.* México: Grigalbo, Raya en el Agua y Causa Ciudadana, 1998.

# 8. SISTEMATIZAÇÃO DAS EXPERIÊNCIAS: ALGUMAS APRECIAÇÕES

*Oscar Jara Holliday**

Exponho, neste texto, quatro ideias em torno dos desafios da sistematização de experiências:

## 1. Primeira ideia: falamos de sistematizar experiências

A palavra sistematização em determinadas disciplinas se refere, principalmente, a classificar, a ordenar dados e informações. Esse é o sentido mais comum, mais utilizado e totalmente válido da noção ou do conceito sistematização: sistematizar dados, informações, classificá-los, ordená-los, organizá-los.

Nós tomamos essa mesma categoria e a aplicamos não somente a dados e informações, mas sim a experiências; por isso não falamos somente "sistematização", mas sim da "sistematização de experiências".

O que queremos dizer por "experiências"? As experiências são processos individuais e coletivos. São sempre processos sócio-históricos, dinâmicos e complexos. As experiências não são simplesmente ações, fatos pontuais, mas elas têm uma

---

* Tradução de Sérgio Herbert.
Oscar Jara Holliday: Educador popular e sociólogo peruano-costarriquenho. Atualmente é Diretor Geral do Centro de Estudos e Publicações Alforja em São José, Costa Rica. Coordena a página web do programa latino-americano de apoio à sistematização de experiências do CEAAL: www.alforja.or.cr/sistem. Este texto é um resumo de uma conferência apresentada em um curso latino-americano dado no CREFAL, Pátzcuaro, México, no ano de 2003.

consistência de dinamismo e de complexidade. As experiências estão sempre em movimento e em toda experiência intervêm muitos elementos. Por exemplo: as *condições do contexto*; qualquer experiência se faz sempre em determinadas condições do contexto econômico, social e político local, nacional ou mundial. Ou *situações particulares*; nenhuma experiência está fora de uma determinada situação particular, que pode ser uma situação geográfica ou institucional, ou mesmo pessoal; sempre há, fora das condições do contexto, uma situação particular na qual se desenvolve uma experiência.

Por outro lado, a experiência sempre é constituída por *ações*, isto é, por coisas que fazemos, mas também por nossas *percepções*. É constituída também por *sensações, emoções e interpretações* das pessoas que vivem essas experiências, seus sujeitos, isto é, em uma experiência não há somente fatos e coisas que passam, mas há também pessoas que sentem, vivem e que fazem coisas.

A experiência está marcada pela qualidade, as características dos sujeitos, os atores, homens ou mulheres que as vivem. Pessoas que temos expectativas, sonhos, temores, esperanças, ilusões, ideias e intuições. Definitivamente, então, somos as pessoas que fazem esses processos, que são complexos e dinâmicos, e esses processos, por sua vez, marcam-nos, impactam-nos, condicionam-nos, exigem-nos, fazem-nos ser.

Além disso, devemos ter em conta que cada ação que se realiza, ou que não se realiza, vai produzir um determinado resultado e vai produzir em outras pessoas determinadas reações. Vai gerar, assim, determinadas relações e produzir outras situações diferentes daquelas que existiam antes de ter realizado essa ação. Isto é, estamos falando de processos históricos nos quais vão se concatenando os diferentes elementos que intervêm, em um movimento permanente, produzindo mudanças continuamente. Por isso, a história não está predeterminada, como dizia Paulo Freire. A história está sendo, e nós estamos sendo na medida em que fazemos a história; à medida que nos assumimos como sujeitos criadores e transformadores da história e não como objetos passivos e resignados que somos arrastados pelos acontecimentos.

Em síntese, as experiências são sempre experiências vitais, carregadas de uma enorme riqueza; e mais, cada experiência constitui um processo inédito e irrepetível e por isso em cada uma temos uma riqueza que devemos aproveitar precisamente por sua particularidade; por isso necessitamos compreender essas experiências; por isso é fundamental extrair seus ensinamentos e por isso é também importante comunicá-los, compartilhá-los.

## 2. Segunda ideia: as características da sistematização de experiências

Uma primeira característica essencial consiste em que a sistematização reconstrua o que sucedeu nesses processos: faz-se uma recuperação histórica da experiência; também se ordenam os distintos elementos que sucederam ao longo desses processos complexos, dinâmicos, como sucederam e como se perceberam e viveram nesse momento.

Porém, este é somente um primeiro passo, porque não se trata unicamente de reconstruir e ordenar o que sucedeu. Nossa proposta, desde a educação popular, exige-nos que tratemos de compreender e interpretar as causas, as razões de fundo para que esses processos se dessem dessa maneira. Assim, compreendendo e interpretando o que temos ordenado e temos reconstruído, poderemos tirar lições para a própria prática. Todo esse tema da obtenção de lições da própria experiência, que devem servir à própria experiência, significa um paradigma epistemológico; supõe uma maneira de ver o mundo, de situarmo-nos ante o mundo, de situarmo-nos ante a compreensão e a transformação do mundo como parte de um mesmo movimento. Então, reconstruir, ordenar o acontecido, visando compreendê-lo e interpretá-lo, para que assim seja possível transformar e tirar lições dessa experiência própria supõe uma postura epistemológica, social, política e cultural. É muito mais que um método.

Portanto, não somente devemos reconstruir ou descrever. Em nossa proposta, a sistematização não se limita a isso. Claro, isso é parte da sistematização. Registrar e reconstruir é somente uma parte. O importante, o mais importante, o decisivo é, depois que está tudo registrado e reconstruído, saber o que fazemos com isso. Temos de entender, compreender, interpretar a fundo o que ocorreu, quais foram suas causas, quais as consequências, quais os efeitos secundários e as raízes desses fenômenos. Devemos também interpretar quais têm sido as contradições, as continuidades e as descontinuidades, as coerências e as incoerências.

Descobrir a lógica desses processos supõe um esforço de teorização dessa prática. Então, nós a ordenamos e a reconstruímos, não para ordená-la e reconstruí-la, mas sim ao ordená-la e reconstruí-la obtemos a base para poder, então, descobrir: "ah, aqui faço uma ruptura, aqui faço uma descontinuidade, aqui faço uma mudança importante a respeito do que vinha fazendo...", e então, assim podem perguntar-nos: por que produzimos essa ruptura? Por que fazemos essa descontinuidade? Por que aqui demos continuidade e aqui não? Quais foram os fatores que produziram essa mudança? Resta-nos então ver as perguntas interpretativas que supõem a criação de categorias de interpretação teórica que permitem entender o empírico de nossas práticas.

Parece fácil dizer: "tirar lições da experiência", mas é um processo que exige, com base em uma postura epistemológica, contar também com um método rigoroso de aproximação à realidade, que tenha validade e confiabilidade. Um caminho metodológico que inclua os instrumentos que permitem reconstruir e descrever de maneira mais específica, concreta e objetivada possível, para poder fazer uma interpretação, o que supõe uma postura teórica.

Seguramente essa interpretação – e agora entramos em um tema de debate – não será a única que se pode fazer. Então entramos no problema de qual será a "verdade" da interpretação de uma experiência.

Em síntese, propomos uma postura epistemológica e uma proposta metodológica que permita reconstruir adequadamente o que ocorreu, ordenar os elementos que formaram parte dessa experiência, porém requeremos categorias de análises e categorias teóricas para poder interpretar o acontecido e poder tirar daí lições e conclusões que iluminem e inspirem outras práticas futuras.

Por tudo isso, pensamos que a sistematização de experiências não é algo fácil e simplista, e tampouco é algo tão complicado e especializado que está reservado exclusivamente para alguns ou algumas especialistas, conforme uma imagem que nos foi apresentada no campo da educação popular e de adultos: como esta coisa da sistematização é tão complicada, tem de vir algum especialista para sistematizar, porque os atores e atrizes que a realizaram não têm a capacidade de fazê-lo. Nós, pelo contrário, desejamos ser sistematizadores e sistematizadoras, propiciar e contribuir para que as pessoas, os educadores e educadoras, promotores e promotoras, homens e mulheres dirigentes de organizações sociais, todas as pessoas que somos, sujeitos das experiências, sejamos aqueles que podem sistematizá-las.

Alguém que tenha muita experiência metodológica poderá, de repente, ajudar-nos, poderá fazer perguntas ou proporcionar assessoria metodológica; mas quem poderá sistematizar nossa experiência, o que temos vivido como educador ou educadora em nossa prática ao longo deste ano, de vários anos, em nosso trabalho de escola, em nosso trabalho de formação de adultos, em nosso trabalho comunitário? Quem pode sistematizar para mim? Ninguém. Ninguém pode sistematizar a nossa vivência por nós.

Nesse sentido, pode haver muitos apoios que tornam factível a sistematização das experiências, porém não substituem as pessoas que viveram as experiências.

Para que, afinal, serve sistematizar experiências? Nós cremos que há três grandes objetivos possíveis.

Em primeiro lugar, uma boa sistematização nos permitiria *ter uma compreensão mais profunda da experiência, com o fim de melhorar nossa própria prática,* ou seja: sistematizamos para melhorar e para transformar a própria prática. Esse seria um grande objetivo.

Um segundo propósito ao qual poderia servir a sistematização é *compartilhar com outras práticas semelhantes os ensinamentos* surgidos de nossas experiências. Isto é, não somente compreender a nossa para melhorá-la, mas sim compartilhá-la com outras pessoas, instituições ou grupos que fazem experiências semelhantes. E aqui eu gostaria que marcássemos uma diferença importante: inter-relacionar narrações e contos sobre as experiências não é o mesmo que inter-relacionar produtos sistematizados das experiências; porque muitas vezes nas inter-relações de experiências desperdiçamos a oportunidade de fazer inter-relações de fundo e nos limitamos a fazer inter-relações narrativas nas quais cada um conta o que faz e todo o mundo diz "Ah, sim; muito interessante...", e logo comenta: "Bom, essa foi sua experiência. Agora, na minha..." e não se passa disso.

O puro intercâmbio de narrações e descrições não nos permite avançar qualitativamente. Ao contrário, vamos ter um intercâmbio e fazemos todo um processo prévio, no qual cada um faz uma sistematização e extrai as lições de sua prática em torno de um determinado aspecto, por exemplo: sobre "os aspectos metodológicos que propiciaram a formação autônoma", ou sobre "desenvolvimento da capacidade criativa nos sujeitos", ou sobre "como se deu ao longo do processo a relação entre dirigente e membros da organização", etc. Isto é, precisa-se de um eixo comum, e analisam-se criticamente várias experiências em relação a esse eixo, perguntando-se, por exemplo: "que lições tiramos nós daquilo que temos realizado enquanto a metodologia para o desenvolvimento da capacidade crítica ou para o desenvolvimento da capacidade de lecto-escritura?". Assim, cada um não se limita a narrar, mas precisa dar conta de sua própria aprendizagem e dos porquês dessa aprendizagem. Nós lhes garantimos que o debate, a discussão e a riqueza desse intercâmbio serão qualitativamente superiores a um intercâmbio no qual cada um somente narraria como é que faz as coisas, sem extrair os ensinamentos de sua prática. Não estamos desprezando a narração ou o relato descritivo; mas estamos colocando-os no lugar preliminar, para que sirvam melhor como base para um intercâmbio analítico e crítico. Então: sistematizar para compreender melhor a prática e transformá-la; sistematizar para compartilhar os ensinamentos com outras experiências semelhantes.

Abordamos outro objetivo, que é talvez um dos menos abordados: que a sistematização de experiências sirva para *enriquecer a reflexão teórica a partir dos conhecimentos que surgem das práticas concretas.*

A distância entre teoria e prática só poderá ser resolvida se nós conseguirmos, a partir das práticas concretas, enriquecer o debate teórico. O debate teórico tem sentido, tem possibilidade, tem capacidade de orientação na medida em que se ponha a dialogar com a prática. E o grande problema que temos é que nossa formação muitas vezes tem dissociado esses aspectos e cremos que adquirimos cada vez maior formação teórica se nos alimentamos das experiências mais concretas e nos prendemos num estudo somente teórico. Sugiro enfrentar criativamente este desafio.

Por exemplo, para uma nova teoria da educação de adultos latino-americana, necessitaríamos olhar muito mais para as práticas da educação de adultos latino-americana: perguntar-nos o que está surgindo nessas práticas como problemas, como possibilidades, como potencialidades, como limites, como ensinamentos da prática educativa; quais são as aprendizagens que os educadores e educadoras estão vivendo cada dia etc. e produzir, a partir dessas reflexões críticas, um diálogo com as interpretações teóricas, com a teoria atualmente existente e o saber constituído, produzindo, então, reflexões teóricas que estejam conectadas com essas aprendizagens e esses desafios.

Por exemplo, há a necessidade de reconstruir uma visão e uma teoria da educação latino-americana, o que significa que há a necessidade de fazê-lo *a partir da realidade da América Latina*; o que significa que devem fazê-lo, principalmente, *os e as praticantes da Educação em nosso continente*. Há muita investigação por fazer; há muito por fazer de análises críticas e também há muito por fazer para nutrir, desde as experiências, esse debate e essas análises. Em alguns âmbitos acadêmicos se apresenta como uma grande meta, quase impossível de conseguir, poder contar com educadores- -investigadores. Constata-se que muitos que pesquisam a educação não educam; e muitos que educam não investigam. E não se trata somente de possibilitar um encontro entre ambos os grupos, mas, sim, efetivamente, de desenvolver neles e nelas as duas capacidades.

No âmbito educativo, temos muitíssimas pessoas fazendo uma grande quantidade de coisas, inovando, buscando respostas às perguntas de suas práticas, e seguramente em seu labor cotidiano há pistas ou pautas de resposta para aquelas perguntas que não podem ser resolvidas a partir do laboratório, da oficina ou da academia.

Definitivamente, a sistematização produz um novo conhecimento; a sistematização nos faz objetivar o que temos vivido. É, como dizia alguém, fazer uma parada no caminho para ver por onde temos caminhado e porque temos tomado esse caminho. Eu uma vez pensei que essa era uma imagem boa da sistematização: a da caminhada na qual se chega a um ponto e ali se detém; olha-se para trás para ver de onde viemos, por que subimos por aqui, por que descemos por ali. "Ah, olha, ali foi o poço onde nos molhamos, aqui foi o local de onde saímos, aqui foi onde sentamos à sombra..."; somente então poderemos analisar: "bom, por que paramos aqui e não paramos mais adiante?"; "Ah, olha, por pararmos ali deixamos de estar em tal local em tal momento...".

Para os amantes do cinema, há também uma imagem que pode ajudar: a sistematização é algo como fazer um cine-foro depois de ver um filme em que se filmou a própria experiência, ou seja, passar um filme daquilo que ocorreu, porém fazendo um cine-fórum, analisando cena por cena e o desenvolvimento das ações: "Ah, olha, por que faço tal coisa neste momento...", "Por que se estava fazendo tal coisa, logo mudou para fazer tal outra...". Passar outra vez o filme, porém não somente passá-lo, mas fazer a interpretação crítica de suas cenas e o que ocorreu entre elas. Igualmente, a sistematização põe em ordem conhecimentos desordenados e percepções dispersas que temos, porém, por estarem desordenadas não podemos apropriar-nos delas. A sistematização nos ajuda a ordená-las e compreendê-las.

Outra ideia mais: *a sistematização cria um espaço para poder compartilhar.* Gostaria de insistir muitíssimo nisso. A sistematização de experiências, como nós a propomos, não é um esforço isolado, individual, fechado. Seu suporte principal se dá quando é realizada de forma coletiva, porque as aprendizagens individuais têm de estar permanentemente abertas ao diálogo. Por isso, há muitos métodos e técnicas participativas com os quais podemos desenvolver a sistematização de experiências e que nos permitem enriquecermo-nos mutuamente através do diálogo. Não devemos ter a imagem de que quem sistematiza é uma pessoa fechada em um gabinete, sozinha, rodeada de papéis, mas sim de um coletivo que organiza a informação, que a estuda, a analisa, a discute. O comunicativo não é um elemento separado da sistematização, mas, sim, pelo menos em nossa proposta, o comunicativo é um componente indispensável da sistematização.

Quando reconhecemos uma aprendizagem de uma experiência e logo tratamos de compartilhá-la com outras pessoas, vemo-nos obrigados a explicitar, expor, apresentar nossas ideias de forma compreensível para as outras pessoas. Temos de apresentar-lhes os distintos elementos, as circunstâncias em que se deram; temos de desenvolver certa ordem na exposição etc. Muitas vezes, somente em fazer esse primeiro esforço, nós mesmos nos damos conta de tudo o que implica o que temos pensado. Assim, a visão que tínhamos sobre nossa prática se põe em diálogo com a visão e as perguntas das outras pessoas sobre o que é visto e se enriquecem. Logo, passamos a responder não somente nossas inquietudes ou perguntas, mas sim as que provêm das demais pessoas. E, ao fazê-lo, provocamos que as outras pessoas vejam também – com os elementos apontados por nossa visão – sua própria prática, fazendo-se algumas perguntas sobre ela que antes não se haviam feito.

### 3. Terceira ideia: sistematizar experiências requer algumas condições

Sistematizar não é algo que se pode fazer de maneira espontânea. Claro, normalmente vamos aprendendo a partir do que vivemos, porém, quando falamos de sistematizar experiências, nos referimos a um processo intencionado e consciente, que deve ter uma ordem, um rigor, uma metodologia que permita reconstruir a experiência e descobrir essas aprendizagens através de um exercício teórico de interpretação crítica. Como fazê-lo é um assunto que tem muitas variáveis e possibilidades que agora talvez não tenhamos tempo para ver. Porém, referimo-nos rapidamente a algumas condições necessárias para poder sistematizar: três condições principais no âmbito pessoal e três em escala institucional.

A primeira condição pessoal é que é preciso *ter interesse e disposição de aprender da experiência*. Se nós consideramos que já sabemos tudo, já estudamos tudo, já sabemos o que vai passar ou pode passar em nosso trabalho, não podemos sistematizar, porque estamos nos anulando diante da possibilidade de descobrir o novo. Devemos ter interesse em aprender da experiência. E para muita gente é difícil sistematizar, porque no fundo algo diz que não, que creem que já sabem tudo ou quase tudo, não se colocam em situação de aprendizagem.

A segunda condição: *ter sensibilidade para deixar falar a experiência por si mesma*, o que é pouco fácil. Muitas vezes temos feito um plano, um projeto com uma ideia daquilo que queremos que aconteça, e isso nos condiciona de tal maneira que na hora de interpretar o que ocorre o fazemos em função do projeto prévio, em vez de olhar o que efetivamente tem acontecido.

Terceira condição pessoal: *ter habilidade para fazer análises e sínteses*. Se não sabemos decompor os distintos aspectos que compõem a complexidade de uma experiência, se não podemos diferenciar os distintos elementos que estão ali presentes, muito difícil nos será compreender qual elemento teve um peso mais importante sobre os outros. Daí que se misturam as coisas e nos confundimos na interpretação, por não termos conseguido analisar cada aspecto em separado e não termos conseguido sintetizar o mais relevante.

Onde aprendemos essas condições? Muitas vezes nossos sistemas educativos não nos ensinam a desenvolver nossa capacidade de teorização, nossa capacidade de percepção, nossa capacidade de análises nem nossa capacidade de sínteses; então, somos mais narradores ou repetidores. Podemos contar experiências, porém, na hora de tratar de explicar quais eram os fatores mais importantes ou decisivos, ou na hora de compreender como se relaciona isto com aquilo, não somos capazes de fazê-lo. Por isso necessitamos de formação para desenvolver nossas capacidades de produção teórica.

As condições institucionais colocavam antes que nossa proposta é uma proposta para ser levada a cabo coletivamente. Por isso, cremos que é muito importante que as sistematizações se façam em um marco institucional, isto é, no conjunto das equipes de trabalho. Isso pode ser no interior de um ministério, um sindicato, uma instituição internacional, uma rede de ONGs, uma organização de mulheres rurais etc. Cremos que em quase qualquer espaço organizativo ou institucional isso é possível; em todo caso, as condições são, pelo menos, estas três:

Primeira condição: que a sistematização seja uma prioridade para a política da instituição ou da organização. Não basta dizer que é importante, mas que demonstre nos fatos que o é. Ou seja, se a instituição não tem interesse prioritário em sistematizar, não vai dar nem o tempo, nem os recursos, nem vai designar alguém para que se possa fazer essa sistematização efetivamente, ou vai fazer por um tempo e logo vai assinalar outra responsabilidade. Isso ocorre muito frequentemente. Porque, por exemplo, se uma instituição pensa que já tem seu pensamento elaborado, que já tem toda a sua estratégia claramente definida, para que vai colocar-se a sistematizar o que está fazendo? O que tem de fazer é fazer mais e mais o que já faz e sabe. Então, é necessário que a instituição assuma a sistematização como tema prioritário e tome as medidas necessárias para torná-la viável.

Segunda condição institucional: que haja interesses por buscar coerência no trabalho de equipe. Muitos de nossos grupos e de nossas instituições, incluindo as pequenas, têm distintas equipes fazendo diferentes coisas, porém, às vezes, não nos preocupamos que haja coerência entre elas; então são como ilhas. A equipe tal tem sua ideia, sua teoria, seus métodos de como fazer as coisas; a outra equipe tem a sua e como não há um interesse em buscar coerência comum, pois cada qual segue fazendo o que faz, e a instituição não promove diálogos, debates, exercícios de sistematização, cada qual vai para seu lado. A sistematização de experiências pode ser um importante fator de aglutinação e coerência para o trabalho em equipe e a construção de um pensamento compartilhado.

Terceira condição: que tenhamos a capacidade de desenvolver um processo acumulativo em nossas instituições. Que não passe o tempo e sigamos fazendo o mesmo, repetindo cotidianamente o que já sabemos. Que realmente tenhamos experiências criadoras e inovadoras, isto é, que haja um processo de acumulação sobre o que estamos construindo. Se a cada ano simplesmente fazemos uma avaliação em que olhamos o que conseguimos, o que não conseguimos e emitimos uma recomendação, de repente não reconhecemos os processos, não deixamos os sujeitos falar, não damos atenção às diversas interpretações, não há diálogo e não há debate; saímos unicamente com uma avaliação. Ficaram claros os pontos que não conseguimos, os pontos para os quais temos recomendações, que não nos podemos esquecer porque os sujeitos da experiência não estão conectando sua prática imediata com essa recomendação da avaliação. Então, se bem que em outro momento poderíamos aprofundar mais esse tema da relação entre ambas, adiantamos a ideia de que sistematização e avaliação podem alimentar-se mutuamente de forma muito importante e muito rica, mas a instituição tem de desenvolver um processo acumulativo e criador para não ir patinando no mesmo lugar.

Por último, apresentamos algumas perguntas muito usuais e um esboço de ideias para aprofundar:

Quem sistematiza? Temos de fomentar participativamente que os sujeitos da experiência – alunos, alunas, instrutores, promotores, promotoras, educadores, educadoras, supervisores, supervisoras – isto é, todos nós, a partir do lugar que ocupamos na instituição ou na prática educativa, podemos elaborar a sistematização. Há variadas formas de envolver os diferentes atores de uma experiência em sua sistematização, se bem que não necessariamente se supõe que todas as pessoas tenham de fazer tudo.

Será possível sistematizar qualquer experiência? Aparentemente, alguém poderia dizer sim, mas tem de ter certo trajeto, tem de ter percorrido um certo caminho, certo processo para poder sistematizá-lo. Se há uma experiência que está começando ou que, por exemplo, tenha seis meses, talvez o produto de sua aprendizagem não seja o mesmo de quando se trata de uma experiência que já tem um ano ou dois anos.

Isso quer dizer que precisamos esperar para que se termine a experiência? Não, porque, se já terminou, para que sistematizá-la? O que vamos fazer se como resultado comentamos: "que bonito, mas teria sido bom tê-lo feito antes e essas aprendizagens nos teriam ilustrado sobre tudo o que poderíamos ter feito". Ir construindo, conjuntamente com o desenvolvimento da experiência, instrumentos de registro que permitem ir recuperando o que ocorre enquanto ocorre, para poder, então, contar com a informação necessária para os momentos e os processos de sistematização, momentos privilegiados para a sistematização.

Finalmente, uma reflexão que é um desafio: isso que chamamos sistematização de experiências continua sendo um objeto a construir. Cremos que não existe "uma" só e definitiva forma de conceber e de fazer isso que estamos chamando sistematização. Cursos, oficinas e debates nos permitem enriquecer as propostas de cada um com outros aportes de outras pessoas. Por isso os convidamos a visitar nossa página na internet, onde de tempo em tempo estamos incluindo novos materiais que nos ajudam a enriquecer nossas ideias (www.alforja.or.cr/sistem).

No dia em que acreditarmos ter encontrado a receita para a sistematização, ou que nossa proposta seja a única ou a melhor e não temos nada mais que repeti-la, e não estamos dispostos a recriá-la ou reinventá-la, nesse dia estaremos liquidados. Eu lhes faço, pois, um chamado para que estas ideias que proponho nos ajudem a seguir construindo, oxalá com todos e todas, uma proposta, com pistas e pautas, para fazer isto, que é aprender e interpretar nossas experiências, para poder transformá-las. Que possamos fazer isso cada vez com mais pessoas, cada vez em mais lugares, em todos os rincões de nosso continente, porque é indispensável que as aprendizagens de nossas práticas nos ajudem a criar novas práticas transformadoras, porque a educação na América Latina requer urgentemente uma transformação de fundo e radical.

## REFERÊNCIAS BIBLIOGRÁFICAS

BARNECHEA, María Mercedes; GONZALES, Estela; MORGAN, María de la Luz. *La Sistematización como Producción de Conocimientos*. Lima, Peru: Taller Permanente de Sistematización, CEAAL, 1999.

_____. *¿Y cómo lo hace? Propuesta de Método de Sistematización*. Lima, Peru: Taller Permanente de Sistematización, 1992.

BRANDÃO, Carlos Rodriguez. *O sentido do saber: Anotações para pensar algumas bases epistemológicas da pesquisa participante*. Piracicaba, São Paulo: [s.n.t.], 1984.

DÍAZ, Cecilia; TORRES, Ana Felicia. *Las Mujeres Rurales Centro Americanas: Sistematización de su Experiencia en torno al Derecho a la Propiedad de la Tierra en Cinco Países*. Costa Rica: Alforja, 2003.

GHISO, Alfredo. *De la Práctica Singular al Diálogo con lo Plural: Aproximaciones a Otros Tránsitos y Sentidos de la Sistematización en Épocas de Globalización Ponencia para el Seminario Latinoamericano: Sistematización de Prácticas de Animación Sociocultural y Participación Ciudadana*. Medellín: [s.n.t.], ago. 1998.

JARA, Oscar. *Para Sistematizar Experiencias, una Propuesta Teórica y Práctica*. Costa Rica: Alforja, 1999.

MARTINIC, Sergio; WALKER, Horacio. *La Reflexión Metodológica en el Proceso de Sistematización de Experiencias de Educación Popular*. Santiago: CIDE, 1987.

PALMA, Diego. *La Sistematización como Estrategia de Conocimiento en la Educación Popular: El Estado de la Cuestión en América Latina*. Santiago: CEAAL, 1992 (Papeles del CEAAL, 3).

PLANELLS, Antoni Verger. *Sistematización de Experiencias en América Latina: Una Propuesta Para el Análisis y la Recreación de la Acción Colectiva desde los Movimientos Sociales*. Barcelona: Dpto. de Sociología de la Universidad Autónoma de Barcelona, 2004.

QUIROZ, Martin; MORGAN, Maria de la Luz e Teresa. "La Sistematización: Un intento conceptual y una propuesta de operacionalizacion". *La sistematización en los proyectos de Educación Popular*. Santiago: CEAAL, 1987.

SOUZA, Joao Francisco de. *Sistematización: Un Instrumento Pedagógico en los Proyectos de Desarrollo Sostenible*. Pátzcuaro, México: Crefal, 2001.

VERONESE, Claudino. *A Experiência de Sistematização do SPEP-UNIJUI*. Ijuí, RS: Universidade de Ijuí, 1998.

# 9. PESQUISAR, PARTICIPAR: SENSIBILIDADES PÓS-MODERNAS

*Elisa Pereira Gonsalves**

Aventurar-se na reflexão sobre a investigação social por si só não é tarefa fácil. Além de evidenciar temas e problemas que permeiam toda a área das ciências humanas, esse esforço impõe ainda a necessidade de lidar de perto com tipos de pesquisas denominados participantes, que afirmam a necessidade do pesquisador envolver-se para conhecer.

Nesse terreno fértil, muitas dúvidas podem ser semeadas: qual o sentido dos conflitos, das paixões, das angústias do pesquisador nesse processo de investigação? São aspectos que distanciam os sujeitos da suposta verdade? Que elementos estão postos quando se afirma a necessidade da participação dos sujeitos envolvidos no processo de pesquisa?

## 1. Distanciamento na Pesquisa Social: emoções sob controle?

O período de descontinuidade, como o que estamos vivenciando, tem favorecido a emergência de um campo de

---

* Elisa Pereira Gonsalves: Licenciada em Pedagogia e Mestre em Educação pela Universidade Federal da Paraíba-UFPB. Doutora em Educação pela Universidade Metodista de Piracicaba-UNIMEP. Atualmente integra o Programa de Pós-Graduação em Educação da Universidade Federal da Paraíba-UFPB, onde coordena o Grupo de Pesquisa Saberes Populares, Epistemologia e Processos Aprendentes. Atualmente coordena o Grupo de Trabalho Educação Popular da Associação Nacional de Pesquisa e Pós-Graduação em Educação-ANPEd. Contatos através do e-mail elisa.gonsalves@superig.com.br.

saber mais reflexivo e menos legislativo. Considerando esse deslocamento, coloca-se a necessidade de análises críticas sobre os regimes de verdade que construímos. Assim, compreende-se que os diversos sinais de transformação não precisam ser entendidos como crises ou perturbações; pode-se considerá-los também como manifestações do desenvolvimento de novas formas de vida social que exigem uma reorientação no enfoque da investigação social.

A investigação social deve estar voltada para a melhoria da condição humana – e é sob esse pressuposto que este livro se desenvolve – e se as condições mudaram, é possível que seja necessário também que a ciência assuma uma forma diferente.

Aqui reside um tema-chave: a investigação-ação. Herança da Enquete Operária de Marx, de 1880, a investigação-ação expressa vertentes da pesquisa social que estão assentadas no pressuposto de que os diferentes grupos sociais têm em si mesmos a capacidade de construir novos conhecimentos a partir das relações dialógicas estabelecidas com os pesquisadores.

Diante dos novos desafios colocados para o âmbito das ciências sociais, que novas questões estão postas?

A questão do envolvimento e distanciamento do investigador no processo de pesquisa é um tema clássico nas ciências sociais. Navega-se entre a pretensa neutralidade científica de Durkheim, o alerta de Weber sobre a distinção entre julgamento de fato e julgamento de valor, a denúncia de Marx sobre o jogo de interesses sociais que regem o trabalho do cientista. Para discutir essa temática, buscamos estabelecer, sobretudo, um diálogo entre o pensamento contemporâneo de Norbert Elias e de Hans-Georg Gadamer.

Elias (1997) parte da pressuposição de que não existem posições absolutamente envolvidas ou distanciadas quando a referência é o processo de investigação científica. O que ocorre, na verdade, é uma variação, no interior de uma escala, entre os dois extremos, demonstrando maior ou menor grau de envolvimento emocional ou de distanciamento quando se trata de estudar os fenômenos e acontecimentos sociais.

A preocupação maior de Elias consiste em saber se existe ou não a possibilidade de "progredir no sentido de uma reflexão mais autônoma, adequada e distanciada acerca dos acontecimentos sociais numa situação em que os seres humanos, enquanto grupos e em diversos níveis, representam sérios perigos uns para os outros" (ELIAS, 1997, p. 63).

Um exemplo oferecido por Elias pode ajudar na problematização da questão do envolvimento e do distanciamento: três irmãos pescadores depararam-se, em meio a uma tempestade, com um abismo criado pelo turbilhão das águas. O mais novo dos três já havia morrido afogado no meio da tempestade, enquanto que os outros dois, subjugados pelo medo, não conseguiam pensar no que acontecia à sua volta. Depois de algum tempo, um dos irmãos consegue libertar-se do medo, recuperando gradativamente o autodomínio. Começa a olhar à sua volta, quase curioso, como se tudo aquilo não o afetasse pessoalmente. Notou determinadas regularidades no movimento dos destroços: os objetos cilíndricos afundavam mais lentamente do que os maiores. Com base nessa imagem, ele se prendeu a um barril e gritou para que o irmão fizesse o mesmo. O irmão, paralisado pelo medo, foi engolido pelo abismo com a embarcação. Em contrapartida, o barril a que ele se atara foi sendo lentamente arrastado, e quando a inclinação das paredes do funil foi tornando-se menos abrupta e o movimento das águas diminuiu de intensidade, ele pode reencontrar o nível da superfície e salvar-se (cf. ELIAS, 1997, p. 75-76).

A ilustração serve para evidenciar aspectos essenciais do debate sobre a possibilidade dos indivíduos de controlar não só a intensidade dos seus afetos, mas também alguns aspectos da própria situação crítica. O autor atenta para o fato de que nem todas as formas e fases dos processos críticos proporcionam aos que neles estão envolvidos as mesmas oportunidades:

- Há processos em que o perigo é tão intenso que a maioria das pessoas é incapaz de distanciar-se e de controlar seu medo;
- Há processos que progrediram de tal modo que às pessoas nele envolvidas já não restam quaisquer hipóteses de preservar a sua sobrevivência;
- Há processos em que uma cabeça mais fria em situação de perigo nem sempre constitui a melhor garantia de salvação ou sobrevivência; às vezes, a audácia pode ser mais realista do que um elevado grau de controle do afeto;
- Por fim, existe a possibilidade de se encontrar uma saída para uma situação crítica por obra do acaso (cf. ELIAS, 1997, p. 79).

É importante destacar que o distanciamento exercido a princípio pelo controle do afeto permitiria uma "visão mais realista" da vida social. Entretanto, conta-se também com a possibilidade de que, em determinados momentos, o envolvimento constitua um olhar privilegiado. Essa reflexão de Elias é interessante, apesar de, por vezes, prevalecer ainda uma visão dicotômica da relação envolvimento-distanciamento.

O trabalho no campo da pesquisa social coloca o pesquisador diante de um processo que aumenta a emotividade das suas próprias reações. Na cena mais explícita e dura em que os conflitos sociais e a exclusão são os atores principais, não há dúvida de que a emotividade do pensamento será mantida com toda a probabilidade, intensa. A crítica – já clássica e assimilada pelos pesquisadores – é a de que essa elevada emotividade tende a reduzir a possibilidade de uma avaliação mais realista do processo crítico.

No entanto, pretende-se aqui destacar o aspecto que Elias denominou de "audácia", a possibilidade de compreensão pelo envolvimento.

Elias (1997) sublinha que as pessoas de um grupo, ao vivenciarem qualquer coisa que afete seus sentidos, produzem significados que estão na dependência dos padrões de lidar com esses fenômenos, padrões esses que são compartilhados pelos membros da sociedade em que vivem. Existe uma grande quantidade de evidências que afirma essa posição. A experiência sofrida pelo observador ao ver um objeto não é determinada somente pela informação, na forma de raios de luz, invadindo os olhos do observador.

Aqui emerge a questão nuclear sobre o envolvimento: a reflexão sobre o sentido das coisas acabou sendo subordinada a questões como o que é ou como esses acontecimentos se relacionam com os outros.

## 2. Investigação científica e participação

A questão da participação dos sujeitos no processo de pesquisa, que impôs a discussão sobre o envolvimento e o distanciamento do pesquisador no processo de pesquisa, ainda comporta uma discussão extremamente relevante: a noção de racionalidade científica afirmada.

Embora o caminho da investigação-ação possa apontar para um certo distanciamento de pesquisas inspiradas no positivismo, pela afirmação da necessidade do envolvimento e, assim, acena para uma ruptura com o tipo de razão afirmada pelo pensamento moderno, pode-se encontrar um argumento bastante questionável para a definição de seu estatuto científico: a existência da experimentação.

A referência para esse debate é o reconhecido trabalho de Thiollent (1986). Tratando de explicitar a acomodação da pesquisa-ação às exigências científicas, o autor passa a considerar esse tipo de pesquisa como uma experimentação através da qual as pessoas mudam aspectos da situação vivenciada a partir da ação. Aliada a essa base empírica, tem-se o controle metodológico do processo de pesquisa e, finalmente, o consenso dos pesquisadores sobre o que está sendo observado e interpretado. São basicamente essas características que conferem um estatuto científico da pesquisa-ação e que "não constituem infrações ao 'código' da ciência" (THIOLLENT, 1986, p. 23).

É importante destacar aqui que a ideia de experimentação, como exigência científica, opera um sério reducionismo: o de tratar a atividade humana como sinônimo de movimento do sistema muscular. Herança do behaviorismo, colocar a tônica nas ações visíveis significa reafirmar a ideia de que um comportamento que não seja susceptível de ser observado diretamente pelos olhos humanos não poderá ser encarado como um objeto científico. Elias (1997) faz uma crítica a esse tipo de entendimento e propõe que as teorias sociológicas não se concentrem num só nível da personalidade humana, ocupando-se apenas das ações, mas que se ocupem do ser humano como um todo, através de suas ações, pensamentos, emoções e pulsões (cf. ELIAS, 1997, p. 78).

Considerando que o estatuto epistemológico da ciência moderna não é tocado, já que a referência é a adequação ao chamado "código da ciência" aparentemente universal, que o propósito da validação da investigação científica resulta do contraste de suas consequências teóricas (dedutivas) com as observações e experiências, qual é a ruptura essencial operada pela investigação-ação?

Compreender que a ação do pesquisador possui necessariamente uma dimensão axiológica, assumir a ideia de que a pesquisa social deve estar orientada para melhorar o mundo social não são "exigências" específicas e particulares da investigação-ação. O diferencial consiste, justamente, nas possibilidades inscritas no processo de construção do conhecimento de forma participativa que abre um filão interessante e fértil, mas ainda aprisionado pelas noções iluministas de racionalidade, objetividade e verdade.

Deve-se considerar que a participação dos sujeitos na pesquisa permite a substituição dos ideais teóricos de explicação e controle pelos de compreensão, significado e ação. É justamente essa aproximação com o paradigma interpretativo (ou hermenêutico) que precisa ser evidenciada.

Nessa perspectiva, o propósito da investigação–ação não é o de buscar explicações causais ou funcionais da vida social, é, na verdade, o de aprofundar nosso conhecimento e compreensão sobre a realidade. O objetivo é o de revelar o significado das formas particulares da vida social mediante a articulação sistemática das estruturas de significado subjetivo que regem as formas de agir das pessoas.

Construir uma racionalidade a partir dessa perspectiva significa que o cerne do debate já não está mais nos métodos ou nos modelos de cientificidade adotados, mas sim na própria possibilidade de se extrapolar o espaço prescritivo, instaurando-se um movimento que ratifica a legitimidade das propostas formuladas, da coerência e limites do terreno da cientificidade.

A questão do estudo da sociedade por um indivíduo que pertence a ela, mais que problemática, tem sido apontada como um limite, um ponto que obstaculiza o desvelar da realidade através do processo de investigação científica. Na verdade, essa questão deve ser reorientada no seguinte sentido: até onde somos capazes de olhar para nós mesmos tal como somos, sem fantasias? Pode-se falar de diferentes níveis de envolvimento e alienação, desconsiderando as variações individuais?

Um tema que deve ser discutido, pois, é o da afetividade do conhecimento. Evidentemente que, quando a referência é o estudo da sociedade, os pesquisadores não têm fronteiras tão delimitadas entre seus interesses científico e extracientífico. A afetividade geralmente migra do último para o primeiro. As pessoas sentem dificuldade em exercer maior controle sobre a intensidade das suas emoções diante de acontecimentos que ameaçam afetar profundamente suas vidas. Sentem também dificuldades em enfrentar esses acontecimentos de forma mais distanciada, enquanto sua capacidade de controlar seu curso for diminuta.

A investigação, nesses termos, abandona a busca do método pela construção de métodos mais discretos, criativos e que estão na dependência dos diferentes contextos de legitimação. Este novo paradigma não nos aproxima mais da "verdade", antes indica uma pluralidade de possibilidades epistemológicas em contraposição a uma única alternativa válida, a da ciência moderna. Assim, a preocupação maior da investigação não reside na aplicação de um método para atingir a verdade; a questão essencial é ter como meta do pensamento a noção de *Bildung* (formação) em lugar de conhecimento.

A ideia de formação, nesse sentido, não trata apenas de processo ou de comportamento. Gadamer (1997) sublinha o ato de que considerar algo com exatidão e estudá-lo com maior profundidade não é tudo, caso não se esteja organizado e aberto para uma receptividade do que há de diferente, para outros pontos de vista.

Considerar a ideia de formação impregnada de sentidos – na própria palavra *Bildung* encontra-se a palavra *Bild*, imagem – coloca em outro patamar a discussão sobre o tema conscientização. A discussão sobre a formação não estaria mais centrada na apropriação de determinados conhecimentos que desenvolveriam o processo de conscientização. A formação poderia ser compreendida como um processo autopoiético, através do qual uma aquisição de algo novo não significa soma, mas sim uma reconfiguração do cérebro/mente enquanto sistema dinâmico (cf. ASSMANN, 1998).

A questão que permanece é a de saber até que ponto o mundo das emoções, sempre considerado como um obstáculo para a construção do conhecimento científico, não é, ele mesmo, necessário para essa construção.

É aqui que a concepção alternativa de Hans-Georg Gadamer (1997) surge relevante. Para ele, a compreensão não está associada ao exercício de uma técnica ou de um método despojado, ao máximo, de preconceitos. A compreensão é um encontro — no sentido existencialista do termo — e um confronto com algo essencialmente diferente de nós.

Para Gadamer são justamente as ideias preconcebidas e os preconceitos que possibilitam a compreensão. Compreender, portanto, não significa um exercício de distanciamento do nosso próprio horizonte de significações; indica, antes de tudo, uma fusão e construção de uma amálgama dos nossos horizontes com os horizontes dos outros.

Nessa perspectiva, afirma-se que a ideia de participação dos sujeitos envolvidos no processo de investigação é constituída por elementos que podem apontar no sentido de uma concepção nova de racionalidade, que é construída por elementos sócio-históricos do conhecimento em detrimento dos seus aspectos metodológicos.

Essa temática pode ser discutida a partir dos estudos de Paoli (1995). Ao refletir sobre a discussão brasileira acerca dos movimentos sociais, tendo como ponto de partida pesquisas e ensaios acadêmicos, a autora demonstra que a leitura dos autores incide diretamente na nomeação do que seja política, num determinado contexto histórico. Na passagem em que analisa a trajetória dos movimentos sociais no Brasil, no período de 1972 a 1988, Paoli registra o seguinte debate entre duas tendências: a primeira, que afirmava que os movimentos sociais tinham no máximo um caráter de denúncia e que não tinham poder para ameaçar o Estado; enquanto que a segunda tendência apontava para outra direção, a de que a noção de direitos com a autonomia organizativa poderia gerar o reconhecimento da legitimidade dos conflitos sociais.

A autora segue afirmando que o que estava em jogo, na verdade, eram projetos políticos distintos: enquanto que a primeira tendência insistia na fórmula clássica do insubstituível papel dos partidos políticos e sindicatos para mudar a sociedade burguesa, a segunda tendência compreendia que a luta pela democracia não se limitava à política formal do regime democrático. Ela registra que as questões trazidas pelo debate sobre os movimentos sociais urbanos foram sendo incorporadas por outros movimentos coletivos, inicialmente ocupados em "qualificar sua identidade e sua diferença enquanto presença e ação na sociedade, na política e na história [...] e que muito depressa eles foram envolvidos pelas mesmas interrogações em relação ao seu 'papel' na democracia em gestação" (PAOLI, 1995, p. 37).

Contrariamente à tese de Marx sobre Feuerbach, não se coloca aqui que a questão não está em interpretar o mundo ou mudá-lo; trata-se de reconhecer que produzimos formas de conhecimento e que geramos interpretações que contribuem necessariamente para a transformação do mundo social. A produção e a reprodução das estruturas sociais são, em parte, produtos das interpretações que lhes são atribuídas.

Em *A Câmara Viajante*, Drummond tematiza essa questão:

> Que pode a câmara fotográfica?
> Não pode nada.
> Conta só o que viu.
> Não pode mudar o que viu.
>
> Não tem responsabilidade no que viu.
> A câmara, entretanto,
> ajuda a ver e rever, a multi-ver
> o real nu, cru, triste, sujo.
> Desvenda, espalha, universaliza.
> A imagem que ela captou e distribui
> obriga a sentir,
> a criticamente julgar,
> a querer bem ou a protestar,
> a desejar mudança.

A interpretação não existe em si, como uma abstração. Ver é interpretar. A interpretação é um processo através do qual uma referência teórica permite dar sentido, de forma diferenciada, à informação procedente de sujeitos e objetos diversos. Todo ato de significação modifica o objeto apreciado; toda leitura interfere na construção da sociedade.

O significado não é, pois, extraído do texto; ele é criado por nosso diálogo com o texto. O significado e o entendimento emergem do processo de criação de conexões, de interpretar o nosso ser-no-mundo. A intenção não é provar a correção de uma posição ou a falsidade de outra, e sim encontrar maneiras de conectar pontos de vista variados, expandindo os próprios horizontes através de um envolvimento ativo com o outro.

Essas construções diferenciadas não se erguem como mera aplicação de categorias previamente definidas, com o objetivo de assimilar a partir delas toda a informação obtida no momento empírico. Opera-se aqui uma dialética entre o constituído e o construído.

## 3. Conclusão

Essa forma diferente de pensar a investigação, e que está em construção, tende a não seguir apelando às garantias de leis. Antes de tudo, é fundamental que nosso campo de investigação seja reconhecido como um espaço através do qual se reconheça que o conhecimento do mundo social altera a sua natureza, lançando-o para direções novas. Assim, abre-se a possibilidade, e mesmo a necessidade, de aprender a viver sem garantias ou seguranças herdadas pela verdade. Abre-se a possibilidade de aprender a viver com um pluralismo de narrativas, de racionalidade e de valor.

Pode-se indagar: até agora se insistiu na compreensão, na interpretação. E a ação?

Gadamer aponta na perspectiva eminentemente prática de sua filosofia, rompendo com ilusões dicotômicas acerca da relação teoria-prática: "há um engajamento em todo ato de compreensão" (GADAMER, 1997, p. 216).

A questão mais urgente a ser pensada parece ser sintetizada no seguinte pensamento:

> Como preservar – não somente em teoria ou em princípio, mas concretamente nos próprios fatos – a coragem de cada indivíduo de formar e defender um julgamento pessoal,

apesar da influência dos peritos e dos manipuladores da opinião pública (GADAMER, 1990, p. 221).

## REFERÊNCIAS BIBLIOGRÁFICAS

ASSMANN, H. *Reencantar a Educação*. Petrópolis:Vozes, 1998.

BRANDÃO, C. R. (Org.). *Repensando a pesquisa participante*. São Paulo: Brasiliense, 1995.

CHALMERS, A. F. *O que é ciência afinal?* São Paulo: Brasiliense, 1993.

COSTA, M.V. "A Pesquisa-ação na sala de aula e o processo de significação". *In*: SILVA, L. H. (Org.). *A escola cidadã no contexto da globalização*. Petrópolis:Vozes, 1998.

ELIAS, N. *Envolvimento e Distanciamento*. Lisboa: Dom Quixote, 1997.

_____. *Envolvimento e Alienação*. Rio de Janeiro: Bertrand Brasil, 1998.

FEYERABEND, P. *Contra o Método*. Rio de Janeiro: Francisco Alves, 1989.

_____. "A Lógica, o Bê-a-Bá e o Professor Geuner". *Revista de Ciências*, 1, 1980 (Campinas, Universidade Estadual de Campinas).

GADAMER, H. G. *Verdade e método*. Petrópolis: Vozes, 1997.

_____. *Filosofias: Entrevistas do Le Monde*. São Paulo: Ática, 1990.

MORROW, R. A.; TORRES, C. A. *Teoria social e educação*. Porto: Afrontamento, 1997.

PAOLI, M. C. "Movimentos Sociais no Brasil: Em busca de um estatuto político". *In*: HELLMANN, M. (Org.). *Movimentos* sociais e democracia no Brasil: "Sem a gente não tem jeito". São Paulo: Marco Zero/ILDESFESLABOR, 1995.

SILVA, M. O. S. *Refletindo a pesquisa participante*. São Paulo: Cortez, 1986.

SMART, B. *A Pós-Modernidade*. Lisboa: Publicações Europa-América, 1993.

THIOLLENT, M. *Metodologia da pesquisa-ação*. São Paulo: Cortez/Autores Associados, 1986.

# 10. PESQUISAR É PRONUNCIAR O MUNDO

**Notas sobre método e metodologia**

*Danilo R. Streck**

## 1. Introdução

Quem pesquisa sabe que em algum lugar e de alguma forma terá de fazer os seus registros. São notas em cadernos, gráficos, diários de campo, fotos, vídeos, entrevistas, além das imagens e gestos que simplesmente ficaram gravadas na memória. Enquanto isso, ou no fim, organizam-se essas notas e procura-se auscultá-las e dar-lhes sentido. A pesquisa é, como será argumentado neste livro, um ato e uma forma de pronunciar o mundo. Estão reunidas abaixo algumas reflexões sobre o próprio caminho na tentativa de contribuir, a partir de uma prática de pesquisa, para pensar o método e a metodologia. É uma parada no caminho para recompor-se, conferir o mapa e "acertar" a direção.

Algumas considerações preliminares são necessárias para situar essas reflexões. O projeto ao qual seguidamente haverá referências visava ao estudo da dimensão pedagógica do Orçamento Participativo no Estado do Rio Grande do Sul (1999--2002). Pretendia-se verificar nesse processo de participação

---

*Danilo R. Streck: Professor no Programa de Pós-Graduação em Educação da UNISINOS (Universidade do Vale do Rio dos Sinos), Brasil. Recentemente, publicou o livro *Educação para um novo contrato social* (Vozes, 2004) e atualmente pesquisa as mediações pedagógicas em processos sociais emancipatórios na América Latina.

popular se havia sinais do que poderia ser chamado de "novo contrato social" e como a educação é parte dessa construção social. Por isso, os referenciais teóricos básicos foram Rousseau e Freire, representando respectivamente propostas político-pedagógicas do período da constituição do contrato social moderno e da reconfiguração desse contrato.[1]

Trata-se de uma pesquisa desenvolvida num intenso trabalho de equipe.[2] Mesmo com mudanças de alunos bolsistas e a incorporação de mestrandos e doutorandos, houve continuidade e um excelente entrosamento. Graças a esse trabalho grupal foi possível abranger uma vasta gama de atividades investigativas e formativas. Através dos constantes diálogos, criavam-se, a cada momento, novas possibilidades. Dessa forma, por exemplo, foi transferido para a Universidade o rico acervo do Orçamento Participativo do Gabinete do Governo que implementou o OP entre 1999 e 2002. Foi também desta vigilância às possibilidades e necessidades emergentes que

---

[1] Alguns dos resultados foram publicados no livro *Educação para um novo contrato social* (Vozes, 2003). O projeto contou com apoio do CNPq e da FAPERGS.

[2] A equipe tem um caráter interdisciplinar. Os rumos da pesquisa são constantemente avaliados junto a dois pesquisadores que coordenam projetos dentro da mesma temática e integram a equipe deste: Edla Eggert, professora do Programa de Pós-Graduação em Educação da UNISINOS, e Emil Sobottka, professor do Programa de Pós-Graduação em Ciências Sociais da PUC-RS. Dois projetos de tese de doutorado estão diretamente vinculados a essa pesquisa: Cênio Weyh e Sérgio Herbert, ambos pesquisando aspectos específicos da dimensão político-pedagógica do Orçamento Participativo, respectivamente, na Região das Missões e do Vale do Caí. Várias bolsistas de iniciação científica colaboram no projeto: Rita de Cássia Machado (CNPq), estudante de Filosofia e de Pedagogia; Cheron Zanini Moretti (UNISINOS), estudante de História; Vanessa Curvello (FAPERGS), estudante de Publicidade e Propaganda; e Marília Kley (FAPERGS), estudante de Pedagogia.

surgiu o ciclo de debates, organizado pelas alunas bolsistas, em que se discutiam temas emergentes com pesquisadores convidados. Ou, ainda, foi através do envolvimento de um doutorando que um dos seminários de discussão dos resultados e coleta de novos dados foi realizado em dois locais distintos da região das Missões (Santo Ângelo e Salvador das Missões), com a participação de toda a equipe.

## 2. Sobre o lugar do método e da metodologia

As perguntas sobre metodologia de pesquisa se impuseram, nesses últimos tempos, com uma incrível força. Tanto assim que cada dissertação ou tese seria considerada incompleta se não tivesse um capítulo ou parte de um capítulo sobre a questão. As abundantes referências às crises paradigmáticas têm em comum o mérito de provocar uma reflexão sobre os caminhos da pesquisa. Provavelmente nunca se discutiu tanto sobre os pressupostos epistemológicos da pesquisa e nunca os pesquisadores profissionais e aprendizes de pesquisa foram tão interpelados em suas certezas. Não há como negar o caráter positivo dessa inflexão sobre o pesquisador e a pesquisadora, suas crenças e sua posição na realidade e diante dela. Também é positivo ter de se confrontar com o fato de que não há caminhos prontos. Possivelmente, lembra Boaventura de Sousa Santos (2000, p. 56), é sintoma de que estamos em meio a uma mudança paradigmática, quando questões epistemológicas e metodológicas adquirem uma importância especial.

No entanto, quando essa procura metodológica se transforma em quase obsessão, é importante darmos atenção a algumas luzes de advertência que começam a se acender. Onde vejo essas luzes? Primeiramente numa discussão que pode se esgotar em si mesma. Qual é de fato a diferença que a pesquisa está fazendo na área da educação? Não se pode negar que todos os projetos têm sua relevância e não se pode avaliar os resultados da pesquisa de uma forma linear ou imediata. Nesse sentido, todas as pesquisas contribuem de alguma forma para um acúmulo de conhecimentos que, em certo momento, pode permitir passos maiores ou a descoberta de caminhos alternativos na compreensão da realidade. Isso, entretanto, não nos deveria desviar da luz de advertência que é dada pela realidade de nossas salas de aula, pelo nível dos programas de TV, pela falta de preparo profissional dos técnicos, entre tantas outras conhecidas mazelas da educação nacional. A luz de advertência nos desafia a perguntar-nos se a ocupação com as questões metodológicas não nos desvia de outras perguntas, a começar pelo valor e significado social, respectivamente, pelas estratégias políticas de nosso trabalho investigativo. Em outras palavras, há o risco da *metodologização* da pesquisa, a qual consiste em acreditar que, com o uso correto de determinadas técnicas e com um desenho metodológico adequado, se consegue encontrar soluções para os problemas.[3]

Ainda apontaria entre as luzes de advertência o fechamento para o outro, o diferente. Paradoxalmente, a necessidade de colocar-se diante de questões fundamentais sobre a verdade não tem o efeito de provocar a mesma dose de humildade em todos os pesquisadores. Não raro, atrás das ditas certezas

---

[3] Marco Raúl Mejía usa a expressão "metodologização da Educação Popular" para chamar atenção à fé na solução através das técnicas (MEJÍA; AWAD, 2001, p. 145).

provisórias se escondem intransigências que tornam qualquer diálogo impossível. Formam-se as conhecidas capelas de que a academia está repleta e que se vão autolegitimando em seu discurso. Os foucaultianos então conversam entre si, numa fala tautológica, em que a intrusão de terceiros poderia apenas impedir ou atrasar o avanço do verdadeiro conhecimento, que obviamente é o desse grupo. O mesmo acontece com os freireanos, com os construtivistas de várias famílias beligerantes entre si e os tantos pós alguma coisa. Os mestrandos e doutorandos já escolhem seus orientadores conforme os "referenciais" que estes usam, transformando-se muitas vezes em repetidores de teorias feitas. Essa luz amarela aponta para os perigos do refúgio em segurança num mundo de incertezas.

Além disso, o discurso de interdisciplinaridade, quando não de transdisciplinaridade, esbarra nos muros sólidos de um sistema de avaliação que inibe inovações. Começa com a compartamentalização de pesquisadores em programas de pós-graduação mais ou menos fechados em si mesmos e, dentro desses, em linhas de pesquisa. A pressão de tempo para a conclusão dos cursos faz com que os alunos entrem num verdadeiro corredor polonês, onde, em nome da produtividade, talvez esteja sendo comprometida a alma. Numa sociedade que conseguiu reduzir praticamente todas as dimensões da vida em medidas e indicadores de produção, isso evidentemente é considerado um sinal de progresso. A luz de advertência nos interpela perguntando se isso não representa um empobrecimento para o pesquisador e para a pesquisa. Em minha experiência pessoal, constato que algumas das pessoas com quem mais aprendi nestes últimos anos estão "alocadas" em outras áreas. Não se trata de incompetência de colegas da área, mas da possibilidade de se confrontar com o outro, com o diferente, a partir de onde surgem impulsos para novas aprendizagens.

À medida que isso for reconhecido como dificuldade, também aparecerão sinalizadores que ajudarão a caminhar em outras direções. Não acreditamos que estes estejam em alguma teoria ou superteoria específica, mas na delimitação de alguns espaços onde queiramos nos encontrar, não mais em função de algum conhecimento que precisa ser preservado ou avançado, mas em função de projetos de vida e de sociedade que julgamos importantes. A pronunciação do mundo é um ato público. Ao proporcionar interação em muitos e distintos lugares da sociedade rio-grandense (autoridades estaduais, prefeitos, vereadores, líderes comunitários, professores e alunos, grupos diversos), foi possível sentir o caráter público da pesquisa.

## 3. Encontro com o óbvio

Diz Paulo Freire na *Pedagogia do Oprimido* (1981, p. 87) que nenhum sistema opressivo se manteria de pé se os oprimidos começassem a fazer esta simples pergunta: "Por quê?". Ele se considerava um peregrino do óbvio, porque sabia que falava de coisas simples, quem sabe essenciais. O que é mais óbvio que o ensinar e o aprender? E o que é mais difícil? José Marti (1992, p. 288) escreveu que as grandes verdades, aquelas que nos ajudam a viver e a ser felizes, cabem nas asas de um colibri. É um fato que, como se tornou corrente, o mundo se tornou mais complexo, mas também vemos como Edgar Morin, o grande teórico da complexidade, consegue ser extremamente simples. O que é mais simples – no sentido de uma experiência estética – do que a ideia de podermos entender-nos como uma só "comunidade de destino" (MORIN, 2000, p. 113)? E o que é mais difícil?

Onde estaria o simples na pesquisa? Diria que pesquisar, numa de suas intenções básicas, é ler e pronunciar o mundo. Íria Charão, coordenadora do OP no Estado, disse numa entrevista que, às vezes, o povo fala coisas tão simples que é difícil entender. O segredo da pesquisa talvez esteja em penetrar esse simples, movimentar-se dentro dele, entre as suas fissuras e saliências. Esse simples e óbvio não nos encontra na escrivaninha, protegidos entre os livros, atrás da tela do computador. O óbvio nos encontra nas ruas, nas salas de aula, nas rodas de conversas, sempre que estamos dispostos a um tipo de escuta em que deixamos cair nossas defesas e barreiras, quando abandonamos a posição daqueles que já sabem e que imaginam ter de enfiar cada pedaço do mundo e da experiência em determinado lugar ou colocar-lhe uma etiqueta. Possivelmente nos surpreenderíamos então com a constatação de que vivemos num mundo mágico, sobre o quão pouco ou nada sabemos das coisas que nos cercam, desde a variedade dos pássaros que cantam e brincam no jardim, o computador que faz parte de nossa rotina diária, ou o que acontece quando aprendemos ou não aprendemos.

Entendo que a pesquisa como leitura e pronúncia começa com a abertura para o mundo. Nesse sentido, ela não é privilégio de pesquisadores nem de pessoas alfabetizadas. Nem por isso o pesquisador é irrelevante ou descartável. Dentro dessa compreensão de pesquisa, ele é insubstituível no que diz respeito à exemplaridade de sua postura diante e com o outro, o mundo e o cosmos. Antes do domínio de determinadas técnicas, pesquisar implica capacidade de escutar, um escutar denso, intenso e (im)paciente. O domínio das técnicas só faz sentido dentro dessa atitude que Freire qualifica de "curiosidade epistemológica", sem a qual a competência técnica corre o risco de contribuir mais para o aumento dos infortúnios do que para a redução dos sofrimentos e das misérias da humanidade.

## 4. A pesquisa em ação

Embora a equipe nunca tivesse a preocupação de enquadrar a pesquisa acima referida dentro de uma opção metodológica, ao longo do trabalho, foi tornando-se importante explicar os princípios e os processos que orientaram o trabalho. Compartilho, a seguir, algumas notas com o objetivo de mostrar as dimensões que fizeram deste livro um exercício de pesquisa participante.

- *Investigação e formação estão inseridas no mesmo processo de produção de conhecimento:* pesquisar e ensinar-aprender são partes do mesmo processo de conhecer, isto é, de compreender, intervir e transformar a realidade. A produção de conhecimento situa-se em vários lugares, cada um desses com características próprias de acordo com os papéis que cabem aos respectivos atores. A pesquisa faz parte, assim, de um amplo "movimento do saber". Quando os agricultores de um pequeno município no interior do Rio Grande do Sul (Salvador das Missões) relataram que com R$ 10.000,00 criaram uma agroindústria cooperativada para a produção de rapadura e que esta vem promovendo uma razoável melhora na qualidade de vida no município, fica evidente que aí se gerou um conhecimento socialmente produtivo de enorme potencial. Foi necessário recuperar e adequar as técnicas de produção de rapaduras; os agricultores tiveram de aperfeiçoar a produção de cana-de açúcar e amendoim; houve necessidade de competência de diálogo, de planejamento e de gestão; foi necessário identificar a "vocação" agrícola do município e fortalecer sua tradição comunitária.

Uma constatação que faz parte da história da pesquisa participante é que pessoas do povo se movimentam através de um vasto repertório de formas de interação. "Enquanto transitam uns na direção dos outros, trocam conhecimentos, trocam formas de saber e trocam valores" (BRANDÃO, 1986, p. 167). Hoje, conforme Marco Raúl Mejía (2001), talvez preferíssemos substituir a ideia de trocas (de saberes) pela de negociação (cultural), uma vez que sempre estão em jogo (também) relações de poder. A pesquisa, ao menos aquela que se pretende participante, faz parte desse complexo jogo de negociações.

Através do diálogo com as comunidades e autoridades, passamos a questionar-nos sobre nosso papel de pesquisadores dentro desse processo de conhecer. Com o que nós entramos nas negociações? Provisoriamente talvez se pudesse dizer que o papel do pesquisador se desdobra nas seguintes funções:

a) Cabe ao pesquisador uma tarefa especial na leitura do contexto. No caso acima citado, o pesquisador tem condições de ajudar a compreender como a produção da rapadura, naquele município, decidida através da participação, insere-se em processos sociais e econômicos mais abrangentes que levem à criação de uma sociedade onde os recursos estejam mais justamente distribuídos. Essa função formadora foi realizada através de artigos em periódicos da região nos quais se situavam as questões locais no panorama mais amplo. A própria presença da equipe na comunidade, trazendo dados e informações de outras comunidades, serviu para alargar e intensificar a leitura de mundo que essas comunidades realizam.

b) O pesquisador dispõe de instrumentos de análise que lhe permitem sistematizar e organizar os saberes existentes nas comunidades. Essa sua busca de totalidade está sujeita à mesma lógica de parcialidade dos demais saberes. Assim, o pesquisador que participa apenas de grandes assembleias do OP vê ali, sobretudo, o caráter festivo, esquecendo que, para chegar a esse ponto, houve uma infinidade de encontros e negociações precedentes. Apenas uma presença marcada pela confiança será capaz de lhe abrir as portas para enxergar os atalhos e desvios na criação dos saberes. Oscar Jara interpreta belamente essa função sistematizadora e organizadora do pesquisador:

> Parece que lo más característico y proprio de la reflexión sistematizadora sería el que ella busca penetrar en el interior de la dinámica de las experiencias, algo así como meter-se 'por dentro' de esos procesos sociales vivos y complejos, circulando por entre sus elementos, palpando las relaciones entre ellos, recorriendo sus diferentes etapas, localizando sus contradicciones, tensiones, marchas y contramarchas, llegando así a entender estos procesos desde su propia lógica, extrayendo de allí enseñanzas que puedan aportar al enriquecimiento tanto de la práctica como de la teoría (JARA, 1996, p. 12).

c) O pesquisador encontra-se num lugar estratégico para "movimentar" os saberes em diferentes áreas e esferas: ele dispõe de meios que lhe permitem a interação com outros pesquisadores através de publicações e congressos, com o grande público através dos meios de comunicação, com os órgãos públicos através da disponibilização dos dados para a elaboração de políticas. Mesmo que não fale em nome desse público, porque não tem autorização, estabelecem-se laços que implicam uma espécie de cumplicidade. Embora não se cobre nada do pesquisador e que ele nada prometa, há expectativas de que as palavras ou as imagens "colhidas" junto às comunidades fertilizem outras práticas ou sensibilizem aqueles em posição de decidir. Concordamos com Brandão de que "o importante, o fundamental, não é tanto a participação popular na investigação, mas sim a participação política da pesquisa nos movimentos e lutas populares" (BRANDÃO, 1986, p. 165). O que, por sua vez, se levado a sério, inevitavelmente implicaria no envolvimento das comunidades na pesquisa.

- *Pesquisa e compromissos éticos e políticos:* a pesquisa foi revelando-se como uma prática (social, política e cultural) transformadora. Partindo do pressuposto de que a exclusão social é historicamente gerada e humanamente inaceitável, pesquisar significa colocar-se "junto com" os movimentos geradores de vida e de dignidade. Por isso, a pesquisa participa da dialética da denúncia e do anúncio. No caso do Orçamento Participativo, há inúmeras situações em que os vícios da histórica política clientelista se manifestam, por exemplo, quando prefeitos, donos de fábricas ou diretores de escola vinculam a participação nas reuniões ao voto por eles definido. Procurou-se não ocultar essas dificuldades. A ênfase, no entanto, esteve em colocar-se na posição de quem pretende detectar novas possibilidades de organização da sociedade e de convivência. Boaventura de Sousa Santos fala da importância de uma "sociologia das emergências".[4] Nesse projeto tratava-se de escutar aquilo que emerge como sinais de um novo contrato social, respectivamente, de uma pedagogia desse contrato.

Foi preciso uma permanente atenção para o que significa rigorosidade científica, uma vez que ela não se esgota com a aplicação correta de instrumentos e o controle de algumas variáveis. A rigorosidade significa, sobretudo, saber movimentar-se entre os diversos saberes e ajudar na criação de sentidos que ajudem aquela comunidade a concretizar suas estratégias de organização, desenvolvimento e convivência e lhes desenvolva a possibilidade de sonhar um outro mundo!

- *A pesquisa é interação múltipla de sujeitos:* pesquisar é um ato de conhecer o que acontece entre sujeitos, um movimento que reflete a vida e gera vida. Podem ser destacadas três dimensões dessa interação:

a) No processo de pesquisa, tanto o conhecimento da experiência quanto o conhecimento elaborado são transformados. O objetivo é a produção de conhecimentos que permitam uma nova leitura ou pronunciação da realidade. Numa região produtora de frutos cítricos, foi levantado o problema do cancro cítrico, doença que vem dizimando os pomares. Um dos agricultores lembrou a comunidade de que eles já haviam descoberto o "remédio", no caso, o próprio suco das frutas. Mesmo assim, esses agricultores pleiteavam que as agências de pesquisa estivessem mais presentes. Eles sabiam que, embora tendo um saber importante, este poderia ser potencializado

---

[4] SANTOS, Boaventura de Sousa. *Can Law Be Emancipatory?*

através da pesquisa. Não é um saber suficiente e muito menos autossuficiente. O desafio, do outro lado, é que os pesquisadores façam o mesmo tipo de reflexão, algo difícil quando estranhamente os livros e bancos escolares os afastaram dos saberes dessa comunidade a que supostamente deveriam servir, pois não se trata apenas de uma "dupla ruptura epistemológica" (SANTOS, 2000, p. 106) desencadeada pelos cientistas para a realização de um novo senso comum, mas de uma permanente dinâmica entre continuidades e rupturas de diversos saberes.

b) A realidade não é um corpo morto a ser seccionado e dissecado, mas tem vida, alma. Ou seja, ela mesma se coloca como sujeito que interpela o pesquisador, de formas muitas vezes inusitadas: um gesto, uma palavra, um voto podem indicar ao pesquisador que ele não estava compreendendo nada do que acontecia à sua volta. E ele terá de reaprender e se reposicionar naquela realidade. Por exemplo, fascinava-nos ver a movimentação durante as reuniões, sinalizando a intensa negociação que estava ocorrendo. São movimentos cujo sentido dificilmente poderá ser captado e que talvez jamais se visibilize nos resultados do processo. Mesmo que em seguida fosse feita uma entrevista, os filtros não deixariam passar muitas negociações dos bastidores.

c) Envolver-se seriamente na pesquisa implica, mais cedo ou mais tarde, pesquisar a si mesmo, ampliando a autoconsciência das limitações e possibilidades. O pesquisador não entra em seu campo de pesquisa como um elemento estável e fixo. Ele muda porque (ou quando) aprende. A escrita dos resultados é por isso também um exercício de autoescrever-se. Ter consciência disso evita dois perigos aos quais o pesquisador está constantemente exposto. O primeiro deles, colocar-se fora do processo como aquele que apreendeu a realidade e alfineta os conhecimentos ao estilo do colecionador de borboletas; o segundo, tornar o "objeto" da pesquisa um pretexto para a sua reflexão narcisista, autoindulgente e solipsista.

• *Pesquisa é uma ação pública para a constituição do público*: ao longo do processo, a equipe foi se dando conta do caráter público da pesquisa. Uma vez, por trazer à consciência a responsabilidade pública do pesquisador. Isso se evidenciou, por exemplo, quando, numa assembleia, um dos participantes, tendo em mãos a proposta de orçamento, questionou o valor destinado pelo Estado para a pesquisa através da FAPERGS.[5] É sabido que este valor está muito abaixo do previsto na legislação do Estado e que os pesquisadores lutam desesperadamente para obter mais recursos. No caso, não importam os números, mas o fato de a pesquisa estar sendo trazida ao debate público. Diante de quem, afinal, o pesquisador é responsável? Como ele dá conta dessa responsabilidade?

A pesquisa tem também uma função central na constituição do público, tanto no sentido do que é comum a uma comunidade ou povo, quanto no sentido de um grupo que se seleciona como interlocutor. A devolução dos dados em seminários, em jornais do local ou em entrevistas para os meios de comunicação serve de espelho para a comunidade ver a si mesma e se reconfigurar. Mesmo adotando como princípio a

---

[5] Fundação de Amparo à Pesquisa do Estado do Rio Grande do Sul.

pesquisa participante, o pesquisador é alguém "de fora", e a comunidade, de certa forma, fica na expectativa de ver como "saiu na foto". A pesquisa contribui para a constituição do público à medida que ajuda a comunidade a se ver e se ouvir, condição fundamental para a existência do público (ARENDT, 1999, p. 65).

- O método é parte do movimento de pesquisa: a equipe utilizou-se de muitos instrumentos e técnicas ao longo da pesquisa, entre outras, de entrevistas, observação participante, questionários, fotografias, vídeo e depoimentos. Essas técnicas não existem por si, mas são a concretização de uma concepção de método e de um desenho metodológico. Cabem, por fim, breves considerações sobre lições úteis para mover-nos nesse emaranhado conceitual em que estão envolvidas as noções de método e metodologia.

Do grego *meta odos*, a palavra método significa literalmente *caminho para* e, desde o *Discurso sobre o método*, de Descartes, publicado em 1637, o método tem sido tema central da ciência e da filosofia. As discussões contra e a favor de método nos tornam conscientes de que não é mais possível conceber o método como um conjunto de passos estruturados cartesianamente que vão levar à verdade. Essa pretensão está sendo descartada pelas próprias ciências conhecidas como exatas, na medida em que abrem espaço para noções como caos ou a continuidade entre sujeito e objeto. Entre reafirmar uma noção de método que mostra sinais de esgotamento e simplesmente descartar a pertinência do método, há a possibilidade de ressignificá-lo. Baseado em pesquisa sobre Educação Popular, Matthias Preiswerk[6] propôs uma conceituação que corresponde ao entendimento que foi se construindo ao longo de nossa pesquisa. Diz ele:

> Proponho, a título de hipótese, a necessidade de falar do método como sistema de relações, como estrutura de pensamento e de ação, como inspiração que assume as rupturas, as defasagens, as distâncias entre os sujeitos com seus próprios desejos e necessidades, as metas que se pretende alcançar, os processos para se alcançar essas metas, os obstáculos oferecidos pelo contexto (PREISWERK, 1995, p. 283).

O método, como a complexa trama composta da finalidade e dos objetivos, da realidade e do objeto, dos sujeitos, do tempo e do espaço, não é algo à parte da pesquisa, no sentido de que primeiro se define o método e que, uma vez dominado determinado processo, teríamos a chave mágica para a realidade. O método vai reconfigurando-se constantemente no diálogo com e entre esses fatores. Na imagem de Mário Quintana, são os passos que fazem o caminho.[7] Isso não exime o pesquisador de ver que caminhos os passos de outros já fizeram e que caminhos ele sonha e projeta para seus próprios passos.

Metodologia, por sua vez, é aqui entendida como o conjunto de procedimentos e instrumentos que permitem a aproximação

---

[6] Veja também seu livro: *Educación Popular y Teología de la Liberación*, p. 61.
[7] "O caminho agoniava,
  morria sozinho...
  Eu vi...
  Porque são os passos que fazem o caminho"
  (O último viandante)

a essa realidade. Ao longo do processo, experimentamos muitas formas de constituição de nosso "objeto". Por exemplo, na etapa final, notamos que tínhamos produzido um enorme acervo de imagens. Realizamos, então, um seminário sobre "Imagens e pesquisa" com a assessoria de uma pesquisadora da semiótica. Estamos nos dando conta de que os "fenômenos" exigem uma aproximação estética e a pesquisa que não incorpora a poética pode asfixiar-se na superficialidade. Estamos organizando, por isso, um sarau de "Pesquisa & Arte" sobre o tema "Educação para um outro viver junto", como a expressão de um novo contrato social.

## 5. Conclusão: a pesquisa como movimento

A intensa movimentação que o projeto de pesquisa proporcionou, acompanhando assembleias do Orçamento Participativo em vários municípios, estando presente em reuniões de conselhos, falando com membros e lideranças de comunidades e entidades, com autoridades e com acadêmicos de diversas áreas, contribuiu para que víssemos a própria pesquisa como movimento de pessoas, de saberes, de conhecimentos, de valores, de culturas, de visões do mundo. É um passo, quem sabe, em direção ao "saber plural" no qual, conforme Milton Greco, "o conhecimento assume uma dimensão inteiramente nova, em que o intercâmbio de conhecimentos forma um sistema de relações tão ou mais importante que os mais novos conhecimentos por qualquer área do saber humano" (GRECO, 1994, p. 26). Na realidade, o que descobrimos? O que produzimos ou construímos?

Aprendemos, sobretudo, que a produção de conhecimento não é privilégio da pesquisa institucionalizada e como os pesquisadores estão desafiados a repensar seu lugar nesta teia em que se dá o conhecer. Dentre as questões que poderiam merecer atenção na prática e aprofundamento teórico, destacamos duas que parecem mais urgentes. Primeiro, há de ter precaução para que o movimento não acabe em ativismo e esvaziamento teórico. Basta lembrar como a recente busca de refundamentação da Educação Popular foi (também) causada pelo ativismo. Na ânsia de salvar o mundo, acabou-se por não mais compreender o próprio mundo. Um segundo desafio é encontrar ou criar lugares de encontro de acadêmicos de áreas diferentes, de sujeitos que falam de lugares sociais e culturais distintos. A pesquisa pode ser uma articuladora desses encontros, criando espaços que, embora não neutros, sejam uma espécie de "mesa" de negociação onde se aprende a dizer sua palavra e com ela pronunciar o mundo.

## REFERÊNCIAS BIBLIOGRÁFICAS

ARENDT, Hannah. *A condição humana*. 9. ed. Rio de Janeiro: Forense Universitária, 1999.

BRANDÃO, Carlos Rodrigues. *Saber e ensinar: Três estudos de educação popular*. 2. ed. Campinas: Papirus, 1986.

DESCARTES, René. *Philosophical Writings*. Nova Iorque: The Modern Library, 1958.

FREIRE, Paulo. *Pedagogia do oprimido*. 9. ed. Rio de Janeiro: Paz e Terra, 1981.

GABARRÓN, Luis; LANDA R. *Investigación Participativa*. Madri: Centro de Investigaciones Sociológicas, 1994.

GRECO, Milton. "A crise dos paradigmas, rigor científico e novos desafios". In: MEDINA, Cremilda; GRECO, Milton. *Saber plural: Novo pacto da ciência.* São Paulo: ECA/USP-CNPq, 1994.

JARA, Oscar. "Tres posibilidades de sistematización: comprensión, aprendizaje y teorización". *Sistematización de Experiencias: Búsquedas Recientes. Aportes,* 44, mar. 1996 (Dimensión Educativa, Santafé de Bogotá).

MARTÍ, José. "Maestros Ambulantes". *Obras completas.* Ciudad de la Habana: Editorial de Ciencias Sociales, 1992, vol. 8.

MEJÍA, Marco Raúl; AWAD, Myriam. *Pedagogías y Metodologías en Educación Popular: Na Negociación Cultural: Una Búsqueda.* Quito: Fe y Alegria, 2001.

MORIN, Edgar. *Os sete saberes necessários à educação do futuro.* 2. ed. São Paulo/Brasília: Cortez/UNESCO, 2000.

PREISWERK, Matthias. *Educación Popular y Teología de la Liberación.* San Jose, CR: DEI, 1994.

_____. "A questão do método na educação popular e na teologia da libertação". *Estudos Teológicos,* 3 (35): 279-291, 1995.

QUINTANA, Mário. *A cor do invisível.* 4. ed. São Paulo: Globo, 1997.

SANTOS, Boaventura de Sousa. *A crítica da razão indolente: Contra o desperdício da experiência.* São Paulo: Cortez, 2000.

_____. "Can Law Be Emancipatoty?". Disponível em: www.geocities.com;relaju;souizasantos.htm. Acesso em 05 set. 2003.

STRECK, Danilo R. *Educação para um novo contrato social.* Petrópolis: Vozes, 2003.

# BIBLIOGRAFIA SOBRE PESQUISA PARTICIPANTE[1]

Textos fundantes

BARBIER, René. *Pesquisa-ação na instituição educativa*. Rio de Janeiro: Zahar, 1985 (Publicado na França em 1977). O livro se propõe a fornecer instrumentos para educadores, militantes políticos e outras pessoas ou instituições que veem a pesquisa como forma de intervir na sociedade com o intuito de transformá-la. A primeira parte situa a pesquisa-ação no contexto da sociologia europeia e norte-americana, com destaque para a obra de Kurt Lewin. A pesquisa-ação institucional é definida como prática concreta de análise sociológica para grupos que desejam tornar-se sujeitos de sua ação. A segunda parte da obra destina-se a explicitações de caráter conceitual e a terceira apresenta aplicações práticas. É um livro importante para estabelecer as necessárias conexões entre a pesquisa participante que surgia na América Latina e a pesquisa-ação que se desenvolvia em outras partes do mundo.

BORDA, Orlando Fals. *Ciencia Propia y Colonialismo Intelectual*. México: Nuestro Tiempo, 1970, 138 p.

---

[1] Autores e autoras desta coletânea colaboraram com resenhas para esta bibliografia. A organização contou com a colaboração de Rita de Cássia Machado (Bolsista de Iniciação Científica UNIBIC).

Retomando el eco dejado en la década del 60 por Camilo Torres a cerca de una auténtica sociología latinoamericana, Fals Borda se propone consolidar la iniciativa hacia la construcción de una sociología de la liberación. Para ello se propone levantar la conciencia de autonomía y rebeldía del intelectual latinoamericano; crear grupos de investigación y referencia en el propio medio, y trabajar arduamente con materiales y realidades propias articulando respuestas con conceptos y marcos de referencia propios.

BORDA, Orlando Fals. *El Problema de Cómo Investigar la Realidad para Transformarla por la Praxis*. Bogotá: Tercer Mundo, 1979, 111 p.

Implicaciones epistemológicas de la investigación-acción como paradigma de la ciencia social crítica en el campo de la metodología y en la concepción de la realidad, cuya base es la posibilidad de crear y poseer conocimiento en la propia acción social y política que tiene como objetivo la transformación estructural de la sociedad a partir de la experiencia investigativa con población campesina colombiana.

BORDA, Orlando Fals. *Conocimiento y Poder Popular: Lecciones con Campesinos de Nicaragua, México, Colombia*. Bogotá: Siglo XXI-Punta de Lanza, 1985, 177 p.

Aplicación de la metodología de la IAP en procesos comparativos de Nicaragua, México y Colombia junto a organizaciones y movimientos sociales no tan sólo de desarrollo sino también de poder popular, en donde se combina simultáneamente educación de adultos, investigación y acción política y en el que se consideran el análisis crítico, el diagnóstico de situaciones y la práctica como fuente de conocimiento a fin de fortalecer y profundizar desde lo local y lo regional, la democracia participativa.

BORDA, Orlando Fals. *Ciencia Propia y Colonialismo Intelectual: Los Nuevos Rumbos.* Bogotá: Carlos Valencia Editores, 1987, 165 p.

Versión actualizada, diecisiete años después, del libro que apareció por primera vez en México en 1970. El interés sostenido por el planteamiento de una sociología crítica, autónoma, rebelde, emancipadora demuestra que América Latina continúa teniendo la misma y vieja necesidad de articular respuestas intelectuales y políticas a los antiguos y nuevos problemas que la afectan. Incluye consideraciones epistemológicas recientes, maduradas a la par con el trabajo de campo en Nicaragua, Colombia y México.

BRANDÃO. Carlos R. (Org.) *Pesquisa participante*. 8. ed. São Paulo: Brasiliense, 1990, 211 p. (1° edição em 1981).

São textos que recolhem o que se fez e se escreveu sobre essa modalidade de conhecimento coletivo, do mundo e das condições de vida de pessoas, grupos e classes populares. É um livro de várias pessoas e grupos que fazem, de algum tipo de prática política de compromisso popular, o seu modo e o sentido de habitar nele. O livro inclui textos de Rosiska Darcy de Oliveira e Miguel Darcy de Oliveira, Paulo Freire, Orlando Fals Borda, Ivandro da Costa Sales, Comissão de Transporte da Pastoral Operária da Diocese de Nova Iguaçu, Equipe da Ação Católica Operária do Recife, Equipe das comunidades de base e de agentes da Diocese de Goiás. Esta diversidade de autores é, em si mesma, reveladora dos sujeitos e dos contextos da pesquisa participante em seus inícios.

BRANDÃO, Carlos R. *Repensando a pesquisa participante.* 2. ed. São Paulo: Brasiliense, 1985, 252 p. (1ª edição em 1983).

Trata-se de uma coletânea de textos que fazem um recorrido através da teoria e da prática da pesquisa participante num momento em que esta se consolidava como prática de conhecimento e transformação da realidade, no início da década de 1980. As palavras do organizador, refletindo sobre a origem da pesquisa participante, dão o tom para este livro: "Está inventada a *pesquisa participante*. Não porque – como querem tantos, tantas vezes – uma fração obediente de sujeitos populares participa subalternamente da pesquisa do pesquisador, mas porque uma pesquisa coletiva participa organicamente de momentos do trabalho de classe, quando ela precisa reconhecer-se no conhecimento da ciência". Dentre os autores se encontram Marcela Gajardo, Michel Thiollent, Guy Le Boterf, Pedro Demo, Orlando Fals Borda, Carlos R. Brandão, entre outros.

CARIOLA, Patrício. *Educación y Participación en América Latina.* Santiago: CEPAL, 1980.

DE SCHUTTER, Anton. *Investigación Participativa: Una Opción Metodológica para la Educación de Adultos.* Patzcuaro, Mich, México: Centro Regional de Educación de Adultos e Alfabetización de Adultos Funcional para América Latina (CREFAL), novembro de 1981.

DEMO, Pedro. *Pesquisa Participante: Mito e realidade.* Rio de Janeiro: SENAC/ Departamento Nacional, 1984, 112 p.

Pedro Demo situa a pesquisa participante, primeiro, no contexto bem amplo do que é pesquisa e, depois, diante da pesquisa tradicional, apresentando-a como uma forma de superar "a decepção" da pesquisa tradicional. Há uma apresentação sistemática de elementos metodológicos e, por fim, um conjunto de críticas e autocríticas, com destaque para as precariedades metodológicas.

FREIRE, Paulo. *Pedagogia do Oprimido*. 9. ed. Rio de Janeiro: Paz e Terra, 1981, 218 p. (1ª edição em 1973).

Este livro clássico da obra de Paulo Feire reflete a experiência vivida pelo autor no Brasil e no Chile, trazendo o relato da investigação dos "temas geradores" como parte de uma metodologia dialógica. Em *Pedagogia do oprimido* se encontra a fundamentação epistemológica, acompanhando uma prática educativa para a vertente pedagógica da pesquisa participante.

FREIRE, Paulo. *Educação como Prática da Liberdade*. 11. ed. Rio de Janeiro: Paz e Terra, 1980, 150 p. (1ª edição em 1963).

Neste livro Paulo Freire apresenta a operacionalização de sua proposta metodológica baseada no diálogo e na comunicação. Descreve as cinco fases de seu método, que inicia com o levantamento do universo vocabular e culmina com a elaboração das sílabas com a decomposição das famílias fonéticas correspondentes aos vocábulos geradores.

GAJARDO, Marcela. *Pesquisa participante na América Latina*. São Paulo: Brasiliense, 1986, 94 p.

A autora analisou cerca de 35 experiências, realizadas a partir dos anos 1960 em vários países latino-americanos, e estabelece as diferenças entre elas e as formas tradicionais de pesquisa. Demonstra que, na pesquisa social, produção de conhecimento e comunicação de conhecimento podem acontecer a um só tempo, inteirando pesquisador e pesquisado, ciência e atuação prática.

GAJARDO, Marcela. "Investigación participativa: Propuesta y proyectos". *Revista Latinoamericana de Estudios Educativos*, 13, 1983 (Centro de Estudios Educativos, México, DF).

Una reflexión de los planteamientos principales y la prospectiva de la investigación participativa en Latinoamérica.

JARA, Oscar. *Investigación Participativa: Una Dimensión Integrante del Proceso de Educación Popular*. San José: Alforja, nov. 1990 (Pensando la Educación Popular, 3).

MARTINIC, Sergio; WALKER, Horacio (CIDE). "La Reflexión Metodológica en el Proceso de Sistematización de Experiencias de Educación Popular". *La Sistematización en los Proyectos de Educación Popular*. Santiago: CEAAL, 1987.

POZAS, Ricardo. *Guía General Cualitativa para la Investigación-Acción Autogestionaria de los Pueblos Indígenas*. México, DF: UNAM, 1989.

SIMPOSIO MUNDIAL DE CARTAGENA. *Crítica y Política en Ciencias Sociales: El Debate Teoría y Práctica*. Bogotá: Punta de Lanza, 1978, Tomo I, 450 p.; Tomo II, 427 p.

El Comité Organizador del Simposio Mundial de Cartagena sobre "Investigación activa y análisis científico" realizado entre el 18 y el 24 de abril de 1977, publica dos tomos con ponencias y comentarios. El tomo I sobre la teoría y la política en investigación-acción y el tomo II sobre la investigación-acción en contextos regionales. Ambos tomos se consideran un "hito" en la discusión epistemológica latinoamericana sobre las relaciones entre la teoría y la práctica en las ciencias sociales críticas.

SILVA, Maria Ozanira da Silva e. *Refletindo a Pesquisa Participante*. 2. ed. São Paulo: Cortez, 1991, 174 p. (1ª edição em 1986).

O livro apresenta resultados de uma ampla pesquisa bibliográfica e documental sobre as diversificadas modalidades de Pesquisa Participativa na América Latina e no Brasil. O texto procura analisar e problematizar o pensamento dos autores mais representativos da época referente à construção de diversas modalidades do que se convencionou denominar de pesquisa participativa. Entre estes, encontram-se: Paulo Freire, Carlos Brandão, Orlando Fals Borda, Maruja Acosta, Xavier Albó, Franz Barrios, Virgínia Guíman Barcos, Humberto Barquera, Michal Bodemann, Victor Bonilla, Guillerme Briones, Felix Cadena, Vicente Carrera, Raúl Leis, Eduardo Correa, Pedro Demo, Sylvia Van Dijk, Ernesto Parra, Justa Ezpeleta, Carlos Flood, Luís Regal, Marcela Gajardo, Carlos Garcia, Ramon Moreira Garcia, Vera Gianotten, Ton de Witt, Francisco Vio Grossi, Carlota Olavarria, Ulf Himmelstrand, Gerrit Huizer, Oscar Jara, Dorit Kramer, Rodas M. Herman, Sérgio Martinic, Héctor Sálnz, Alfredo Molano, Heinz Moser, Paul Oquist, Udai Pareek, Luís Rigal, Anders Rudqvist, Nicanor Palhares Sá, Anton Schutter, Nelly Stromquist, Michel Thiollent, Julio Valdez, Yolanda Sanguinetti, Laura da Veiga, Jean P. Vielle, Luiz Eduardo Wanderley. O texto também referencia experiências relevantes no campo do que a autora denomina genericamente de Pesquisa Participante. O estudo toma como ponto inicial uma crítica ao

Modelo Positivista da Ciência e indica concepções e conteúdos teórico-metodológicos da Pesquisa Participante, considerada em sua diversidade, porém, tendo como referência central uma profunda reação e crítica à ciência enquanto conhecimento puro, autônomo e neutro enquanto expressão de uma verdade única e universal. São apresentados o que a autora considera aspectos centrais da Pesquisa Participante no Brasil e na América Latina, mediante o pensamento dos autores indicados no que se refere à crítica ao modelo positivista de ciência, aos aspectos conceituais e caracterização, intencionalidade e objetivos, modalidades, fundamentos teóricos e aspectos metodológicos da pesquisa participante, destacando ainda o desenvolvimento de uma análise problematizadora sobre a Participação como aspecto central dessa modalidade de investigação.

THIOLLENT, M. *Metodologia da pesquisa-ação.* 14. ed. São Paulo: Cortez, 2004, 108 p. (1ª edição em 1985).

O livro apresenta os principais temas metodológicos da pesquisa-ação, agrupados em três capítulos, respectivamente: 1) a pesquisa-ação como uma estratégia de conhecimento em que pesquisadores e participantes da situação investigada estão envolvidos de forma cooperativa e participativa; 2) concepção e organização da pesquisa, em que o autor apresenta os várias momentos da pesquisa, desde a fase exploratória à divulgação externa; 3) as áreas de aplicação, dentre as quais se encontram a educação, a comunicação, o serviço social, o desenvolvimento rural e as práticas políticas.

VARIOS AUTORES. *Investigación Acción Participativa.* Bogotá: Dimensión Educativa, 1983, 78 p. (Colección *Aportes*, 20).

Antología de cuatro textos en la que se intenta recoger los principales planteamientos críticos sobre la epistemología, la metodología y la opción política de la IAP, a saber: 1) La investigación: obra de los trabajadores – *Orlando Fals Borda*. 2) La investigación participativa en la educación de adultos en América Latina: algunos problemas relevantes – *Francisco Vio Grossi*. 3) Hacia una investigación de la investigación acción – *Germán Mariño*. 4) El proceso de la investigación participativa – *Antón de Schutter*. La 5ª edición de 1990 incluyó la ponencia de *Joao Francisco de Souza* presentada en el III Encuentro Mundial de Investigación Participativa realizado en Managua (Nicaragua) en agosto de 1989 y un nuevo texto de *Germán Mariño*: Anotaciones sobre las estrategias operativas de la IAP.

VEJARANO MONROY, Gilberto (Comp.). *La investigación participativa en América Latina: Antologia*. México, DF: CREFAL, 1983, 341 p.

YOPO, B. *El Talher de Trabajo como Método de Capacitación, Educación y Investigación Participativa*. San José, Costa Rica: Programa Regional de Desarrollo Educativo de La OEA y Ministerio de Educación Pública de Costa Rica/Centro Multinacional de Educación Pública de Costa Rica/Centro Multinacional de Educación de Adultos (CEMEDA), 1980.

**Textos atuais**

BARBIER, René. *A pesquisa-ação*. Brasília: Plano, 2002.

Esta obra fornece aos que se empenham em trabalho social os recursos sociológicos para a análise de sua práxis. A primeira parte do livro, que tem como introdução uma breve história da sociologia norte-americana, faz uma apreciação teórica geral a partir de fontes que vão de Lúkacs e da Escola de Budapeste a Bourdieu e Poulantzas, passando por Goldmann e Gramsci, Castoriadis e Lefebvre, Sartre, Paulo Freire e Danilo Dolci. O autor propõe uma alternativa de pesquisa ação por ele denominada de pesquisa-ação existencial/integral, na qual se destacam ideias como a escuta sensível, o pesquisador coletivo e a complexidade.

BORDA, Orlando Fals; RAHMAN, Mohammad Anisur. *Acción y Conocimiento: Como Romper el Monopolio con Investigación-Acción Participativa*. Bogotá: Cinep, 1991, 232 p.

Resultado del trabajo de campo y de la reflexión sobre la IAP en los últimos veinte años. Resalta las principales facetas teóricas ilustrándolas a través de estudios de caso de diferentes países de Asia, África, Latinoamérica y Norteamérica, con lo cual se evidencia las razones para considerar la IAP como un proceso viable, crítico y emancipativo en contextos donde las políticas de desarrollo han sido ensayadas y han demostrado ser insuficientes.

BORDA, Orlando Fals (Org.). *Participación popular: retos del futuro*. Bogotá: ICFES-IEPRI-CONCIENCIAS: 1998, 274 p.

Registro de los aportes teóricos y las experiencias más destacadas del Congreso Mundial de Convergencia Participativa en Conocimiento, Espacio y Tiempo que se celebró en Cartagena (Colombia) del 31 de mayo al 5 de junio de 1997 en memoria del primer Simposio Mundial realizado en el mismo lugar veinte años atrás, ocasión para evaluar, examinar y analizar las diferencias y convergencias en el desarrollo de la

IAP por los cinco continentes y para la necesaria afirmación y articulación intergeneracional.

BRANDÃO, Carlos R. *A pergunta a várias mãos: A experiência da pesquisa no trabalho do educador.* São Paulo: Cortez, 2003.

Neste livro a proposta da pesquisa participante é revisitada de diferentes maneiras. O livro não propõe métodos de como fazer uma "boa pesquisa". Propõe, basicamente, a seguinte problemática: como tornar a prática de pesquisa na educação um trabalho cooperativo e solidário, tornando o estilo de pesquisa e de seus participantes o mais participativo possível? Aborda os dilemas com que pesquisadores em ciências sociais, entre eles os da educação, confrontam-se em suas práticas investigativas, como neutralidade ou subjetividade, qualidade objetiva ou qualidade intersubjetiva e a descoberta do "outro". É um instrumento fundamental para compreender o campo de relações na pesquisa.

DEMO, Pedro. *Educar pela Pesquisa.* 1. ed. Campinas: Autores Associados, 1996.

A pesquisa é apresentada como fator constitutivo do processo educativo que tenha como finalidade a emancipação. Propõe, para isso, transformar a sala de aula em lugar de trabalho conjunto onde se pergunta, se argumenta, se escreve e se cria. O capítulo final apresenta um ensaio do que o autor qualifica como "currículo intensivo", no qual a pesquisa como princípio científico e educativo é colocada como cerne das atividades de ensinar e aprender.

DEMO, Pedro. *Pesquisa Participante: Saber pensar e intervir juntos.* Brasília: Liber Livro, 2004.

Neste livro o autor retoma o livro *Pesquisa Participante: Mito e realidade*, de 1984, mantendo sua base com atualizações e acréscimos. Argumenta que a Pesquisa Participante não perdeu a atualidade, mas que ela foi atropelada por outros modismos. A renovação da Pesquisa Participante corresponde ao caráter disruptivo do conhecimento, que não se deixa aprisionar em esquemas ou metodologias de pesquisa.

DÍAZ, Cecilia; TORRES, Ana Felicia. Las *Mujeres Rurales Centroamericana Sistematización de su Experiencia en Torno al Derecho a la Propiedad de la Tierra en Cinco Países*.

Aportes de Sistematización realizada a nivel centroamericano con mujeres rurales, que sirvieron de base para ser utilizados en la Publicación: "Del Hecho al Derecho" – Mujeres rurales Centroamericanas en la lucha por la propiedad de la tierra, editado por la Fundación Arias para el Progreso Humano. Biblioteca Virtual de Sistematización/Programa Latinoamericano de Apoyo a la Sistematización del CEAAL. www.alforja.or.cr/sistem/biblio.html, visite el sitio para conocer otras prácticas de sistematización.

EL ANDALOUSSI, Khalid. *Pesquisas-ações: Ciências, Desenvolvimento, Democracia*. Trad. Michel Thiollent. São Carlos: EdUFSCAR, 2004, 192 p.

O autor, professor da Universidade de Rabat (Marrocos), apresenta a pesquisa-ação dentro do paradigma da complexidade e discute as condições de sua aplicação nas ciências da educação e contexto particular dos países em desenvolvimento.

FALCÃO, Emmanuel F.; ANDRADE, José Maria T. *Metodologia para a Mobilização Coletiva e Individual*. João Pessoa: Editora UFPB/AGEMTE, 2002, 204 p.

JARA, OSCAR. *Investigación Participativa: Una Dimensión Integrante del Proceso de Educación Popular*. San José: Alforja, nov. 1990 (Pensando la Educación Popular, 3).

_____. *Para Sistematizar Experiencias: Una Propuesta Teórica y Práctica*. San José: Alforja, 1994.

_____. *Conocer la Realidad para Transformarla*. San José: Alforja, jul. 1991 (Pensando la Educación Popular, 7).

El Desafío Político de aprender de nuestras prácticas. Ponencia presentada en el evento inaugural del Encuentro Internacional sobre Educación Popular y Educación para el Desarrollo, Murguía, País Vasco, noviembre 2002. Biblioteca Virtual de Sistematización/Programa Latino Americano de apoyo a la Sistematización del CEAAL.

GABARRÓN, René; LANDA, Libertad Hernández. *Investigación Participativa*. 1. ed. Madri: Centro de Investigaciones Sociológicas, 1994.

Os autores partem do princípio de que pesquisa participante é uma proposta metodológica que emerge da crise das ciências sociais na década de 1960 que, embora atingindo a Europa e a América Latina, se apresenta de formas distintas. A crítica da pesquisa participante se dirige contra os modelos positivista e funcionalista, colocando como questão central a relevância social da investigação. Destaca-se no trabalho a síntese dos princípios epistemológicos e metodológicos, além da vasta bibliografia consultada e referida.

MELO NETO, José Francisco (Org.). *Extensão Universitária, Diálogos Populares*. João Pessoa: Editora UFPB/Agemte, 2002, 208 p.

MION, Rejane Aurora; SAITO, Carlos Hiroo (Org.). *Investigação-Ação: Mudando o trabalho de formar professores*. Ponta Grossa: Universidade Estadual de Ponta Grossa/Fundação Araucária, 2001.

Este trabalho coletivo propõe-se a aumentar o círculo de debates em torno da temática da pesquisa-ação (participante) nestes tempos de "apagão social". Há uma preocupação explícita de relacionar esta prática de pesquisa com o pensamento educacional de Paulo Freire. Os autores representam um vasto espectro de contextos sociais e pedagógicos.

MORIN, André. *Pesquisa-ação integral e sistêmica: Uma antropedagogia renovada*. Trad. M. Tiollent. Rio de Janeiro: DP&A, 2004.

Este livro contém o resultado de trinta anos de experiências educacionais no Canadá e em outros países, inclusive no Brasil. Expõe a teoria, as técnicas e os procedimentos utilizados em pesquisa-ação, numa perspectiva participativa e sistêmica.

NASCIUTTI, J.; ROCHAEL, C. *O hífen da pesquisa-ação: Traço de união entre saber e fazer*. Belo Horizonte: [s.n.t.], 1992, vol. 2.

Anais do 1º Congresso Brasileiro de Psicologia da Comunidade e Trabalho Social – Autogestão, Participação e Cidadania.

PALMA, Diego. *La Sistematización como Estrategia de Conocimiento en la Educación Popular: El Estado de la Cuestión en América Latina*. Santiago de Chile: CEAAL, 1992 (Papeles del CEAAL, 3).

SAGASTIZABAL, María Ángeles; PERLO, Claudia L. *La Investigación-Acción como Estrategia de Cambio en las Organizaciones: Como Investigar en las Instituciones Educativas*. Buenos Aires: Editorial Stella/La Crujía Ediciones, 2002.

A pesquisa-ação é vista como estratégia de mudança das instituições educativas a partir da participação efetiva dos sujeitos sociais envolvidos. A divisão do livro corresponde aos três eixos conceituais que orientaram a pesquisa: a escola enquanto uma organização com uma cultura própria historicamente construída; o caminho investigativo e a identificação de ações que possam levar à mudança; e a apresentação de projetos de pesquisa desenvolvidos junto com várias entidades.

SALAZAR, María Cristina (Ed.). *La Investigación-Acción Participativa: Inicios y Desarrollos*. Bogotá: Magisterio, 1991.

Esta colección de textos sobre la IAP plantea una visión general de la propuesta a fin de guiar futuras aplicaciones metodológicas que articule los esfuerzos de la investigación académica crítica con los movimientos de transformación social. Los textos son los siguientes: 1) La investigación acción y los problemas de las minorías – *Kurt Lewin*, 1946. 2) Antropología-acción – *Sol Taz*, 1960. 3) Como descolonizar las ciencias sociales – *Rodolfo Stavenhagen*, 1971. 4) La ciencia y el pueblo: nuevas reflexiones – *Orlando Fals Borda,* 1980. 5) Campesinos y sociólogos: reflexiones sobre dos experiencias de investigación activa – *León Zamosc,* 1987. 6) Qué es la investigación-acción participativa. Perspectivas teóricas y metodológicas – *Peter Park,* 1989. 7) Mejorando la educación mediante la IAP – *Stephen Kemmis,* 1990. 8) La situación actual y las perspectivas de la IAP en el mundo – *Anisur Rahman* y *Orlando Fals Borda.*

SECRETARIA ESTADUAL DE EDUCAÇÃO DO RIO GRANDE DO SUL. *A pesquisa da realidade na construção do conhecimento.* Porto Alegre: Departamento Pedagógico, 2002.

THIOLLENT, Michel. *Pesquisa-ação nas organizações.* São Paulo: Atlas, 1997.

O objetivo deste livro é apresentar e discutir a metodologia da pesquisa-ação aplicada em organizações. A proposta consiste em acoplar pesquisa e ação em um processo no qual os atores implicados participam, junto com os pesquisadores, para chegar interativamente a elucidar a realidade, identificando problemas, buscando e experimentando soluções. A produção e o uso de conhecimento tornam-se simultâneos.

VÁRIOS AUTORES. *Investigación Acción Participativa: Aportes y Desafíos.* 6. ed. Bogotá: Dimensión Educativa, 1994, 72 p. (Aportes, 20)

Once años después de la primera edición de Aportes 20, Dimensión Educativa re-elabora la antología sobre IAP con nuevos textos: 1) Discutiendo éxitos y ambigüedades – *Pedro Demo.* 2) Encuentros y desencuentros con Orlando Fals Borda en un panel de la Universidad del Quindío – *Germán Mariño.* 3) El proceso de la investigación participativa – *Lola Cendales.*

4) La investigación acción como práctica social – *Joao Bosco Pinto.* De la versión anterior sólo conserva el texto de *Orlando Fals Borda:* La investigación, obra de los trabajadores.

VÁRIOS AUTORES. *Investigación Acción del Profesorado.* Bogotá: Dimensión Educativa, 1998, 82 p. (Aportes, 50).

Antología de textos sobre la investigación-acción realizada por el profesorado en el aula orientada hacia la cualificación de la escuela, con lo que se pretende afirmar la investigación pedagógica y la formación investigativa del profesorado. Los textos son los siguientes: 1) Métodos de la investigación cualitativa – *Gregorio Rodríguez y otros.* 2) Investigación en la acción y responsabilidad del profesor en el proceso educativo – *Lawrence Stenhouse.* 3) Hacia la concepción del profesor como investigador – *Merlin C. Wittrock.* 4) La innovación y la investigación con miras a mejorar la calidad educativa – *Rodrigo Parra Sandoval.* 5) El vídeo en una experiencia de investigación acción.

VÁRIOS AUTORES. "Selección de Lecturas". *Cuaderno Investigación Acción Participativa.* C. I. E Asociación de Pedagogos de Cuba, sem data.

Este caderno possui uma seleção de textos que foram elaborados por um grupo de colaboradores do coletivo de investigação educativa. Os temas que aparecem neste caderno se referem a tipos de investigação em sua relação com a educação popular, sua essência e sua situação atual, bem como os princípios que regem o trabalho dos educadores na investigação transformadora.

## Sites de interesse

http://www.itoi.ufrj.br/sempe/index.htm

Vinculado à organização do SERMPE (Seminário de Metodologia para Projetos de Extensão), este *site* contém muitas informações e documentos sobre diversos métodos aplicáveis em extensão universitária e, em particular, sobre as metodologias participativas e de pesquisa-ação. O *site* disponibiliza o Boletim Eletrônico de Metodologia Participativa para Pesquisa e Extensão.

http://www.action-research.de

*Site* trilíngue (alemão, inglês e francês) da GTZ (organismo de cooperação técnica alemã) sobre pesquisa-ação.

http://www.eicos.psycho.ufrj.br/portugues/apresentacao/tela_atualiz_out2002.htm

Pesquisa Participativa e Identidade Latino-americana, Emancipação e Conscientização. Este *site* contém *links* e bibliografias sobre a temática da educação popular e pesquisa participante.

http://www.ghad.com.br/materiasMetodologiaPesquisaSocial.htm

Este *site* contém a definição de ação e pesquisa participante como processo formal e sistemático de desenvolvimento do método científico.

http://www.ceaal.org

O *Consejo de Educación de Adultos de América Latina* é uma associação de entidades que promovem a educação popular na América Latina. A pesquisa é parte constitutiva de muita dessas ações educativas.

http://www.alforja.org/Docs/index.htm
O *site* apresenta subsídios especialmente para a prática de sistematização de experiências de educação e participação popular.

http://www.acaoeducativa.org.br
Mantém o programa de pesquisa e avaliação.

http://www.triangle.co.uk/ear
Este *site* é da revista internacional de pesquisa-ação em educação (Educational Action Research), destinada a promover a mediação entre pesquisa em educação e prática pedagógica (inglês).

http://www.goshen.edu/soan/soan96p.htm
Relação de *web links* sobre pesquisa ação-participante.

http://dialogos.org.br
*Diálogo: Assessoria e Pesquisa em Educação Popular* é um *site* que contém pesquisas e estudos na área de educação popular.

http://www.inep.org.br
Este ó o *site* do Instituto Nacional Anísio Teixeira vinculado ao Ministério da Educação, cuja finalidade é também elaborar e desenvolver pesquisas na área de educação. Contém um vasto acervo de artigos, monografias e periódicos sobre pesquisa-ação.

http://www.paulofreire.org

Este é o *site* do Instituto Paulo Freire, que contém diversas experiências que o instituto desenvolve e textos na área de pesquisa-ação.

Esta obra foi composta em sistema CTcP
Capa: Supremo 250 g – Miolo: Book Ivory Slim 65g
Impressão e acabamento
**Gráfica e Editora Santuário**